中国国家治理能力的哲学研究

PHILOSOPHICAL RESEARCH ON
CHINA'S NATIONAL GOVERNANCE CAPACITY

马彦涛 —— 著

图书在版编目（CIP）数据

中国国家治理能力的哲学研究/马彦涛著 . —北京：国家行政学院出版社，2022.5
ISBN 978-7-5150-2684-8

Ⅰ.①中… Ⅱ.①马… Ⅲ.①国家—行政管理—研究—中国 Ⅳ.①D630.1

中国版本图书馆 CIP 数据核字（2022）第 064044 号

书　　名	中国国家治理能力的哲学研究 ZHONGGUO GUOJIA ZHILI NENGLI DE ZHEXUE YANJIU
作　　者	马彦涛 著
责任编辑	刘韫劼　宋颖倩
出版发行	国家行政学院出版社 （北京市海淀区长春桥路 6 号　100089）
综 合 办	（010）68928903
发 行 部	（010）68928866
经　　销	新华书店
印　　刷	北京盛通印刷股份有限公司
版　　次	2022 年 5 月北京第 1 版
印　　次	2022 年 5 月北京第 1 次印刷
开　　本	170 毫米×240 毫米　16 开
印　　张	17
字　　数	235 千字
定　　价	48.00 元

本书如有印装问题，可联系调换。联系电话：（010）68929022

序　言

　　一个人、一个组织、一个民族、一个国家，要想在社会的发展与历史交往中处于不断发展的状态，就必须适应经济社会发展的需要，适应人类社会生存与发展的需要，而要做到这一点，就必须不断提升自身的能力与本领，使之能够在纷乱复杂、变化多端的人类社会中，在乱花渐欲迷人眼的世界历史中，在风云变幻、各种不可预测因素叠加的国际环境中处于不败之地。而任何一个社会主体能力与本领的大小又是决定其能否有效生存的衡量标准。

　　一个国家社会历史的发展过程，其实就是不断推进人类社会全面而自由发展的过程，而推进人类社会全面而自由发展的实践与国家的治理能力息息相关。如果说理论构建是国家治理的形而上的设计，那么国家治理能力的强弱则是对这种形而上的理论能否得到有效贯彻落实的保障。也许人类社会的发展是在一个完美的理想图景中推进的，但是任何完美的蓝图设计都会在具体的执行过程中以妥协的方式推进。也就是说，没有超强的治理能力，任何理想化的东西都会受到影响。

　　2012年，中国特色社会主义进入了新时代。党的十八届三中全会通过的《中共中央关于全面深化改革若干重大问题的决定》提出"全面深化改革的总目标是完善和发展中国特色社会主义制度，推进国家治理体系和治理能力现代化"。党的十九大报告明确指出"领导十三亿多人的社会主义大国，我们党既要政治过硬，也要本领高强"。党的十九届四中全会通过的《中共中央关于坚持和完善中国特色社会主

义制度　推进国家治理体系和治理能力现代化若干重大问题的决定》提出了坚持和完善中国特色社会主义制度、推进国家治理体系和治理能力现代化的总体目标：到我们党成立一百年时，在各方面制度更加成熟更加定型上取得明显成效；到 2035 年，各方面制度更加完善，基本实现国家治理体系和治理能力现代化；到新中国成立一百年时，全面实现国家治理体系和治理能力现代化，使中国特色社会主义制度更加巩固、优越性充分展现。可以说，我国国家治理进入实现现代化目标的阶段，而要实现国家治理现代化目标，是一个长期的过程，需要久久为功、持续推进。

　　正是基于国家治理现代化的提出，对国家治理现代化、国家治理体系、国家治理能力的研究也成为学界关注的重点。自党的十八届三中全会以来，学界从不同的理论视角、学科视角对国家治理现代化展开了全方位的研究，从历史渊源、理论内涵、意义作用等方面进行了深入的探讨，特别是本书所提到的从法学、政治学、党史以及公共管理学等学科的角度对其进行研究。但是，也可以看到，对国家治理能力进行哲学层面的研究的成果仍然有较大的空间可以发挥。

　　本书的作者认为，国家治理能力是国家治理的重要组成部分，我国国家治理能力具体体现在政党治理能力、政府治理能力及其他组织治理能力上，我国国家治理能力要有效地发挥，必须是在实现政党治理能力现代化的前提下，继而才能实现国家治理现代化，以此，才能更加有效地参与全球治理，使中国为全球治理贡献自己的力量与智慧。这一观点的提出是科学的、富有逻辑的。作为中国这样一个大国，只有中国共产党的自我治理实现了现代化，才可能有效地推动国家治理。当然，作者在提出观点的同时，也慎重地提出了自己的看法，他认为现代化目标是一种趋于"良治"并迈向"善治"的过程，是一种实现人类社会良性发展的有效状态。而在我国国家治理能力要实现这样的目标，还必须在治理主体能力的提升、治理机制的动态平衡、治理生态的有效营造的基础上实现。

无论怎么看，国家治理现代化都是中国社会新发展阶段的主题，也是中国国家治理所追求的目标。本书从哲学视角，特别是运用了马克思主义哲学的理论、观点、方法研究国家治理能力，是一种新的尝试，也是一种新的理论构建。这也是本书所呈现给读者与学界的价值所在。

阮 青

2022 年 3 月 28 日于中共中央党校（国家行政学院）

目 录

引言 ... 1
    第一节　选题缘由及研究意义 ... 1
    第二节　研究现状、创新点与难点 ... 11
    第三节　研究方案 ... 21

第一章　国家治理能力的理论溯源 ... 26
    第一节　中国国家治理能力思想 ... 26
    第二节　西方国家治理能力思想 ... 57
    第三节　马克思主义关于国家治理能力的思想 ... 71

第二章　中国国家治理能力的哲学内涵概论 ... 80
    第一节　国家治理能力的哲学内涵 ... 80
    第二节　中国国家治理能力的主体 ... 102
    第三节　中国国家治理能力的结构 ... 109

第三章　中国国家治理能力的核心：政党治理能力 ... 120
    第一节　政党治理能力概述 ... 120
    第二节　中国共产党治理能力的优势和范畴 ... 133
    第三节　中国共产党治理能力的保障 ... 144

第四章　中国国家治理能力的实现机制 ... 165
    第一节　中国国家治理能力的评价原则 ... 165

第二节　中国国家治理能力的实现路径 …………………… 175
　　第三节　中国国家治理能力的保障机制 …………………… 187

第五章　中国国家治理能力的未来走向 ……………………… 211
　　第一节　中国国家治理能力的目标取向 …………………… 211
　　第二节　中国国家治理能力现代化的实现条件 …………… 229
　　第三节　中国国家治理能力的发展逻辑 …………………… 236

结语 …………………………………………………………………… 244
参考文献 ……………………………………………………………… 246
后记 …………………………………………………………………… 259

引 言

自人类开始有组织的社会行为以来,无论是对氏族、城邦的治理,还是对国家的治理,人们都充满了美好的憧憬。但由于人类自身认识的有限性与对自然认识程度的不断深入,对治理状态的研究经历了自发形式、神权形式、契约形式、法律形式等,也有着基于功利主义、理性主义、自由主义、契约主义、福利主义、资本主义、社会主义、共产主义等不同理念的现实诉求。在发展的过程中,不但勾勒出"利维坦""法西斯""大洋国"等国家治理的现实模板,也有着诸如"理想国""桃花源""乌托邦"的理想憧憬。时至今日,从治理的方式、手段、路径看,需要强化治理主体的能力;从治理能力的主体、结构、目的、方法等方面看,更对治理在深度、广度、气度、温度上提出了新要求。新时代新使命,随着人类认识的持续拓展,以及全球化、信息一体化的推进,人类成为一个更加紧密结合的整体,世界各国不断加强交流与合作,这些都对国家治理能力提出了全新的要求。

第一节 选题缘由及研究意义

一、选题缘由

国家治理是一个普遍的政治现象,古今中外的国家组织都在追求国家治理的理想状态，实践着国家治理的价值理念。国家治理能力伴随国家治理而生，围绕国家治理而存在并不断演化，在不同的政体、国体中表现出不同的形式。国家治理能力的水平对一个国家的可持续发展和人民生活幸福起着关键性作用。

（一）国外治理的实践启示

从国外治理实践来看，必须深化对国家治理能力的研究。"二战"后，西方主要资本主义国家实现了战后复苏和繁荣。但是，战后的繁荣持续时间并不长。20世纪70年代，出现世界性经济衰退，西方主要资本主义国家开始面临不同程度的财政压力、经济滞胀与高额财政赤字，迫切需要找到治愈国家发展的"良方"，以保证国家经济持续稳定增长、社会和谐、政治稳定。在此阶段出现的国家干预主义、新自由主义、新公共管理等实践"良方"虽然在某些方面解决了西方国家面临的问题，或一时缓解了经济发展面临的困境，但并没有彻底解决"市场失灵"与"政府失灵"问题。同样，发展中国家也遇到了类似的问题。许多发展中国家在实现快速发展之后，总会由于某方面的原因而陷入困境。拉美危机、中东动荡局势、东南亚的短暂繁荣、"亚洲四小龙"的衰退都充分说明，国家要想在全球化背景下实现经济的持续繁荣和政治稳定，必须提高治理能力。

从其他社会主义国家的发展实践来看。自19世纪中叶起，在马克思主义的指导下，人们不断尝试着实践社会主义制度。法兰西内战、巴黎公社的初步探索仅仅是一个开端，算不得真正的国家治理。20世纪初，十月革命的胜利开启了苏俄探索建设社会主义国家的实践。20世纪中期，社会主义阵营蓬勃发展，但社会主义国家的发展并没有摆脱苏联模式的影响。20世纪60年代开始，社会主义阵营国家间的矛盾开始公开化、白热化，甚至发展为冲突与对抗。特别是在20世纪80年代以后，随着社会主义国家内部矛盾的爆发，加之西方国家的和平演变，国际共产主义运动遭受重大挫折，出现东欧剧变、苏联解体。这些现象从国家治理能力的角度来总结，可以得出这样的认识：国家特别是执政党，在政治引领、经济发展、文化繁荣、社会稳定上都必须保持高度自觉，主动担当起国家治理现代化的领导核心。尤其是在关键性的执政问题上，政党治理能力不但体现在党内的凝聚力上，更体现在政党对国家的掌控能力上。这些情况都对国家治理能力提出了新挑战，也提出了更高要求。

(二) 中国国家治理的现实诉求

1. 中国国家治理面临的困境

国家治理因时代环境不同而有不同的具体要求。随着国家经济社会的深刻变化，人们的生产方式、生活方式、交往方式也发生了深刻的变化。在我国，国家治理虽然得以正常进行，但治理过程中依然遇到一些实际的困难，我们党还面临着"四大危险""四大考验"，经受着"四大陷阱"的诘难。这些困难的累积有可能成为治理失灵的主要问题，也会成为社会转型与发展的重点和难点。一是管理层面上的"制度陷阱"。一个制度出了毛病，就再制定新的制度来防止它，结果制度越来越繁密，反而失去效率与效力。二是经济层面上的"中等收入陷阱"。当国家的人均收入达到中等水平后，由于不能顺利实现经济发展方式的转变，经济增长动力不足，最终出现经济停滞。经过改革开放40多年的发展，我国经济总量已稳居世界第二，有近4亿人口处于中等收入水平，但是如何继续扩大中等收入群体，避免"中等收入陷阱"，仍是迫切需要解决的问题。三是合法性层面上的"塔西佗陷阱"。当公权力陷入公信力危机时，政府行为与政府导向都会被认为是"恶"的。当前，部分官员腐败、工作能力低下、脱离群众等问题不断损耗政府公信力，也考验着党的执政智慧和执政能力，解决好这些问题关乎党的执政基础和执政地位。四是外部层面上的"修昔底德陷阱"。改革开放以来，西方国家以自身侵略历史套解中国崛起之路，极力鼓吹"中国威胁论"，企图扰乱外部秩序、丑化中国形象、阻碍中国发展。破解"修昔底德陷阱",努力提升中国国际影响力,是对"中国威胁论"的有力回击,也可为提高政府公信力、增强经济发展内驱力营造良好的国际环境。

2. 中国国家治理的现实需求

习近平总书记说:"我们在国家治理体系和治理能力方面还有许多不足,有许多亟待改进的地方。真正实现社会和谐稳定、国家长治久安,还是要靠制度,靠我们在国家治理上的高超能力,靠高素质干部队伍。"①《中共中央关于坚持和完善中国特色社会主义制度 推进国家治理体系和治理能力现代化若干重大问题的决定》提出,要"把提高治理能力作为新时代干部队伍建设的重大任务。通过加强思想淬炼、政治历练、实践锻炼、专业训练,推动广大干部严格按照制度履行职责、行使权力、开展工作,提高推进'五位一体'总体布局和'四个全面'战略布局等各项工作能力和水平"②。从现实情况看,我国取得巨大进步的同时,也出现了两极分化、秩序失衡、贪污腐败、伦理道德沦丧、社会冲突加剧、社会焦虑等问题,这些问题与国家治理能力的非正常发挥密切相关。这也说明,新时代,我国现代化建设的目标急切需要具备与之相符合的国家治理能力,需要不断提升与完善国家治理能力,以实现国家治理现代化的发展目标。

(三)新时代国家治理现代化的内在要求

我国在快速发展的同时,面临着诸多问题,特别是在全面深化改革的时代背景下,社会利益多元分化,社会矛盾叠加涌出,新情况新问题层出不穷,改革开放以来形成的阶层固化、利益固化等问题严重阻碍了国家治理能力的执行。如何打破固化的利益格局、破解全面深化改革过程中的难题,是党和国家亟待完成的任务。因此,要想摆脱

---

① 《十八大以来重要文献选编》(上),中央文献出版社2014年版,第548页。
② 《中国共产党第十九届中央委员会第四次全体会议文件汇编》,人民出版社2019年版,第67页。

国家面临的困境,实现国家治理体系与治理能力的现代化,实现"人民对美好生活的向往"这一奋斗目标,必然要提升国家治理能力。党的十八届三中全会通过的《中共中央关于全面深化改革若干重大问题的决定》提出:"全面深化改革的总目标是完善和发展中国特色社会主义制度,推进国家治理体系和治理能力现代化。"① 党的十九大报告提出了"从全面建成小康社会到基本实现现代化,再到全面建成社会主义现代化强国,是新时代中国特色社会主义发展的战略安排"②。党的十九届四中全会通过的《中共中央关于坚持和完善中国特色社会主义制度 推进国家治理体系和治理能力现代化若干重大问题的决定》提出,坚持和完善中国特色社会主义制度、推进国家治理体系和治理能力现代化的总体目标:到我们党成立一百年时,在各方面制度更加成熟更加定型上取得明显成效;到2035年,各方面制度更加完善,基本实现国家治理体系和治理能力现代化;到新中国成立一百年时,全面实现国家治理体系和治理能力现代化,使中国特色社会主义制度更加巩固、优越性充分展现。③ 时至今日,我国在制度建设上已近于成熟与定型,为实现2035年目标奠定了重要基础。我国现代化是"既要着眼于人民现实的物质文化生活需要,同时又要着眼于促进人民素质的提高,也就是要努力促进人的全面发展"④ 的现代化,这更需要以国家治理能力的现代化为前提和保障。

首先,国家治理能力是国家制度的体现。"国家治理体系和治理能力是一个国家制度和制度执行能力的集中体现。"⑤ 也就是说,国家治理能力是国家制度的外在体现与表达,也是国家制度在具体落实过

---

① 《十八大以来重要文献选编》(上),中央文献出版社2014年版,第512页。
② 习近平:《决胜全面建成小康社会 夺取新时代中国特色社会主义伟大胜利——在中国共产党第十九次全国代表大会上的报告》,人民出版社2017年版,第29页。
③ 《中国共产党第十九届中央委员会第四次全体会议文件汇编》,人民出版社2019年版,第22—23页。
④ 江泽民:《论"三个代表"》,中央文献出版社2001年版,第179页。
⑤ 《十八大以来重要文献选编》(上),中央文献出版社2014年版,第547—548页。

程中所呈现出的制度形态。只有付诸实施的制度才能经受实践的检验，检验制度效果的重要标尺就是国家治理能力的效应。

其次，国家治理能力尚有诸多亟待提升的空间。国家治理能力是国家治理主观条件上的满足，这种满足是随治理客观条件的变化不断调整与完善的。正如习近平总书记所说："我们也要看到，相比我国经济社会发展要求，相比人民群众期待，相比当今世界日趋激烈的国际竞争，相比实现国家长治久安，我们在国家治理体系和治理能力方面还有许多不足，有许多亟待改进的地方。"① "面对改革进入攻坚期和深水区、各种深层次矛盾和问题不断呈现、各类风险和挑战不断增多的新形势，如何提高改革决策水平、推进国家治理体系和治理能力现代化，迫切需要哲学社会科学更好发挥作用。"② 这是时代的声音，更是现实的需要，国家治理需要哲学层面的理论支撑，国家治理能力更需要哲学层面的深入研究。

最后，国家治理能力的提升要与时代相适应。《中共中央关于坚持和完善中国特色社会主义制度　推进国家治理体系和治理能力现代化若干重大问题的决定》指出，我国国家制度和国家治理体系具有多方面的显著优势，但"当今世界正经历百年未有之大变局，我国正处于实现中华民族伟大复兴关键时期。顺应时代潮流，适应我国社会主要矛盾变化，统揽伟大斗争、伟大工程、伟大事业、伟大梦想，不断满足人民对美好生活新期待，战胜前进道路上的各种风险挑战，必须在坚持和完善中国特色社会主义制度、推进国家治理体系和治理能力现代化上下更大功夫"③。"要更加注重治理能力建设，增强按制度办事、依法办事意识，善于运用制度和法律治理国家，把各方面制度优

---

① 《十八大以来重要文献选编》（上），中央文献出版社 2014 年版，第 548 页。
② 习近平：《在哲学社会科学工作座谈会上的讲话》，人民出版社 2016 年版，第 6—7 页。
③ 《中国共产党第十九届中央委员会第四次全体会议文件汇编》，人民出版社 2019 年版，第 21 页。

势转化为管理国家的效能,提高党科学执政、民主执政、依法执政水平。"① 新时代,中国面临着新的历史挑战,各方面各领域的矛盾与问题不断凸显,国家治理的方方面面都不时地对国家治理能力提出新要求。要实现国家治理能力与时代要求相适应,就必须加快国家治理能力提升的速度。

(四)国家治理的学科依据

恩格斯曾说,"马克思的整个世界观不是教义,而是方法。它提供的不是现成的教条,而是进一步研究的出发点和供这种研究使用的方法"。② 本书对国家治理能力进行哲学研究的意义也在于此。从国家治理理论的发展看,学者们从政治学、公共管理学、法学等不同学科进行了探讨,取得了丰硕成果。但对于国家治理能力的研究,我们更应将其看作一个系统的集合,需要从哲学层面对国家治理能力进行基础性研究,才能更好地为其他学科的发展提供指导,推动国家治理能力理论与实践的发展。

本书在理论溯源部分基于对政治学、公共管理学、法学等学科所进行的梳理与分析,其目的有二。其一,虽然对国家治理能力的研究在诸多学科范畴内取得了较大成果,但对国家治理能力进行哲学学科的思考仍然是基础性的、必要的。也只有从哲学学科角度将国家治理能力是什么、为什么、怎么样讲清楚,才能更好地推动对国家治理能力的进一步研究。其二,国家治理能力在诸学科的研究之中,多是蕴于国家治理现代化,或国家治理体系和治理能力现代化之中进行的,专门对国家治理能力进行学科范畴的研究并不多,而专门从哲学学科角度对国家治理能力进行研究的更少。

因而,本书从学科的角度作研究的目的在于,对国家治理范畴中

---

① 《十八大以来重要文献选编》(上),中央文献出版社2014年版,第549页。
② 《马克思恩格斯选集》(第4卷),人民出版社2012年版,第101页。

的国家治理能力进行哲学视角的探究,以期为国家治理能力的深入研究奠定基础。

二、研究意义

《中共中央关于全面深化改革若干重大问题的决定》明确提出全面深化改革的总目标,党的十九大再次"明确全面深化改革总目标是完善和发展中国特色社会主义制度、推进国家治理体系和治理能力现代化"[1]。国家治理能力水平的高低直接影响着国家治理现代化的水平,也决定着全面深化改革目标能否如期实现。要统筹推进"五位一体"总体布局、协调推进"四个全面"战略布局、贯彻新发展理念、实现中华民族伟大复兴中国梦,也必然要对国家治理能力进行深入认识、研究、拓展。

(一)构建中国特色国家治理能力理论

要推进国家治理体系和治理能力现代化,必须构建中国特色的国家治理能力体系,使国家治理能力在更加规范、有序的制度、理论、体系中实施。中国历史上的王权政治以人治、强权和血统维系,国家治理能力维护的是小集团的利益;近代中国历史上也有过权大于法的历史时期。这些国家治理的实践最终没有跳出"历史周期率"的定论,也没有在具体操作中走出"人亡政息"的定律。在"面对的改革发展稳定任务之重前所未有、矛盾风险挑战之多前所未有"[2]的背景下,在国家治理体系不断完善的情况下,更需要在涉及"末梢治理"的国家治理能力实施过程中构建一个强有力的体系框架。

首先,本书在对国家治理能力内涵、层次、目的等方面进行阐述

---

[1] 习近平:《决胜全面建成小康社会 夺取新时代中国特色社会主义伟大胜利——在中国共产党第十九次全国代表大会上的讲话》,人民出版社2017年版,第19页。

[2] 《十八大以来重要文献选编》(中),中央文献出版社2016年版,第155—156页。

的基础上,从中央、地方、基层不同层面对国家治理能力进行细致探讨,从国家治理能力所处的不同阶段、不同层面需要不同的国家治理能力的本位出发,对构建国家治理能力的精细化体系进行思考。

其次,本书在对国家治理能力的主体进行分析基础上,通过对国家治理能力的两大主体即政党和政府的能力构成及其关系进行分析,将国家治理能力的主体能力架构呈现出来,找出国家治理能力主体之间的内在联系及其相互协调运转的门径。

最后,本书对国家治理能力研究的落脚点体现在国家治理能力的未来走向上。关于国家治理能力,不但要有一系列可以促使其提升的措施,更要为国家治理能力设置一个可以达到的目标。构建国家治理能力体系的目标就在于要使这个体系发挥其应有的作用,达到其趋向性的目标。国家治理能力的实现过程,也就是国家治理能力由政党治理到国家治理再到参与全球治理的拓展过程。

(二)深化中国国家治理理论研究

马克思说:"理论在一个国家实现的程度,总是取决于理论满足这个国家的需要的程度。"[①] 本研究的最终目的是为中国国家治理的实践提供理论上的支撑。对国家治理能力的研究不但是国家治理的重要组成部分,更会成为指导国家治理的重要理论依据。

第一,丰富了国家治理现代化的哲学理论研究。自"国家治理体系和治理能力现代化"命题提出以来,关于国家治理体系和治理能力现代化的课题、论文、专著、编著等学术成果不断涌现,研究范式也逐渐由"统治、管理"转换为"治理"。对于国家治理问题,人们的关注点在国家治理的主体、客体、要素、方式、路径、问题、背景等方面,处于"井喷"状态。这些研究,虽呈现出"百家争鸣、百花齐放"的状态,但还需要从"系统性、整体性、协同性"上对之进行考

---

① 《马克思恩格斯选集》(第1卷),人民出版社2012年版,第11页。

查。这里所讲的"系统性、整体性、协同性"是相对于当前存在的"碎片化、本位主义、个体主义"的研究而言的。唯有如此，才能勾画出国家治理的总体脉络，为实现国家治理体系和治理能力现代化提供可靠路径。

第二，国家治理能力理论的丰富为国家治理实践提供理论支撑。实现国家治理能力现代化是实现国家治理现代化的重要前提，必然对国家治理能力理论提出更多要求。在中国历史上，对于国家治理，多是从"儒、释、道、法"的角度来阐述维护封建统治"秩序"这个核心问题。在人民民主专政的国家，在立足于"以人民为中心"的核心命题下，国家治理是时刻以"人民"为主体而不断完善国家治理体系和提高国家治理能力。因此，总结实践中关于国家治理能力的理论，不仅会成为国家治理最基础的理论组成部分，而且会更好地指导国家治理的具体实践。

第三，从中国当前所处的治理背景及所具有的国家治理能力看，国家治理能力的主体在各自的领域发挥着积极作用。但是，在各个治理主体所交叉的治理区域，却出现了"多头治理、无人治理"的现象。特别是部分治理主体在某些领域存在既当裁判员又当运动员的身份困境，面临着治理后民众"用脚投票"的问题，尤其是治理能力主体各层面的机构存在着的"彼得现象"及"官僚制问题"，对国家治理能力提出了更高要求。故而，不断深化国家治理能力理论研究，探索一条用最少成本获取最佳治理效果的国家治理能力方案，亦是本书思考之一。

（三）拓宽国家治理能力的学科研究视野

学界关于"国家治理体系和治理能力现代化"的论述成果日益丰硕，充分体现了学界对此问题的关注程度。但从哲学视角研究"国家治理体系和治理能力现代化"的较少，特别是将"国家治理能力"作为单独个体进行深入研究方面有待加强。

其一，作为马克思主义哲学学科的研究，在坚持马克思主义哲学指导的前提下，以"国家治理能力"为研究对象，并从概念、路径、方法、未来走向的角度对国家治理能力加以论证，以期能够从哲学视角对国家治理能力进行较为全面的分析，从而为哲学之外学科的研究奠定理论基础。特别是本研究的设定范畴是"中国"，其实质是将"国家治理能力"置入中国国家治理语境之内进行阐释。

其二，哲学层面的研究与其他学科间的研究是相通的。本书立足于哲学学科，结合政治学、公共管理学、法学等相关学科内容，以一个宏观的视野将国家治理能力的具体内涵分别叙之。本书旨在从探讨国家治理能力的概念出发，通过对国家治理能力概念的拓展和分析，指出中国国家治理能力具体的内在构成，从而为提升国家治理能力厘清思路，为国家治理能力的其他相关性分析奠定基础。

第二节 研究现状、创新点与难点

对中国国家治理能力的哲学研究主要是在分析国家治理与国家治理能力研究现状的基础上进行的，以期在选题、方法及内容上有所创新。

一、研究现状

总体来看，对于国家治理能力的研究主要是以"国家治理体系和治理能力现代化""国家治理现代化"为主题开展的。本书对国家治理能力的研究主要集中在国家治理、国家治理能力两个方面。

（一）关于国家治理的研究综述

传统意义上的"治理"，源于古希腊语"kybernan"，意指掌舵、领航、引导等，与"统治、政府"等同。现代意义上的"治理"概念在与"统治"的比较中确立。自 1989 年世界银行首用"治理危机"后，"治理"开始引起人们的广泛关注。① 在我国，对治理的关注起于 20 世纪 90 年代。从关注的学科方向来看，政治学、法学等一直居前；② 从研究层次来看，以社会科学类的基础研究、政策研究和行业指导为主；从研究成就来看，毛寿龙、俞可平、郁建兴、杨雪冬、胡鞍钢、徐勇等学者的观点在学界取得了较大共识。较有代表性的有：毛寿龙等系统介绍西方国家政府职能市场化、公共管理引入市场机制、调整政治与行政关系为治理变革的主要内容；③ 郁建兴等从现代性与后现代性、国家和市民社会关系的角度深入探讨治理理论；④ 俞

---

① 西方治理理论的主要代表人物与著作有：1989 年世界银行《撒哈拉以南非洲：从危机到可持续增长》报告；美国政治经济学家埃莉诺·奥斯特罗姆（Elinor Ostrom）《公共事物的治理之道：集体行动制度的演进》(Governing the Commons: The Evolution of Institutions for Collective Action)；美国学者詹姆斯·N. 罗西瑙（James N. Rosenau）《没有政府的治理》(Governance without Government) 与《21 世纪的治理》(The twenty-first Century governance)；法国学者让-皮埃尔·戈丹（Jean-Pierre Gaudin）《何谓治理》(Pourquoi La Gouvernance?)；皮埃尔·卡蓝默（Pierre Calame）《破碎的民主：试论治理的革命》(La Démocratie en Miettes)；英国学者罗伯特·罗茨（R. A. W. Rhodes）《新的治理：没有政府的治理》(The New Governance: Governance without Government)；格里·斯托克（Gerry Stoker）《作为理论的治理：五个论点》(Governance as Theory: Five Propositions)；马克·贝维尔（Mark Bevir）的《治理的理论》(A Theory of Governance)；弗朗西斯·福山的《国家构建：21 世纪的国家治理与世界秩序》(State Building: Governance and World Order in the 21st Century)；1992 年世界银行《治理与发展》(Governance and Development) 的年度报告；欧洲政治学会（ECPR）《现代治理》(Modern Governance)；1996 年，瑞士洛桑大学组织了一次名为"治理研究的关键"的大型研讨会，其部分研究成果被联合国教科文组织的《国际社会学》转载；1998 年，全球治理委员会《全球治理》杂志；等等。

② 我国学者关于治理的论述主要有：燕继荣《国家治理及其改革》《中国治理：东方大国的复兴之道》；杨雪冬等《国家治理的逻辑》《全球治理》；陈瑞莲、刘亚平《区域治理研究：国际比较的视角》；人民论坛《大国治理：国家治理体系和治理能力现代化》；陈家刚《基层治理》；何增科、陈雪莲、俞可平《国家治理现代化》；王浦劬、臧雷振《治理理论与实践》；贺雪峰《乡村治理与农业发展》；张翼《社会治理：新思维与新实践》；刘智峰《国家治理论》；许耀桐《中国国家治理体系现代化总论》；江必新《国家治理现代化：十八届三中全会〈决定〉重大问题研究》；陈玉刚《超国家治理》；中共中央党校出版社《推进国家治理体系现代化》；等等。

③ 毛寿龙、李梅、陈幽泓：《西方政府的治理变革》，中国人民大学出版社 1998 年版，第 10—13 页。

④ 郁建兴、刘大志：《治理理论的现代性与后现代性》，《浙江大学学报》（人文社会科学版）2003 年第 2 期。

可平对治理进行全面系统的分析,为国家治理基本理论提供了一个具有解释力的分析框架;① 李凤华从经济发展层、政治层与文化接受层对治理理论在我国的适用性作了分析,并认为在中国应用治理理论时应慎重考察;② 杨雪冬从改革与发展的角度指出治理理论对改革有一定的参考意义。而关于国家治理的研究综述,学者们与机构间的表述多而繁杂,通过对文献的梳理可知,主要体现在两个方面。

1. 关于国家治理的研究

其一,关于国家治理内涵的研究。我国国家治理的概念是从"国家管理"演变而来的。在中国知网以"国家治理"为篇名检索到的期刊文章有4548篇(检索时间截至2018年3月),博、硕学位论文有239篇,以"国家治理"为主要内容的著作也不断涌现。

以下学者对国家治理概念的理解具有一定代表性,他们将国家在治理中所处地位、承担的角色及相应作用等作了分析和研究,为开展后续研究奠定了基础。许耀桐认为国家治理的提出意味着中国共产党国家治理水平的提升,国家治理的内涵包括经济方面的市场领域、行政方面的政治领域、思想方面的文化领域、面向大众的社会领域、持续发展的生态领域、党建方面的执政党领域以及与其相对应的市场治理、道德治理、社会治理、群众自治、生态治理、执政党治理、军队治理等众多治理能力。③ 薛澜认为,国家治理应包含国家的基本政治制度、价值体系、治理体系和治理能力四项核心内容。在实践层面应使国家与政府承担主导作用,以市场经济内在发展性与企业主动性为主要支撑,培育第三部门与公民社会为基础路径,吸收多元主体共同参与到国家治理中来。④ 何增科强调,国家治理是由政权所有者、管

---

① 俞可平:《中国治理评估框架》,《经济社会体制比较》2008年第6期。
② 李凤华:《治理理论:渊源、精神及其适用性》,《湖南师范大学社会科学学报》2003年第5期。
③ 许耀桐:《治理与国家治理的演进发展》,《中共福建省委党校学报》2016年第9期。
④ 薛澜:《顶层设计与泥泞前行:中国国家治理现代化之路》,《公共管理学报》2014年第4期。

理者和利益群体等多元主体参与的对公共事务和秩序开展的合作管理。① 高奇琦认为，国家治理可以从"国家的治理"、"国家去治理"和"对国家的治理"三个角度来理解，即国家分别以治理序列结构、治理的主体和治理的客体出现。② 丁志刚认为国家治理有广义和狭义之分，广义国家治理是按照既定的秩序和目标，对全社会进行控制、支配、协调的活动，即多元治理和多领域治理；狭义国家治理指政府治理或政治治理。③

其二，关于国家治理背景的研究，主要从国家转型、现代化以及全球化几个视角进行研究。郑永年以"全球化"为切入点，对全球化背景下的国家治理问题进行分析；陆学艺、景天魁以"社会转型"为基点，分析了转型社会下国家治理的特点；朱英以"国家与社会"为出发点，对近代中国社会转型进行研究；罗荣渠以"现代化视角"来分析国家演变的进程；郁建兴则以"和谐社会"为出发点与落脚点，思考国家发展与治理问题。④

其三，关于国家治理模式的研究。随着经济全球化的发展，我国国家治理模式转向以政府、市场和社会协调互动的治理新模式。刘婷婷、张慧君认为，在国家治理模式的转型时期，转变传统国家治理中的"全能主义"是必要的，今后国家治理要通过政府、市场和社会协调发挥作用实现。⑤ 柴艳荣、李晗认为国家治理模式主要有市场式、参与式、弹性式。⑥ 刘军指出中国构建现代国家治理体系的实质就是

---

① 何增科：《理解国家治理及其现代化》，《马克思主义与现实》2014 年第 1 期。
② 高奇琦：《试论比较政治学与国家治理研究的二元互动》，载张明澍等编《国家治理问题研究》，中国社会科学出版社 2015 年版，第 253—254 页。
③ 丁志刚：《如何理解国家治理与国家治理体系》，《学术界》2014 年第 2 期。
④ 关于此问题的研究成果，可参考的著作主要有：郑永年《全球化与中国国家转型》、陆学艺和景天魁《转型中的中国社会》、朱英《转型时期的社会与国家》、罗荣渠《现代化新论：世界与中国的现代化进程》、郁建兴《超越发展型国家与中国的国家转型》。
⑤ 刘婷婷、张慧君：《转型深化进程中的国家治理模式重构》，《俄罗斯研究》2008 年第 3 期。
⑥ 柴艳荣、李晗：《变迁中国家治理模式的类型分析及其启示》，《云南社会科学》2005 年第 2 期。

要创新国家制度,重新建构国家、资本、劳动三者间的关系,开辟一条劳动(人民)主体论的新模式、新道路。①

2. 国外关于中国国家治理的研究

国外学者对中国国家治理的研究,集中在党的十八大之后,主要体现在以下几个方面。

一是对国家领导人的研究。主要有:美国华裔学者熊玠撰写的《习近平时代》,美国学者罗斯·特里尔主编的《习近平复兴中国:历史使命与大国战略》《大国领袖习近平:国际视野中的杰出政治家与战略家》,俄罗斯学者尤里·塔夫罗夫斯基撰写的《习近平:正圆中国梦》等。这些作品,以人物传记形式切入,并注重从领导人的治理能力来分析中国国家治理问题。②

二是对中国共产党治国理政思想的研究。西方学者对中国共产党的治理能力和实践有着较深入的研究,主要表现为:

关于"四个全面"战略布局的研究。英国罗思义认为,"全面建成小康社会不仅对于实现中国梦具有重大意义,而且是实现'人类梦'的重要一步"③。卡洛斯·马格里诺斯表示,"'四个全面'战略布局的目的是让人民群众的努力和奉献取得看得见、摸得着的成果"④。《日本经济新闻》刊文认为,"中共同时推进'四个全面'尚属首次,体现了共产党政权面对经济减速、贫富差距扩大、腐败等课题的危机感"⑤。此外还有卡尔里耶夫、约翰·库尔特、克里斯·坦德瑞格尔等学者⑥对"四个全面"战略布局进行深入分析。

---

① 刘军:《从马克思主义国家理论看中国国家治理现代化》,《中国特色社会主义研究》2014年第5期。
② James. C. Hsiung, *The Xi Jinping era*; Ross Terrill, *Xi Jinping's China Renaissance*, *Xi Jinping: the leader of the great power*; Yuri Taft Komorowski, *Xi Jinping: Chinese dream round*。
③ 《外国学者看"四个全面"》(下),《人民日报》2015年4月12日。
④ 《外国学者看"四个全面"》(上),《人民日报》2015年4月10日。
⑤ 《中国扎实推进"四个全面"战略布局》,《参考消息》2015年3月14日。
⑥ 参见周明海:《海外视野中的中共治国理政"四个全面"战略布局研究》,《探索》2015年第4期。

关于当代中国国家治理状况的研究。英国学者简·哈迪和亚德里安·巴德认为,中国经济飞速增长状况很难持续。① 美国学者方绍伟认为,中国奇迹是在种种奇形怪状的组合中形成的。② 英国前副首相彼德·曼德尔森认为,中国领导层面临的最大挑战就是怎样去变革。③ 俄罗斯国家杜马议员助理鲍里斯·古斯列多夫认为,中国当前的经济发展面临经济总量较大而人均国民收入低、资源和环境问题突出、国内外安全局势复杂、政府治理能力有待提高等挑战,需要通过全面深化改革来解决。④

关于中国履行大国责任的研究。美国前副国务卿佐利克认为,随着中国实力的增强,应在更多领域承担更多责任。英国伦敦外交政策研究人员舒亚·库玻·雷默提出中国模式论,认为中国发展所选择的模式是经济发展的正确途径。当然部分研究者也以冷战思维来审视中国发展实际,认为中国的发展势必会威胁到其他国家的安全。

有学者认为,中国国家治理的成绩值得肯定,但发展中的问题也客观存在。邹至庄在《中国经济转型》中借助大量客观数据研究中国经济发展问题;《中国治理》重点对中国治理取得的成绩与存在的问题进行探究;《中国的城市生活》与《社会主义条件下的中国农村》指出,中国社会机制并没有出现显著变化,权力下放是唯一变化因素。李侃如在《治理中国:从革命到改革》中从社会变革、政府管理体系、经济发展、中国社会发展所面对的问题与挑战四个层次深入研究了中国发展问题。

(二) 关于国家治理能力的研究

对国家治理能力的研究,也主要体现在两个方面。

---

① 简·哈迪、亚德里安·巴德:《全球资本主义体系下"中国模式"之前不可持续性》,《国际社会主义》2012年第1期,转引自《世界社会主义动态》2016年第11期。
② 方绍伟:《中国热:世界的下一个超级大国》,新华出版社2009年版,第3页。
③ 参见马国川《看中国》,中信出版社2015年版。
④ 《外国学者看"四个全面"》(上),《人民日报》2015年4月10日。

1. 对国家能力的研究

国家能力是一个历久弥新的话题。亚里士多德指出,"国势强弱与其以人数来衡量毋宁以他们的能力为凭","凡显然具有最高能力足以完成其作用的城邦才可算是最伟大的城邦"。①

但关于国家能力的系统研究,则伴随着近代西方理论界对国家理论研究的深化而发展起来。代表人物有斯科克波尔(《国家与社会革命》)、米格达尔(《强社会与弱国家:第三世界的国家社会关系及国家能力》)等,他们对发达国家和发展中国家能力的研究推动了学界的研究。

英国著名社会学家吉登斯指出,国家强弱是由国家自主性和社会支持共同决定的,国家能力包括国家的专断性权力和基础性权力两种。美国著名国际关系理论家华尔兹则认为,国际体系中的国家能力是与他国相比较而言的相对能力,国家根据相对能力的大小在国际体系中占据不同的位置,一国能力的过快增长意味着另一国能力相对下降。基欧汉认为,拥有强大权力的国家,可以通过领导创建国际机制确立对其有利的国际规则和行动框架,使国家权力得到延伸。福山认为,软弱无能国家或失败国家已成为当今世界许多严重问题(从贫困、艾滋病、毒品到恐怖主义)的根源,主张这些国家和地区必须强化国家能力。

国内较早关注"国家能力"的学者主要有王绍光、胡鞍钢和时和兴等。王绍光、胡鞍钢将国家能力界定为"国家将自己意志、目标转化为现实的能力",主要包括汲取能力、调控能力、合法化能力、强制能力等四个方面。② 时和兴将国家能力概括为社会抽取能力、社会规范能力、社会控制能力、社会适应能力等四个方面。③ 黄宝玖认为,

---

① [古希腊]亚里士多德:《政治学》,吴寿彭译,商务印书馆1997年版,第67页。
② 王绍光、胡鞍钢:《中国国家能力报告》,辽宁人民出版社1993年版,第6页。
③ 时和兴:《关系、限度、制度:政治发展进程中的国家与社会》,北京大学出版社1996年版,第161—168页。

国家能力主要包括政治统治类、经济管理类、文化管理类、社会管理类等四类外显能力。①黄清吉则"在评析现有国家能力研究的基础上，从国家与疆域内社会，国际体系与个别国家相互作用的内在关联中，确立国家能力研究的逻辑起点，通过揭示国家实施对社会的统治与管理、应对他国竞争与挑战的能力的支撑结构与发展机理，尝试性地建构了一个涵盖国内政治层次与国际政治层次的关于国家能力研究的理论框架"②。

此外，对国家能力概念的界定还包括："国家意志目标说""国家权力说""国家职能说""国家政策说""国家行为绩效说""国家与环境互动说"等。这些观点侧重点各不相同，各有其合理性，对我们科学认识和界定国家能力具有启发意义。③

2. 关于中国国家治理能力的研究

党的十八届三中全会之后，对国家治理能力研究主要集中在以下几个方面。

一是治理能力的必要性。学者们主要是通过区分"国家治理""国家治理体系""国家治理能力"的概念，然后阐述"治理能力现代化"的必要性，强调国家治理能力与治理体系密不可分。有学者认为，当代中国强化国家能力的特殊背景有四点：中国政治发展模式的选择、现代化"后发国家"共同难题的要求、改革本身的要求、全球化态势的影响。也有学者对"强化论"抱防范和警惕心理，他们担心"强化国家能力论"可能会导致负面效果，主张强化对国家权力的有效约束，限制国家能力和权力规模。

二是治理能力现代化的困境。学界根据政府、市场、社会的关系，普遍将政府治理模式分为"管控型""经济发展型""治理型"三

---

① 黄宝玖：《国家能力研究述评》，《三明学院学报》2006年第1期。
② 黄清吉：《国家能力基本理论研究》，《政治学研究》2007年第4期。
③ 潘晓珍：《理论、制度与现实：全球治理时代中国国家能力建设的三维审视》，兰州大学2015年博士论文。

类，"治理型"政府是当前我们急需实现的目标。魏治勋从法治化角度认为"有限政府、法律至上观念尚未完全树立"，并指出当前政府治理存在的困境。①张广辉认为"政党合法性资源流失"是执政党治理能力面临的困境。政党的执政合法性一旦受到质疑，政党的权威性就会受到动摇，执政基础也会受到冲击。②丁长艳提出政党现代化的难题之一是"政党软实力转型"，认为导致政党软实力转型的两大困境是"合法性困境"与"权力困境"，只有有效解决两大困境带来的风险，在政治发展和社会发展方面进行创新，才能促进政党的软实力转型。③

三是治理能力主体性关系。乔耀章认为"融国家治理、政府治理于社会治理之中"④。王可园、齐卫平认为"提升党的执政能力是引领现代国家治理的基本要求"⑤，并将政党执政能力建设放在治理现代化背景下探讨，以提升执政党执政能力，推进国家治理能力现代化进程。王侃提出用法治的手段规范党政关系，是国家治理现代化的重要内容。⑥赵海月、殷明明从意识形态建构方面提出"执政党的意识形态为维护自身执政的合法性以及保持和巩固执政地位提供动力支持"⑦。

二、研究创新点

国家治理能力的研究是学界研究的新领域。本书从哲学学科视角

---

① 魏治勋、李安国：《当代中国的政府治理转型及其进路》，《行政论坛》2015年第5期。
② 张广辉：《从合法性到有效性：政党现代化的必由之路》，《湖北行政学院学报》2009年第6期。
③ 丁长艳：《政党治理的现代化难题：中国共产党软实力的转型分析》，《理论学刊》2014年第9期。
④ 乔耀章：《从"治理社会"到社会治理的历史新穿越——中国特色社会治理要论：融国家治理政府治理于社会治理之中》，《学术界》2014年第10期。
⑤ 王可园、齐卫平：《国家治理现代化视角下党的执政能力提升研究》，《理论与改革》2014年第5期。
⑥ 王侃：《党政关系现代化是国家治理现代化的核心内容——基于马克思主义总体方法论的视野》，《浙江社会科学》2015年第5期。
⑦ 赵海月、殷明明：《执政党意识形态建构的功用价值与路径选择》，《湖北社会科学》2015年第2期。

对中国国家治理能力进行基础性研究，存在如下创新点。

1. 选题创新

国家治理理念的转变经历了长期的实践发展过程，是马克思主义国家学说发展的新成果。从当前学界关于国家治理的研究看，多将国家治理现代化或国家治理体系和治理能力现代化作为整体进行研究。在对国家治理能力的研究上，又从多学科的角度对国家治理能力的内涵、类别、方式、路径进行研究。本书从哲学角度对中国国家治理能力进行研究，从目前可查询的相关博、硕学位论文看，还非常少。因而，本书的选题应是一个创新点。

2. 内容创新

本书对国家治理能力的研究力图从哲学视角阐述国家治理能力，旨在从哲学层面厘清国家治理能力在中国的实践。一是力图从哲学原理出发对国家治理能力进行定义。二是对国家治理能力进行结构分析，对国家治理能力的分类、特点、功能、负向性问题进行分析，提出国家治理能力的适度空间。三是指出中国国家治理的未来发展必然要得益于国家治理能力的提升，国家治理能力现代化是在政党治理、国家治理、参与全球治理这个逻辑体系中完成的。

3. 方法创新

因方法不同，主题研究结论亦呈现较大差异性。本书在对国家治理能力的本体、目的、方法、路径等方面进行研究的同时，也对国家治理能力的定义、内涵、结构、提升路径进行了详细分析。不但对国家治理能力所属的具体主体进行系统性分析，更注重以宏观的视野将国家治理能力置于具体的治理实践中来考查。不但注重对国家治理能力的主要矛盾与核心问题进行分析，还注重从宏观的视野将理论与实践、历史与现实、真理与价值统一起来。

三、研究难点

本项研究的难点在于：

首先，对国家治理能力理论的梳理存在难点。国家治理能力是一个全新的概念，在学界的研究中仍处于热潮。一方面，国家治理能力与之前对于国家政治思想的研究存在着治理理念上的不同，要从前期的诸多关于政治思想成果中梳理出国家治理能力的理论渊源，难度不小。另一方面，马克思恩格斯国家学说的论述中并未专门对国家治理能力进行详细论述。故而，要从马克思恩格斯国家学说中挖掘出国家治理能力的现代内涵，需要对文献进行细致的研读、梳理、提炼。

其次，国家治理能力的研究成果有待提升。学界对国家治理体系和治理能力现代化的研究成果渐多，但对国家治理能力进行专门论述的著作很少。2013—2018 年，在中国知网检索篇名含"国家治理现代化"的学术论文 1299 篇，博、硕学位论文 84 篇。而以"国家治理能力"为篇名检索的学术文章仅有 284 篇，博、硕学位论文 23 篇。因而，本书研究存在可供借阅成果、参考文献少的问题。

最后，对国家治理能力的界定有一定难度。学界关于国家治理能力的内涵、范围、结构进行多视角分析，多是从宏观的角度对治理能力进行板块划分。本书从能力结构上将国家治理能力分为政党、政府、第三方组织三大主体。在此基础上，又对这三大主体所具有的具体能力范畴进行了专门的探究。这种探究立足一个全新的思维，在构建过程中仍然存在较多困难。此外，本书的另一难点是如何将国家治理能力的内涵准确界定和表达出来。

第三节 研究方案

本书的研究方案主要从内容、方法与目标上进行分析。研究内容主要是阐述各部分要解决的关键点，研究方法解决的是本书如何研究的问题，研究目标则是说明本书所要达成的目的。

一、研究内容

中国国家治理能力的哲学研究，分为引言和正文五章，共六部分内容。

引言部分阐述选题缘由与研究意义，研究现状、创新点与难点，研究方案三个问题；交代本书的研究背景、研究现状、研究方法，并对正文五章的内容进行总体介绍。

第一章对国家治理能力的理论渊源进行梳理，奠定研究国家治理能力的理论基础。本章从中国国家治理能力思想、西方国家治理能力思想、马克思主义关于国家治理能力的思想三个方面对国家治理能力的理论进行详细梳理。中国国家治理能力思想主要从中国古代、近现代、当代国家治理能力思想方面进行分析。西方国家治理能力思想的研究主要从古希腊罗马、中世纪、文艺复兴至"二战"、"二战"之后四个阶段阐述。马克思主义关于国家治理能力的思想主要从国家学说、无产阶级政党、人的自由而全面发展、国家消亡角度来探寻国家治理能力的理论根源。通过理论溯源，旨在对国家治理能力的思想进行全面回顾，为现实中国家治理能力的提升提供可供参考的依据，为本书后续部分的分析提供理论支撑。

第二章主要对中国国家治理能力的哲学内涵进行研究。首先，提出治理能力的哲学内涵，并在此基础上对国家治理能力的内涵、国家治理体系与国家治理能力的关系进行分析。一是从哲学角度渐次对治理能力、国家治理能力进行内涵界定。二是对国家治理能力从概念、特点、类型、功能、反诘五个角度进行详细分析。三是从两个方面对国家治理能力的结构进行阐述。国家治理能力主体是在国家内存在的政党和政府，国家治理能力主体的结构则主要是对政党和政府的治理能力进行细分。

第三章对中国国家治理能力的核心——中国共产党的治理能力进

行分析，提出中国国家治理能力现代化必须坚持政党治理能力现代化。首先，本章对政党治理能力进行回顾，不但对其历史发展情况进行考察，还对政党治理状态进行分析，并指出政党治理能力与国家治理能力的关系。其次，本章对中国共产党治理能力进行分析，从独特优势、层级范畴两个方面详细分析中国共产党政党治理能力的运作。最后，论述中国共产党治理能力的保障，即从筑牢党的精神动力、强化党的执政本领、完善党的监督能力三个方面进行阐述。

第四章是对中国国家治理能力的实现机制进行研究，解决的是中国国家治理能力如何发挥作用的基础性问题。本章立足哲学视角，从评价原则、实现路径、保障机制三个方面对国家治理能力的实施进行了论述。指出我国国家治理能力必须坚持以人民为中心，公平正义，法治，精简、统一、高效四大原则，必须在遵循制度保障与衔接机制的前提下，坚持理论与实践、历史与现实、真理与价值的统一。

第五章阐述了中国国家治理能力的未来走向。提出国家治理能力"善治""良治""现代化"三个不同的价值层面，而我国最终要实现国家治理能力现代化这个目标。此外，本章论述了国家治理能力现代化的实现条件，同时说明中国国家治理能力现代化必将沿着政党治理、国家治理、参与全球治理的逻辑而发展。

二、研究方法

（一）跨学科研究法

本书立足哲学学科，吸收其他相关学科研究成果。在现实的研究语境中，对国家治理能力的研究主要集中在政治学、公共管理学、法学领域。这些领域的研究成果，为从哲学领域对中国国家治理能力进行研究奠定了良好的基础与框架。同时，本书关于国家治理能力的概念、目的、价值、方法等方面的研究还涉及党的建设、政府治理、社会治理等多方面的内容。因而，本书实质上是对国家治理能力进行跨学科研究，并将这些学科的成果纳入哲学的框架内进行分析。

（二）文献研究法

本书的研究主题较新，需从与之相关的已有内容上进行寻根觅踪。同时在对马克思恩格斯国家学说关于国家能力的论述上，还必须进行大量的文献研究。因而，本书的内容不但要对中国政治思想史，西方政治思想史，马克思主义经典作家关于国家、政治思想的相关内容进行详细的梳理，还要从这些梳理出来的文献中找出可供参考应用的相关材料，这是一项繁杂的工作。

（三）比较分析法

本书在政党治理的问题上还进行了比较分析，特别是将世界各国大党治理的实践与中国共产党的政党治理进行了比较分析。本书还就国家治理能力的结构性问题进行了比较分析，如在国家层面分为中央、地方、基层三个层面进行论述。通过这种比较的研究，更好地突出国家治理能力的层次性。

三、研究目标

本书旨在从哲学视角对中国国家治理能力进行研究，因而，从逻辑的严密性与科学性出发，本书拟设立以下研究目标。

第一，明确国家治理能力的哲学定义。从哲学视角对治理能力进行分析，并由此推出国家治理能力的哲学内涵。

第二，对国家治理能力的主体进行构建。不但对国家治理能力的主体从政党和政府两个方面进行建构，还对政党治理能力和政府治理能力的构成进行深入的分析。

第三，对国家治理能力的目标进行研究。通过对我国国家治理能力的理想状态、现实状态及中国治理目标进行分析，指出"善治"是国家治理能力的理想状态，而"良治"是国家治理能力的现实状态，在现实语境下国家治理能力现代化则是国家治理能力的目标。

第四，对国家治理能力的提升路径进行阐述。本书一方面指出中国国家治理能力的彰显是通过政党治理、国家治理、全球治理这样一个逻辑来不断体现的；另一方面指出中国国家治理能力的提升必须通过治理主体、治理机制、治理环境三个方面的不断完善与改进来实现。

第五，本书旨在构建中国国家治理能力的基础性研究框架，即内涵—结构—实现目的—提升路径。结语部分指出，随着中国国家治理能力的提升，中国参与国际事务、参与全球治理的能力将不断增强，中国在全球的发展中将扮演越来越重要的角色，也必将为人类的发展作出更大贡献。

第一章
国家治理能力的理论溯源

对国家治理能力思想的探讨体现在氏族、城邦、国家等不同形式的具体论述中，本章从中国、西方、马克思主义三个视角对相关内容进行梳理，以期为国家治理能力的研究奠定相关理论基础。

第一节 中国国家治理能力思想

国家治理能力思想与国家的历史息息相关，不可分割。深刻理解当代中国国家治理能力的内涵，离不开对我国古代国家治理能力思想的思考与借鉴。

一、中国古代国家治理能力思想

中国古代对国家治理能力思想的探索，主要是将国家治理能力思想蕴于国家统治思想之中。中国古代国家治理思想以维护统治阶级地位为目标，包括以维护君权为中心、以维护秩序为核心、国家治理能力的体现三个方面的内容。

（一）以维护君权为中心

中国古代对国家治理能力的探究，主要集中于君权的来源及如何维护君权地位两个方面。通过权力的合法性来设定君权统治的秩序，从而实现"天下之治"。

1. 君权"合法化"

君主，或称"王""帝王""皇帝"等。君主权力的来源在我国传统君权思想上有着较为统一的解释。一是君权来自"上"或"先祖"。中国古代宗教起源于原始氏族社会，由于很多都是传说，所以无法具体了解当时人们的信仰情况和宗教意识。《礼记·表记》中指出，"殷人尊神，率民以事神"，殷人认为帝是最高的神，它与人间的帝王相对，又称为上帝。上帝总是站在殷王一边去残酷地奴役臣民和众人。先祖作为鬼王不仅要管理鬼间世界，还帮助在世的王巩固其对人间的统治。因而，存在着两种天人关系的学说：神秘主义认为天命主宰一切人事，天道是上帝或天的意志的表达，具有不可认知性；怀疑主义认为天道天命虽有神秘的成分，但多指天地人的必然性、规律性。二是君权来自"德"。周公首先指出"惟命不于常""天命靡常"，即上帝所赐予的大命是可变的。其次是依德来"求民主"，"民主"即君主，"民主"是由天依德的标准选定的。最后是以民情视天命。《尚书·康诰》中指出"天畏棐忱，民情大可见"，反映出上帝的威严或诚心，从民情上进一步引出"民近而天远，不知民情就不要妄论天"的思想。统治集团内部提出了制约王权的思想，如召公论弭谤，提出"防民之口，甚于防川"；再如史伯主张王应"取和弃同"；等等。

2. 君主专制思想的维护

中国古代君主专制思想的核心在于加强君权统治，实现君主"万岁"和"以至万世"的理想。

首先，体现在维护君主地位上。强调君对臣的绝对主宰，并对臣的职责义务作出规定，即"君命无二"。不但用"血缘传统"将"君臣关系"与"父子关系"等同，用"宗法制"强调臣对君的服从，还利用传统道德观念来约束臣的行为，使臣下无条件服从君命，如"事君以忠贞""一臣不事二主"。而忠又与孝、敬相关,由此发展出了"死君命""君辱臣死"的思想。

其次,体现在君主权势的增强上。君主权势体现在对臣的控制上。儒家提出以"仁"来制臣;法家提倡君主要有驭臣之术,如以"尚法不尚贤""君无事臣有事"来制衡和驾驭臣下,再如《商君书》提到"力"的原则,指出力量是提高国家和君主地位的最根本的凭借,力量绝不是从天上掉下来的,而是藏于民中间的;墨子认为,一人一义是祸乱之源,消弭混乱的方式就是建立刑政,成立"政长"系统,政长之首即天子。秦始皇称"皇帝",将帝王的地位推向了顶峰。这主要表现:一是皇权极欲。人迹所致日月所照,都要君临其上;高居于所有臣民之上,独揽一切权力、独断一切事务。二是"督责之术",重罚政治是其专制政治本质的表现。

最后,体现在君主专制思想的发展上。西汉初以黄老之术治国,使民休养生息。西汉中后期开始"独尊儒术",董仲舒把"君主"看作国家政治的核心,提出了"君权天予"说。刘秀指出"吾理天下,亦欲以柔道行之",实质是以儒家德治仁政为主,杂以道家。《白虎通义》的中心思想是神化帝王为中轴的社会等级体系以及维护这种体制的三纲五常观念。三国时期王弼主张"执一以统众",认为"君王"最主要的就是实行无为,为了实施圣人之治,君主要"尚贤"。隋唐时期又提出"民本论""君臣一体论",认为国家为君主之本,庶民为治世之本,安定民生为政治之本。《五经正义》的君德论认为德与道相辅相成,道侧重论证王权的绝对性和一般政治原则,德侧重论证规范王权的必要性。韩愈的"圣人论"宣扬圣人创制立法、拯救人类说的目的,以此论证尊君的必然性,他认为圣人创造的君主制度、等级制度不容置疑。

宋明时期,理学肩负着"为天地立心,为生民立命,为往圣继绝学,为万世开太平"的使命。"理一分殊"论证了封建伦理道德和等级秩序的合理性,为维护君主政治提供了理论依据。司马光认为君主作为全社会的最高主宰,拥有绝对权力,具有先天合法性。作为国家最高统治者,拥有最高统治权,"决断是非,发号施令,治理国家","群臣百姓,势均力敌,不能相治,故从人君决之"。明代朱元璋认为君主是最高主宰,天下之士都要绝对效忠,女宠、宦官、权臣、藩镇、夷狄均是导致纪纲隳废、王朝覆灭的祸端,因而严禁后宫干政,兴大狱,好诛杀,废相制,置重典,实行文化专制。

3. 君主强化自身修养

君主要想达到"天下大治",维护政治统治,还必须加强自我修养,成为道德的至上之人。

其一,"正己修身"。《礼记》中的"欲修其身者,先正其心;欲正其心者,先诚其意""正己而不求于人,则无怨",《论语》中的"其身正,不令而行,其身不正,虽令不从",《谏太宗十思疏》中的"惧谗邪,则思正身以黜恶",讲的皆是此意。理学思想从进修之术上教人修习本性,完善自我,在道德上达到至善之境,认为圣人是天理即至善的人格化,人们达到至善的标志就是在道德和精神上皈依圣人,实现内圣外王。

其二,专研"修齐治平"之道。《大学》专讲"修齐治平"之道。宋代《大学衍义》主旨在于正君心,严肃宫闱,抑权幸。明代丘濬《大学衍义补》对《大学衍义》进行补充和引申,提出系统的君主行为规范,为帝王设置了一批思想言行的禁区,如:君不可独治,应与臣分治天下;君不可以慢谏;等等。"止君心"是其核心,就是要君主不断约束自己,以保证治理国家的合法性。王守仁认为统治者要做到知行合一,将良知贯彻到政治实践中去,就必须修习吾心的笃实之功,要在事上磨炼,真正将维护君主政治的道德原则融于实践之中。

其三,居安思危。即指处在安乐的环境中,要想到可能有的危险。《左传·襄公十一年》中的"居安思危,思则有备,有备无患,敢以此规"、《谏太宗十思疏》中的"人君当神器之重,居域中之大……

不念居安思危，戒奢以俭……斯亦伐根以求木茂，塞源而欲流长也"，说的就是这个道理。

（二）以维系秩序为核心

君主地位的确立只是从合法性上说明君主权力的来源问题。君主要真正实现天下一统、万世太平，还须处理好君与臣、君与民、人与自然的关系，以实现国家秩序的正常运行。

1. 稳固的君臣秩序

君臣地位的变化影响着统治秩序，君臣关系的稳定对中国古代社会的稳定起决定性作用。因而，国家治理能力的高低，客观地取决于君臣关系。

第一，君臣关系模式。在我国传统的政治秩序中，君臣关系的基本论调是君主臣辅，君臣关系模式如下。

一是君臣合作。君与臣是相对关系，特别是与士大夫阶层之间是合作关系，而不是绝对服从的关系。孔子倡导"君使臣以礼，臣事君以忠"，反对君把臣视为奴才。孟子重视"臣"在政治中的作用，指出"不用贤则亡"，没有贤臣的辅佐，王也难以成事。他劝君主要以仁爱贤能为急，各级官吏应由贤能者担任，以便"贤者在位，能者在职""尊贤使能，俊杰在位"；臣对君也不能以顺为上，一味顺从是"妾妇之道"，臣事君要以道义为基础。荀子认为君有臣的辅佐才能成事，提出"尚同""用贤""兼听"，认为这是君主成事的关键。[1]

二是君尊臣卑。君主专制制度在秦朝确立后，君拥有绝对权威。在历朝的发展中，逐渐将"君尊臣卑"的观念制度化。汉朝儒学将三纲五常观念植入日常生活之中，强化了臣的忠君观念。董仲舒把君主看作国家政治的核心，提出"君权天予"说，全国臣民要无条件服从君主，民之从君，如同体之从心。他还提出"天有四时，王有四政"，

---

[1] 刘泽华、葛荃：《中国古代政治思想史》，南开大学出版社2006年版，第66页。

以保证君主地位的合法永固。汉魏刘廙为君主提供驭臣之术，进一步强化君主专制思想。桓范从君臣的双向制约角度论证君臣的相互关系，提出"为君难""为臣不易"的悖反理论。杜恕强调君臣一体，指出君臣同体相须，不可或缺，不能分离。如《群书治要》中指出"君为元首，臣为股肱，期其一体相须而成也""君臣离体，而望治化之洽，未之前闻也"。东汉时期，"二重君主观"使中央与地方在权力延伸与官员任用上出现了极大变化，使君臣理念进一步弱化。《太平经》宣扬君尊臣卑，维护君主的绝对权威，君与臣要在政治中发挥作用，必须同心携手。明君如果没有贤臣辅助也难以治理好国家，主张选用贤臣良吏的标准是"忠"和"直"，"忠"即对君主没有二心，时刻为君主效力；"直"体现在扶君和救君上。

隋唐实行科举制度后，天下之才通过科举成为国家治理人才，天子成为臣工唯一效忠的对象，君臣之间的地位逐渐定格为"主仆关系"。经过明清时期君主专制制度的强化，臣子的地位更加奴化，"君"成为"臣"心中的唯一。

第二，君臣关系的维系。君臣关系的维系主要体现在道、义、利、伦、官僚制度几个方面。一是"道"合。臣通过对君主的辅佐实现君臣共治，双方平等，都以"公"为原则，以天下为己任。二是"义"合。君有君道，臣有臣规。君臣按"礼"所规定的君臣名分行事，完成君臣内定的义务，遵从"君尊臣卑"的原则。三是"利"合。为某种利益组成的君臣关系中，君臣以计相交，因权势、名利相合，但也因此而相分，君臣之间矛盾与冲突时有发生，易位的可能性就会大大增加。四是"伦"合。君臣关系必须遵从天理伦常。君臣关系具有伦理价值，用其来维系政治关系，又以政治关系来推进道德关系，从而使君臣之间在伦理政治、治国实践之中实现君臣一体，臣为君使的能力组合。五是官僚制度。君臣秩序虽稳定，但君臣的人选是变化的，臣的势力扩大后也有可能成为新的君主。世袭世卿制、九品中正制、科举制等制度都是使官员流通渠道保持顺畅的制度。当多种制度并存，特别是以血缘为主的制度成为主要制度时，就会引起统治阶层间巨大的矛盾，从而使国家治理从内部失衡重新走向新的君臣关系的秩序选择之中。

第三，如何治吏。官吏在封建王朝更迭中扮演了重要角色，因此治吏能力是国家治理能力的关键一环。君主秩序的变动多是由于官吏与君主之间利益的失衡而引起的，因此治吏经验主要有：

一是，注重选贤任能。"尚贤者，政之本也""政治之道，首重人才"，实现政治稳定、国泰民安的关键是君主善于驾驭群臣，使天下人才皆为君主所用。其一知人和用人。驾驭人才的首要条件是善于识别人才，统治者能"至公至明"，善于鉴别和发现人才，"知人之道，圣贤所难也"；在取士方法上，应不拘泥于形式，多辟途径。其二任官和信赏必罚。任官之道是"度材而授任，量能而施职"，"人之材性"本不相同，"各有所宜"，而官职又"各有所守"，故应以特长授以官职，使官吏的才能充分施展，行政效力必然提高。

二是，强调驭臣之术。慎到提出的驭臣之术主要体现在两个方面：其一，"尚法不尚贤"。慎到认为君臣之间是权力与利害的较量，为防止君轻臣重的现象发生，就必须尚法。其二，"君无事臣有事"。君主要善于发挥臣子的才智，让他们把事情干好。如刘秀推行并官政策，一方面重用文官以防范武臣拥兵自重，另一方面整顿官僚队伍，加强对官吏的选用和考课。朱元璋也常谕告百官，"导引为政，勿陷身家"，注重刑用重典；以惩戒教育为主，凡贪官污吏，严惩不贷，鼓励民众告奸。

2. 良好的君民秩序

君民秩序是国家治理能力的最终体现。为了维护统治，统治者对"民"的地位进行思考，对君民关系有了更深化的认识。

第一，君民关系。"天下有道，则庶人不议"，统治者要绵延国祚，建有道之世，必须处理好君民关系。君民关系的认识问题与具体的治国实践有所不同。

一是君民舟水说。荀子说:"君者,舟也;庶人者,水也。水则载舟,水则覆舟。此之谓也。"君主地位永固,必须使民"安政"。同时,君民舟水说还体现在"抚民""亲民""恤民""安民""利民""惠民""以德和民"的政治主张上,这些主张的中心思想就是要求君主与当政者"施惠于民"。

二是君民源流说。民生存的根本在于君主,君主上德对万民起到以上率下道德楷模的作用。《尚书·康诰》中的"用康保民""惟民其康""裕民""民宁"等,《尚书·盘庚》中"畜民""畜众""重我民"之说,都指出保民要忌贪图安乐、恣意妄为,要谨慎从治。荀子在《荀子·君道》中说:"君者,民之原也;原清则流清,原浊则流浊。"其中,君是源,民是流。另外,还需要体察民情,"知小民之依",特别是要"怀保小民""惠鲜鳏寡"。

三是君民首足说。君民是国家统治的必要元素,但从国家组成来说,君是首,民是足。荀悦在《申鉴·政体》中指出:"天下国家一体也,君为元首,臣为股肱,民为手足。"这表明君臣关系如人的身体一样是一个整体,君民关系处理得好,国家治理就会取得好的成果。与此相通的是君民心体说,《礼记·缁衣》以"民以君为心,君以民为体"告诫君主要重视民的作用。

四是君民对立说。民是君主的对立物,当政者不可使民富起来,民富则淫,淫则难治。最为激进的言论是民可以抛弃"困民之主",认为赶走暴君是合理的。《商君书》认为解决法与民的关系就是使民服从法。《太平经》指出,民众是国家兴衰存亡的基础,"民者,职当主为国家王侯治生","治国之道,乃以民为本也。无民,君与臣无可治,无可理也"。因而,统治者要施惠于民,以换取民的合作。"盛而为君,衰即为民",君与民之间是可以相互转化的。此外还有君山民地说、君亲民子说、牧民说等,但是都不外乎将统治秩序体现在君尊民卑的地位上。

第二，治民之术。民惟邦本，对君来说，一方面，民为"本"，要对民仁爱，另一方面，民又是影响政权稳定的不安定因素，要防之、御之。西汉贾谊提出"国以民为安危，君以民为威侮""夫民者，大族也，民不可不畏也"。唐太宗李世民指出"为君之道，必须先存百姓""天子有道，则人推而为主；无道，则人弃而不用，诚可畏也"，君主要维护统治，必须对民进行安抚、防范和控制。对民要"安抚"，如"安民则惠，黎民怀之""抚民以宽，除其邪虐，功加于时，德垂后裔"。要"防民"，"防民之口，甚于防川"，防民重在"防"。法家于此强调"严刑重罚"，"制民之术，不外法、术、势也"。

一是政得其民，即治理国家要得到人民的认可。《管子·牧民》中说："政之所兴，在顺民心；政之所废，在逆民心。"为此，君主应养民、富民、保民、教民。在"养民"上，《尚书·大禹谟》提出"德惟善政，政在养民"；在"富民"上，《管子·治国篇》指出"凡治国之道，必先富民。民富则易治也，民贫则难治也"；在"保民"上，《尚书·康诰》要"若保赤子，惟民其康乂"。在"教民"上，《孟子·尽心章句上》指出，应"善政，不如善教之得民也。善政，民畏之；善教，民爱之。善政，得民财；善教，得民心"。总之，得民心者得天下。

二是民贵君轻。民心向背关系国家兴亡，民亦是统治者财用之源。孟子提出"民为贵，社稷次之，君为轻"，认为统治者要保民，必须先仁义而后利，对于民，只有获得实际的物质利益后，才可能行仁义，即"民之为道也，有恒产者有恒心，无恒产者无恒心"。

三是君育万民。《易经》提出"天地养万物，圣人养贤以及万民"。君主养育万民和天地之道，具体表现在政治与经济两个方面。在经济上主张取民有度，"损上益下，民说无疆，自上下下，其道大光"。反复强调要施德于民，德施而民顺。在政治上主张明礼慎罚，居上者对下的态度要谦虚，"以贵下贱，大得民也"，上下顺是国家的保障。

3. 和谐的人与自然关系

古代中国在人与自然关系问题上,强调天道与人道的统一,追求人与自然和谐。对人与自然关系的认识决定了古代中国国家治理的方针。在人与自然的关系上,主要探讨天、地、人的关系,并突出人对自然的特殊地位和主观能动性。

一是天人合一。人与自然和谐一体,是中国古代人与自然关系最显著的特点。天人合一是传统文化的主流,《周易·大传》指出"与天地合德"的人生意义和理想追求,达到人与自然相协调。宋代以后,张载从人与自然统一于物质性的"气"的观点出发,阐述天人合一的命题,指出秦汉以来"知人而不知天"的弊端,以宇宙本体和道德根据一致性沟通天人关系。程颐、程颢在《二程遗书》中指出,"天人本无二,不必言合""天、地、人,只一道也",指出自然规律与道德规律的统一。朱熹在《朱子语类·卷第六十八·易四》中指出,"以天道言之,为元亨利贞;以四时言之,为春夏秋冬;以人道言之,为仁义礼智……"进一步说明了圣人统治的合法性。王夫之发挥了"天人合一"思想,认为天与人异形离质,并非异端之所可溺也,强调天道与人道相统一,自然规律与人类社会准则相统一。

二是道法自然。道家强调回到自然,反对破坏自然。《道德经·第二十五章》"人法地,地法天,天法道,道法自然"强调人类活动以自然为法则。儒家也认为,人是天地万物中最有价值的。孔子指出:"鸟兽不可与同群,吾非斯人之徒与而谁与?""天地之性,人为贵。"孟子亦阐明"天人相通"的观点,他认为"尽其心者,知其性也。知其性,则知天矣"。强调天是人伦道德的根源,只要"尽心""知性"就可以达到"上下与天地同流",人与天相通而整合为一体。荀子提出要"制天命而用之",从而"天之所覆,地之所载,莫不尽其美,致其用"。在处理人与自然间的矛盾问题上,韩愈提出人口生产和人对自然的索取与自然相适应的观点,"物坏,虫由之生;元气阴阳之坏,人由之生。虫之生而物益坏,食啮之,攻穴之,虫之祸物也滋甚。其有能去之者，有功于物者也；繁而息之者，物之仇也"。他认为人对自然的索取和自然对人需要的满足，应保持和谐适度的状态。

（三）国家治理能力的体现

国家治理能力因基于不同的治理理念，在不同的治理阶段、治理时期表现出不同的特征。但总体而言，国家治理能力都是以维护统治秩序和统治阶级利益为目的的。国家治理能力主要体现在以下几个方面。

1. 以"德治"为主的国家治理能力

"德治"即"礼治"，是儒家所倡导的治理方式。"礼治"就是君臣父子有分、贵贱上下尊卑亲疏有别，表现在国家治理能力上，主要有以下几个方面。

第一，治理原则上的"亲亲，尊尊"①。"亲亲"是宗法原则，"尊尊"是等级原则。主张"名正言顺""君君，臣臣，父父，子子"的礼治秩序，其理想社会是《论语·季氏》中的"天下有道，则礼乐征伐自天子出"。孟子认为，"先王有不忍人之心，斯有不忍人之政矣。以不忍人之心，行不忍人之政，治天下可运之掌上"。荀子从人性恶出发，强调礼法结合，通过法律制度的约束实现国家治理。

第二，治理目标是"修齐治平"。"修身、齐家、治国、平天下"是封建社会治理的集体目标取向，是统治阶级与被统治阶级所达成的共识，亦是双方共同的价值追求。国家治理能力体现在"由内而外，由己及人"的伦理原则上，不但对统治阶级特别是君主提出这样的价值要求，而且士大夫阶层同样以此为价值标准，家国天下的情怀成为

---

① "亲亲"指必须亲爱自己的亲属，特别是以父权为中心的尊亲属；子弟必须孝顺父兄，小宗必须服从大宗；分封和任命官吏必须"任人唯亲"，使亲者贵、疏者贱，并按嫡长继承制代代世袭下去。"尊尊"指下级必须尊敬和服从上级，特别是作为天下大宗的天子和一国宗主的国君；严格上下等级秩序，不得僭越，不许犯上作乱。

封建时代衡量人才的重要标准。

第三，伦理规则是三纲五常。秦汉之后，儒法合流、礼法统一，儒家思想占据统治地位，"三纲"① 逐步经典化，成为指导封建立法、司法的礼教。《白虎通义》进一步将"三纲"与"天人合一"连为一体，使之更加神圣化和绝对化。"五常"是"三纲"得以实现的道德保证和外在规定。"三纲五常"互为表里，成为封建时代社会控制系统的核心和枢纽，成为君主专制制度的保障。

第四，治理重心上突出孝治天下。孝作为治理理念，要人们绝对服从父母家长，"服从权威"。在具体的治理政策上表现为激励名节、表彰孝悌，树立孝道楷模、忠臣表率、廉吏榜样、名儒、忠良之后等来宣扬孝；以伦常兴教化，有意加强政治权威在伦常教化中的作用，为帝王驯育忠臣良民，为王朝统治筑起根基；以孝廉作为政治录用的根本标准。

2. 以"法制力"为主的国家治理能力

"法制力"是国家治理能力的重要组成部分，强调"强力"是保持社会安定、稳定社会秩序、有效治理国家的关键。

其主要手段是以"法"为制度、以"术"为手段实现国家治理。法家"霸道"思想，强调法、术、势，以法治国、奖励耕战、推崇君主专制和独裁。先秦时期法家，主张以法治国（与"人治"相对），强调法律制度在国家治理中的权威地位。如《史记·商君列传》中的"智者作法，愚者制焉；贤者更礼，不肖者拘焉"；《淮南子·氾论训》中的"知法治所由生，则应时而变；不知法治之源，虽循古终乱"；《史记·蒙恬列传》中的"高有大罪，秦王令蒙毅法治之"。法家的"三治三不治"，实质是"国家主义"法治观的体现，主张国家的至高无上性，认为国家对个人拥有绝对权力，个人必须绝对服从

---

① 君为臣纲是为了"尊君卑臣，强干弱枝"；父为子纲，是为了把父权、族权置于国家法律地位；夫为妻纲，是把男人置于女人之上。

国家。

3. 以"自然力"为主的国家治理能力

以自然力为主的国家治理能力是指通过自然现象、自然规律的运转而总结出国家治理的规律。

一是道家"天道"思想。道家提倡"无为",将"无为"作为一种政策,用作实际叫作"为无为"。总的原则是"三去"(去甚、去奢、去泰),具体指"薄税敛,轻刑罚,慎用兵,尚节俭"。老子认为道法自然是最高法则,是"自然而然"。也正因如此,道家治国理念都是围绕"无为而治"的思想展开的。庄子认为"君源于德而成于天",主张"道法自然"的治理模式,强调"无为而治"的治理方法,以实现"小国寡民"的治理状态,达到"天下为公"的治理结果。以自然、无为而治国,则"治大国,若烹小鲜",治万物,治君臣之无为,则无不为,以实现天下共治。汉初推行黄老之术,《淮南子》中亦提出修人性和以民为本的思想。好利是多数人的本性,所以"治国有常,而利民为本",治国必须考虑民食问题,应当先养民后征敛。

二是五德终始。阴阳家则以五德终始的政治循环理论为代表,邹衍认为,"治各有宜",每个朝代有特定的制度和政治,都是由每一德所支配的。五德周而复始,较合理地说明了朝代间的更替规律。[①]

三是佛家教化。佛教中国化并最终成为为君主服务的思想工具。三教纷争之时,许多佛教信徒就针对佛教"入国破国"之说,把佛教教义与政治联系起来,极力论证佛教有益于政治、可以使帝王"坐致太平"的观点。南北朝后大批僧人以佛学为根基,会通儒释,论说佛教与政治的关系,提出较为系统的主张,使之日益系统化、理论化。如契嵩将佛教的政治作用定位于"辅教",认为佛教为王道所不可或缺,帝王应将佛教纳入治体之中,其主要观点有佛道与王道结合、道与教相须,"教必尊僧"、华夷之别在于"义"、佛教"五戒十善,通

---

① 刘泽华、葛荃:《中国古代政治思想史》,南开大学出版社2006年版,第169页。

儒之五常"、佛教最益教化。

4. 国家治理能力的"合力"

合力是指将不同的治理理念、方式结合起来,以实行国家统治,维护阶级利益。这些"合力"主要体现在以下几个方面。

一是礼法合治,德主刑辅。"明德慎罚",治理国家要以德政为主,刑杀为辅,即治理国家要将教化与法律相结合。孔子提出:"道之以政,齐之以刑,民免而无耻;道之以德,齐之以礼,有耻且格。"荀子提出"礼法并施""礼下庶人""刑上大夫"的观点。董仲舒提出系统完整的"阳德阴刑"的德主刑辅论,指出:"阳为德,阴为刑;刑主杀而德主生……以此见天之任德不刑也。"东汉时期,在用人上,反对任人唯亲,主张选用真才良吏以解决吏治混乱的问题;在治国之道上,认为应当采取刑治德治兼用的方式;在经济政策上,针对土地及农工商关系问题和增强国家措施进行了思考。

二是尊道重德。《太平经》把道与德作为治国总纲,将治世之道总结为"十治",其中"元气治"和"自然治"主张治国先要顺应天道自然这一道教特点,而与治国直接相关的则将"德、仁、义、礼、文、法、武"七事做好以把握道,"御此者道也",把"道治"和"德治"作为治国的最佳方案,把法治视为下策。

三是王霸道同质论。北宋李觏提出礼和王霸道同质论。李觏认为,王与霸没有本质区别,提出"礼者,虚称也,法制之总名也",指全部政治上层建筑,包含三层内容:一是礼之本,指的是制度仪则;二是礼之三枝,乐、政、刑是保障制度礼仪正常施行的重要手段;三是礼的道德规范,仁、义、智、信为礼之四名。等级原则、政令刑杀、道德规范即礼的三层内容,是统治天下的必要手段。传统儒学以推行德治、仁政为王道,尚法强兵为霸道,又以实现王道为理想政治。

四是轻重治国。轻重治国的关键在于掌握轻重之术,中心是把社会财富集中到国家和君主手中,具体方法是把政治重点移到市场、财政和经济方面。君主只有掌握了丰厚的资财，才能通理天下。为此要求君主实施经济控制与经济鼓励，要操纵和支配人民的生产活动，控制谷物，把人民的贫富之机牢牢掌握在手中。

五是柔道治国。"吾理天下，亦欲以柔道行之"，柔道是以儒家德治仁政为主，杂以道家的治国方式。主要表现在两个方面：一方面是用柔，主要体现为以柔驭臣。另一方面是施德政。战争期间体恤百姓，不滥杀无辜；建立政权后，推行轻徭薄赋、释奴婢、轻刑罚等恤民政策。

二、中国近现代国家治理能力思想

鸦片战争以后，中国在与西方的交锋中逐步成为半殖民地半封建社会。从国家治理能力思想层面看，这一时期的思想主要体现在"图存"与"自强"上，不但要保证中华民族在西方工业革命与全球殖民浪潮下免于覆灭，还要寻求机会使中国再次发展起来，实现国富民强。中国近现代对国家治理的探索，在不同阶段所体现的侧重点不同，主要表现为以下几个方面。

（一）"经世"思想

鸦片战争时期，清王朝开始衰落。封建统治阶级内卓有眼光的士大夫开始反思传统统治思想，关注时势民情，开眼看世界。他们以"经世致用"为口号，以"救亡自强"为目标，提出了诸多有益的思想。

第一，抨击时政，倡议变法。面对清朝的衰退，百弊丛生，面对大局"殆将有变"，包世臣在《说储》一文中提出"废八股、开言路、汰冗员"等建言。在经济方面，他们谴责清王朝不顾百姓死活，横加赋税，地方官吏"其贪以浚民之脂膏，酷以干天之愤怒"，兼地之风盛行，造成"无地者半天下"；在政治方面，揭露士大夫腐败堕落，不思进取，沉溺于标榜义理、醉心考据、雕琢诗文、兼商兼吏、沉酒制艺；在文化教育方面，抨击制艺科举，"士子以腐烂时文互相弋取科名以去，此人才所以日下也"，发出"我劝天公重抖擞，不拘一格降人才"的呐喊，呼吁根治发展中的顽症苛疾，以适应世界发展的形势。①

第二，研讨国家时政。在国家治理的方针政策上，提出对漕运、盐法、河工、兵饷进行综合治理。如盐政方面，倡导废除官商垄断，由私商自愿领票买盐，自由运销。在鸦片问题上，提出要严禁鸦片，强身健体。在国防安全上，提出了边疆治理，以谋御外的策略。如徐继畬《瀛环志略》一书，介绍了海外情况，开始关注边疆海防；魏源《海国图志》介绍了国外先进技艺，提出"师夷长技以制夷"的思想。

第三，学习西方先进经验。以林则徐为代表的经世学家，提出学习西方先进经验：一是"不拘一格"选拔熟悉外情的人才，对外国政治经济军事情报、外人对华评论、世界史地知识、法律、军事技术等进行大量的翻译学习；二是放下天朝架子，向外国人询访外情、了解时代发展；三是推行"以夷治夷"的外交策略，对外国情况做详细了解。②

（二）"自强"思想

在国家治理的探索中，清王朝统治阶级中的洋务派找到了学习西方"器物"的办法，试图通过兴办洋务解决眼前的问题。

第一，洋务兴国之思路。兴办洋务、谋求富国强兵之路是洋务派的美好愿景。这主要是基于四个论断：一是"古今变局"论。洋人的入侵使中国社会面貌与人们的思想发生了前所未有的变化。但洋务派所讲的变仍是在"器"的层面，"变器不变道"。二是"借法自强"

---

① 田海林：《中国近代政治思想史》，山东大学出版社1999年版，第45页。
② 同上书，第66—67页。

论。洋务派主张"循用西洋之法以求日进于富强",大力兴办洋务,培育洋务人才,创办学堂,选派留学生等,迈开了中国学习西方、走向现代化的第一步。三是"工商立国"论。为实现国家强盛,摆脱西方的侵略,兴办洋务要讲商政、办实业,才能物阜民丰,无敌于天下。提出发展民族资本主义工商业的要求,要兴商务、习商战,在商业上打败西洋。四是"中体西用"论。"中体西用"即"中学为体,西学为用"是在"师夷长技以制夷"的基础上发展而来的,就是要将西方资本主义之"用"移嫁到中国封建制度之"体"上。①

第二,洋务治国之首要。洋务运动是封建统治阶级内部的"自强"之路,兴起于太平天国运动与第二次鸦片战争之时。解决的首要问题是要通过举办洋务,掌握西方先进的器物技术,维护自身统治,特别是要平定太平天国运动。即"发捻交乘,心腹之害也……故灭发捻为先,治俄次之,治英又次之……"② 是故,洋务第一要务在安内,第二则在攘外。

总体而言,洋务运动在国家治理现代化的道路上完成了三个方面的转变:其一,使中国人开始用现代化方式思考国家治理的问题,虽然是在"器物"层面,但仍是一大进步;其二,使大多数中国人开始接受洋务,开启了认识西方的浓厚热忱;其三,启发了民智,使中国人从整体上开始有了"西化"思想的萌芽,并使中国在与西方列强的对立中逐渐成为一个整体。

(三)"变法"思想

如果说"经世治国"思想是从国家具体政策上探寻国家治理,"洋务自强"思想是从器物技术层面探寻国家治理,那么戊戌变法思想就是从制度层面探寻国家治理思想。

---

① 田海林:《中国近代政治思想史》,山东大学出版社1999年版,第134页。
② 同上书,第120页。载《筹办事务始末》(咸丰朝)(第71卷)。

第一，寻求制度转变以走向国家治理的正途。甲午战败后，维新派认识到中华民族面临着亡国灭种之险，必须找出一条实现国家富强、实现自我治理的道路。他们认为只有改变制度上的不足，才能实现国家富强。康有为在《上清帝第六书》中指出，"观大地诸国，皆以变法而强，守旧而亡"，谭嗣同亦主张"中外通""上下通""男女通""人我通"①，破除封建专制主义的痼蔽与蒙昧，走变法之路，实现国家治理。这种"变"，一方面是要使国家治理从制度层面走向自新之路，走出一条维新之路；另一方面，是要通过学习西方实现变革，从而达到"保国、保种、保教"的目的。

第二，制度"全"变以实现国家治理。维新派认为变法涉及政治、经济、文化、军事等诸多方面，"全变则强，小变仍亡"。政治上，向日本学习，力主实行君主立宪制，兴民权，设议院，以实现政治制度的全面转变。经济上，采用资本主义生产方式，走资本主义发展道路，发展民族资本主义，保护工商业发展。文化教育上，废科举、兴新学、派留学、办报刊，提倡公民自由权利。军事上，练新兵，办讲武堂，走现代军事化道路。民权上，倡导天赋人权说，提倡民众自由，构建君臣民新型关系。伦理教化上，批判封建伦理纲常，打破封建礼教的束缚。

第三，变法失败的启示。任何一项变法的成功或是政策的推行，不但要有理想主义的情怀，更要注重现实的可行性。在当时的社会环境下，维新变法要推行新法、改造民众、打破利益藩篱何其之难。首先在于民众基础不牢，对维新思想知之者不多，没有广大的民众基础；其次在于用皇权来主动求变的想法不切实际，更何况所依靠的皇帝还没有最终决定权；最后在于在封建统治下，要想用理想主义使封建阶层放弃固有的利益，无异于痴人说梦。

因而，推行国家治理必须切合实际，在诸方面条件充分具备的情

---

① 田海林：《中国近代政治思想史》，山东大学出版社1999年版，第153页。

况下，以有效的顶层设计稳妥地推进，才能最终实现国家治理举措的实效性与即时性。

（四）"革命"思想

实现国家治理的革命方式实质上是指通过暴力手段推翻封建专制统治，辛亥革命企图推翻清王朝的统治，实行西方的议会民主制，以总统制的方式实现国家治理正常化。

第一，推翻腐朽无能的清朝统治，展现国家治理新貌。《辛丑条约》签订后，中国跌入了半殖民地半封建社会的深渊，清政府沦为洋人的朝廷，列强对中国的奴役与掠夺更加肆无忌惮。与此同时，资产阶级革命派的崛起，特别是同盟会的建立为民主革命作了组织上的准备，探寻国家治理的道路进入一个新阶段：反帝反封建，在中国建立资产阶级共和国。同时，对封建专制思想、封建专制文化，特别是封建纲常礼教，天命论、有神论思想进行了彻底批判，为民主革命的到来作了思想准备。

第二，实行资本主义方式的国家治理需要从根本上剔除封建制度。1911年，辛亥革命在形式上取得了胜利，建立了中华民国。但革命过程中，许多封建官僚见风使舵，摇身一变成为辛亥革命的功臣。正如孙中山所说："民国徒有其表，我打倒了一个皇帝，转生出无数大大小小的皇帝，这个皇帝是什么，军阀、官僚、政客。我打倒了一个专制者，出了无数的专制者。"[①] 辛亥革命的对象并不是高高在上的一个皇帝，而是人们心中的封建思想。因而，要真正走向国家治理，还必须与封建思想作斗争。所以，辛亥革命时期宣传的三民主义思想、民主共和思想要想真正地深入人心，还需要开展一场新思想的普及运动。

第三，国家治理正常化需要宽松的外部环境。辛亥革命企图通过

---

① 《孙中山和辛亥革命带来了什么？》，《新华日报》2011年9月21日。

一场暴力革命就实现资产阶级的建国设想,从国内环境与国际环境来看都是不允许的。20世纪初的中国,处于帝国主义的包围之中,帝国主义不希望看到"从沉睡中醒来"的中国,也不愿看到东亚地区出现可与之抗衡的国家。因而,实现国家治理不是简单地范式转化,而是艰辛努力的结果。

在辛亥革命之前,中国还发生了太平天国运动和义和团爱国运动。二者都属于农民阶级领导的运动,太平天国运动是反对清王朝残酷统治的运动,义和团运动则是反对帝国主义的爱国运动。与辛亥革命相比,二者所反映的是,中国最广大的民众更希望国家治理走向更加宽广的道路,通过提升国家治理能力让国民感受到更多的物质回报与人文关怀。

(五)其他选择:清末多种社会思潮

在清末中华民族危亡的历史关头,在"中国向何处去"这个历史命题前,国内不仅有上述关于国家治理走向的思想实践,还有关于国家治理的诸多思想。这些思想虽然并没有付诸具体的实践,但对国家治理能力的探究产生了一定影响。

第一,君主立宪思潮。20世纪初,中国民族资产阶级作为一支独立的政治力量登上了历史舞台。在此背景下,以"立宪法、设议院"为起点的君主立宪思潮逐步涌现出来。梁启超认为,只有君主立宪政体才称得上是"政体之最良者也",要真正实现立宪,必须制定一部符合中国国情的宪法。而欲立宪法,必须成立具有立法权的国会,君主只能行其钦准之权。国会的职权在闭会之时由责任内阁执行,内阁只对议会负责。

第二,进化论思潮。严复《原强》一文的发表,标志着达尔文进化论和斯宾塞社会达尔文主义输入中国。梁启超对进化论思想进行改造,在《饮冰室合集》专集之二中指出:"生存竞争,天下万物之公理也,既竞争则优者必胜,劣者必败,此又有生以来不可避之公例也。"

他呼吁国人开展国民竞争，挽救民族危机。而革命派将进化论作为革命理论的哲学基础，孙中山扬弃了和平渐进的进化论思想，形成了以革命、飞跃、突变为内容的革命突变进化论，进化论中的"物竞天择""优胜劣汰"等思想激发中国知识分子奋起图存。

第三，国粹主义思潮。国粹主义试图通过"研究国学，保存国粹""复兴古学"，来唤起人们爱国和反清革命的激情，推动资产阶级民主革命的发展。他们明确提出国学与君学的对立：前者为民，为天下；后者为君，为一家。他们主张仿效西方文艺复兴，复兴古学；反对封建伦理纲常，提倡自由、平等和民权；用国粹激动种性，增进爱国的热情。

第四，无政府主义思潮。无政府主义于20世纪初传入我国，以章太炎、刘师复等人为主要代表。无政府主义否认一切政府、一切国家和一切权力，倡议用一切手段达到目的。章太炎认为国家事业是一种虚幻的东西，只有个人才是实体；要求实现"五无"境界，才能达到最后的"圆满之期"；反求革命领袖作用，提倡个人英雄主义，主张暗杀活动。师复主义是无政府主义的本土化，认为国家政府起于强权，政府是万恶之源，因而主张废绝政府，使"互助"之天然道德，得自由发达而至于圆满。

第五，其他治理思潮。还有一些思潮提出了治理主张。其一，提升教育能力以培育新民。认为实现中华强盛的根本在于教育，只有教育才能改造国民性，造就"新民"。其二，以科技能力兴国。中西之间的对比，使中国知识分子认识到发展科技的重要性，他们认为只有通过发展科技才能实现救国，因而要在农、工、商、医、实业等方面大力发展科技。其三，以实业救国。20世纪初期，实业救国论者提出了经济立法思想与理财救亡论、发达国家资本论、保护主义和开放主义、实业计划等思想，认为通过发展实业，发展生产力，一定能实现国富民强。其四，解放妇女强国。妇女解放思潮旨在改变妇女不平等的社会地位、恢复妇女各种社会权利，承认妇女的社会价值。这几种社会思潮虽没有较具体的社会实践变革，但在人们的生活、生产、交往中影响着人们的认知，使之朝着更为民主、自由、公平的社会方向发展，为中国走向国家治理的道路起到思想启蒙与扩大群众基础的作用。

三、中国当代国家治理能力思想

当代中国对国家治理能力的研究处于上升期。学者们对国家治理能力的内涵、构成体系、实现路径、依靠方式、面临的问题等诸多方面进行了不同视角的解读。从学科视角看，这些解读主要集中在政治学与公共管理学、法学、哲学等学科的探讨与研究。

（一）以"善治"为目标的政治学和公共管理学视角

政治学和公共管理学对国家治理能力的探讨，主要是基于"善治"目标而进行。这一视角对国家治理能力的研究，主要体现在以下几个方面。

第一，国家治理能力必须满足国家治理所处的时代背景需求。一是在大数据背景下，李江静认为国家治理要从大数据国家战略、大数据顶层设计、信息安全立法、培养高端人才、加强技术研发等几个方面入手。[1] 唐皇凤、陈建武指出我国存在着大数据意识缺乏、大数据技术和人才缺乏、信息安全、隐私侵犯、新的数字鸿沟、数据崇拜、信息孤岛、权力寻租等八大问题，对国家治理能力的提升提出了新要求。[2] 胡洪彬认为必须采取理念、机制、模式、技术、人才等手段，应对大数据环境带来的挑战，以推进国家治理能力的进一步提升。[3]

---

[1] 李江静：《大数据对国家治理能力现代化的作用及其提升路径》，《中共中央党校学报》2015年第4期。

[2] 唐皇凤、陈建武：《大数据时代的中国国家治理能力建设》，《探索与争鸣》2014年第10期。

[3] 胡洪彬：《大数据时代国家治理能力建设的双重境遇与破解之道》，《社会主义研究》2014年第4期。

二是在反腐背景下，胡键认为只有健全惩治和预防腐败体系，才能提高国家治理能力。① 付文科认为，应通过依法治党、依法治政、依法治官的途径，切实提高国家治理能力。② 三是在协同治理背景下，刘涛、范明英认为在社会矛盾凸显以及利益复杂化攻坚克难时期，要以协同治理为契机，不断提升国家治理能力现代化水平，顺利化解现代化建设中产生的各种问题。③ 陈霞、王彩波认为我国国家治理能力现代化的实现需要以多元共治为导向，以党的领导为保证，以民主视域下的有序参与治理和法治视域下的制度化治理为基本方略，形成以国家治理为核心的多元治理体系格局。④ 四是在历史背景下，叶志坚认为国家治理体系和治理能力现代化的发展轨迹可以概括为迷惘、初步探索、变革三个阶段。⑤ 杜飞进认为我国现行的国家治理体系是在我国历史传承、文化传统、经济社会发展的基础上长期发展、渐进改进、内生性演化的结果。⑥

第二，在对国家治理能力的构成进行分析时，学者的观点呈现出较大差异性。虞崇胜、唐皇凤认为狭义上国家治理能力就是党和政府的治理能力，包括社会汲取、合法化、政治强制、社会干预、改革发展能力等。⑦ 叶小文、张峰认为国家治理能力现代化的核心要素是制度化、公平化、有序化。⑧ 竹立家认为国家治理能力具体表现为公信

---

① 胡键：《健全惩治和预防腐败体系，提高国家治理能力》，《上海商学院学报》2013 年第 6 期。
② 付文科：《廉政治理：国家治理能力现代化的门阶条件》，《桂海论丛》2014 年第 5 期。
③ 刘涛、范明英：《协同治理视阈下国家治理能力现代化变革之道》，《广西社会科学》2015 年第 6 期。
④ 陈霞、王彩波：《有效治理与协同共治：国家治理能力现代化的目标及路径》，《探索》2015 年第 5 期。
⑤ 叶志坚：《国家治理体系和治理能力现代化的历史考察——以中国近代以来社会变革过程为视角》，《福建行政学院学报》2014 年第 5 期。
⑥ 杜飞进：《中国现代化的一个全新维度——论国家治理体系和治理能力现代化》，《社会科学研究》2014 年第 5 期。
⑦ 虞崇胜、唐皇凤：《第五个现代化》，湖北人民出版社 2015 年版，第 124 页。
⑧ 叶小文、张峰：《从现代国家治理的高度认识协商民主》，《中央社会主义学院学报》2014 年第 1 期。

力、责任能力、执行能力、监督能力、服务能力五个方面能力。① 岳金柱将治理主体国家治理能力分为政府治理能力、现代化市场治理能力和社会治理能力。② 王新认为国家治理能力现代化是一个概念体系，包含着众多能力因素，而制度建构能力、改革创新能力与科学发展能力，是能力中的能力，是最基础的治理能力。③

王绍光、胡鞍钢指出，自改革开放以来国家能力的核心是财政汲取能力。④ 黄宝玖认为国家能力主要包括"政治统治、经济管理、社会管理、文化管理四大外显能力"⑤。黄清吉则在研究国家实施社会统治与管理、应对他国竞争与挑战的能力的支撑结构与发展机理基础上，尝试性地建构了一个涵盖国内政治层次与国际政治层次的关于国家能力研究的理论框架。⑥

第三，关于为何要提升国家治理能力、国家治理能力提升的路径是什么，学者们提出了不同观点。刘建伟认为治理能力是衡量一国现代化程度和社会进步程度的重要向度，治理能力现代化是社会整体现代化实现的前提和保障。⑦ 郑言、李猛则是通过对公共需求的日益多样化与政府组织的有限容量、经济高速发展与改革目标全面性、威胁国家安全稳定的因素越来越多与责任主体的相对单一、国际"软实力"竞争的日趋激烈与中国制度优势尚未完全彰显等四对矛盾的分析，提出了国家治理能力现代化研究的必要性。⑧ 赵欢春认为研究国家治理能力现代化，是使国家能够有效应对经济双重转型及其风险、

---

① 竹立家：《社会转型与国家治理现代化》，《科学社会主义》2014年第1期。
② 岳金柱：《加快推进社会治理创新若干问题的思考》，《行政管理改革》2014年第3期。
③ 王新：《国家治理能力视野的制度建构、改革创新与科学发展》，《重庆社会科学》2014年第3期。
④ 王绍光、胡鞍钢：《中国国家能力报告》，辽宁人民出版社1993年版，第6页。
⑤ 黄宝玖：《国家能力研究评述》，《三明学院学报》2006年第1期。
⑥ 黄清吉：《国家能力理论研究》，《政治学研究》2007年第4期。
⑦ 刘建伟：《国家治理能力现代化研究述评》，《探索》2014年第5期。
⑧ 郑言、李猛：《推进国家治理体系与国家治理能力现代化》，《吉林大学社会科学学报》2014年第2期。

政治重心转向及其风险、文化多元多样多变及其风险问题与社会结构变动及其风险问题。①徐湘林认为，面对国家治理惰性增强、社会问题加剧、治理体制性衰退、治理危机与公信危机加剧等问题，迫切需要提升国家治理能力。②

第四，在对国家治理能力困境的研究上，许多学者亦提出了担忧。俞可平指出，随着中国特色社会主义现代化的新发展，随着社会各种利益集团之间的冲突加剧，国家治理体系和能力面临新的困境。③唐皇凤认为中国作为大国治理的政治基础是共产党领导的社会主义国家，而单一制中央集权国家是体制基础，分析了中国作为巨型社会、贫困社会、非匀质性社会和断裂社会国家治理的主要困境。④时和兴从国家建构的三大维度，即政府职能、治理能力与合法性面向出发，比较分析不同阶段、不同遭遇的治理变迁问题，从发达国家的现代性、发展型国家的包容性和转型国家的制度性困境三个方面进行分析，有助于思考在现代化进程中健全国家治理体系和提升国家治理能力的问题。⑤张兴华认为，改革开放使中国社会发生了急剧变革，面临的问题更加复杂多样，社会诚信缺失、行为失范、道德滑坡、信仰危机、理想失落、文化冲突与价值多元等成为我国国家治理的现实困境。⑥

第五，关于国家治理能力现代化的实现，钟林认为主要有发展

---

① 赵欢春：《论社会转型风险中国家治理能力现代化的建构逻辑》，《南京师大学报》（社会科学版）2014年第4期。

② 徐湘林：《社会转型与国家治理——中国政治体制改革取向及其政策选择》，《北京大学研究生学志》2015年第4期。

③ 参见俞可平：《论国家治理现代化》（修订版），社会科学文献出版社2015年版。涉及的文章有《国家治理现代化》《治理、善治和全球治理》《善政与善治》《中国治理变迁30年（1978—2008）》、《重构治理秩序》。

④ 唐皇凤：《大国治理：中国国家治理的现实基础与主要困境》，《中共浙江省委党校学报》2015年第12期。

⑤ 时和兴：《国家治理变迁的困境及其反思：一种比较观点》，《当代世界与社会主义》2014年第1期。

⑥ 张兴华：《当代中国国家治理——现实困境与治理取向》，华中师范大学2014年博士论文。

论、制度论、文化论、技术论四类。① 如发展论的代表张贤明认为，促进国家生产和社会发展是推进国家治理能力现代化建设的根本目标；② 徐湘林认为解决中国现实问题，最主要的是不断改革以提升国家治理能力。③ 制度论代表马一德认为，应通过法律保障多元社会主体的治理权利、合作治理的程序和治理效果监督等；④ 丁伟也指出法治是推进国家治理现代化的根本路径。⑤ 以汤嘉琛、胡惠林⑥为代表的文化论者则认为，通过文化治理方可实现国家治理能力的提升，从而实现多元主体共同参与的局面。以竹立家、吴文奎为代表的技术论者则指出应在大数据的时代背景下，在新媒体的广泛运用中，通过技术的应用，提高公共决策合法性和有效性，以提升政府科学决策能力。⑦ 张璋认为"政府治理工具是政府为了解决公共问题而采用的可辨别的行动机制"，并从理性与制度的视角探讨政府治理工具的选择问题，着重分析了"理想的选择、制度安排的选择、集体的选择、实际的选择"四个具体的政府治理工具问题。⑧

(二) 以构建"法治"基础为目标的法学视角

法学视角的研究者认为，国家治理能力赖以存在的基础是制度，而制度的最终归结点则是法律制度。只有具备了完备的法律制度，并不断引导人们遵守，国家治理能力才会在法治的框架内有序运行。从目前的学术观点看，法学视角对国家治理能力的研究，主要分为以下三个方面。

在国家治理能力的构成方面，魏治勋指出，国家治理能力的根本

---

① 钟林：《国家治理能力现代化：背景、内涵与生成》，华中科技大学2015年博士论文。
② 张贤明、田玉麒：《论推进国家治理能力现代化的四个维度》，《行政论坛》2014年第5期。
③ 徐湘林：《政治体制改革与国家治理现代化》，《中央社会主义学院学报》2017年第4期。
④ 马一德：《法治助推国家治理体系和治理能力现代化》，《党建》2014年第6期。
⑤ 丁伟：《法治是实现国家治理体系现代化的必然路径》，《上海人大月刊》2014年第3期。
⑥ 胡惠林：《国家文化治理：发展文化产业的新维度》，《学术月刊》2012年第5期。
⑦ 钟林：《国家治理能力现代化：背景、内涵与生成》，华中科技大学2015年博士论文。
⑧ 张璋：《理性与制度——政府治理工具的选择》，国家行政学院出版社2006年版，第19页。

提升有赖于深化改革，并将国家治理能力具体分解为国家治理体系的制度形成能力、制度实施能力、制度调适能力、制度学习能力和制度创新能力五个方面，并从法治视角提出基本要求。①朴勤认为，作为现代国家治理能力的法治，最为关键的是两个方面的关系界定，其一是在多元社会中法律权威与包括政治权威在内的其他社会权威之间的关系；其二是国家权力与个人自由之间的关系。②吴汉东认为，国家治理能力的核心是法律制度供给与实施能力，当下中国国家治理能力的建设目标是寻求各主体执政能力、行政能力、参政能力和自治能力的协同均衡。③赵跃先、姜延博认为，实现国家治理体系与治理能力法治化的实践重心应当在于落实"三个坚持"（坚持党的领导，确保正确方向；坚持社会主义法治与德治并举；坚持国家治理与从严治党的协调推进）和"三个准备"（转变政府职能的准备、长期全面反腐倡廉工作的准备、做好突发事件应急管理的准备）。④

在国家治理能力存在的基础方面，应松年指出，国家治理能力现代化的目标应该是"改革发展稳定能力现代化、治党治国治军能力现代化、内政外交国防能力现代化"，并随之在目标层面、手段层面、路径层面提出国家治理体系和治理能力现代化的具体要求。⑤李新廷则从价值、制度与能力三个层面分析，认为法治为国家治理体系确定了善治、秩序与边界价值，也为国家治理体系确定了制度体系的法治化，同时，法律的实施提升了国家治理能力的现代化。因而，通过建立高效的法治实施体系加强宪法的实施，加强法治调节社会关系、化解社会矛盾的能力，加强法治工作队伍的法治思维能力和执法能力建

---

① 魏治勋：《"善治"视野中的国家治理能力及其现代化》，《法学论坛》2014 年第 2 期。
② 朴勤：《法治、国家与治理能力》，《科学社会主义》2014 年第 6 期。
③ 吴汉东：《国家治理能力现代化与法治化问题研究》，《法学论坛》2015 年第 5 期。
④ 赵跃先、姜延博：《国家治理体系与治理能力法治化的理论探析》，《马克思主义研究》2015 年第 10 期。
⑤ 应松年：《加快法治建设促进国家治理体系和治理能力现代化》，《中国法学》2014 年第 6 期。

设，推动国家治理能力现代化。①

在国家治理能力的法治现状方面，泮伟江从司法改革、法治转型与国家治理能力现代化的关系入手，指出国家治理能力现代化的实现，必须是在实现我国司法领域改革，并推动法治转型的基础上。②刘学军从依法治国与国家治理能力现代化的关系入手，指出"现代国家治理能力表现在国家制度体系的稳定性、国家制度执行的有效性、社会各方参与基础上的资源配置结果的公平正义性等方面。全面推进依法治国，是推进和实现国家治理能力现代化的根本保障"。③ 陈金钊则认为，在社会转型期，"民主方式""政治方式"都不宜为提升国家治理能力的手段，而"以法治方式提升国家治理能力则是顺应了世界法治发展的总体趋势"。④

（三）以"执政党治理"为核心的党的建设视角

从党的建设视角对国家治理能力的研究，主要是围绕如何巩固党的执政基础、提升党的治理能力、实现党的治理优化而进行的。在国家治理能力现代化的语境下，政党治理又突出地体现在政党治理现代化上。

王子蕲在国家治理与执政党建设的关系中提到：齐卫平认为加强执政党建设是国家治理现代化大框架里的重要内容。桑玉成认为提高执政党治国理政的制度化水平就是国家治理体系和治理能力现代化的具体表现，是推进国家治理体系和治理能力现代化任务的内在问题。包心鉴认为当代中国无论是建构国家治理现代化体系，还是提高国家治理能力现代化，都与执政党建设密切相关。王跃认为从国家治理现

---

① 李新廷：《价值、制度与能力——法治提升国家治理体系与治理能力现代化的逻辑与理路》，《武汉科技大学学报》（社会科学版）2016年第3期。
② 泮伟江：《司法改革、法治转型与国家治理能力的现代化》，《中共浙江省委党校学报》2015年第5期。
③ 刘学军：《依法治国与国家治理能力现代化》，《中共福建省委党校学报》2015年第1期。
④ 陈金钊：《缘何以法治方式提升国家治理能力？》，《山东社会科学》2014年第7期。

代化视角看，科学执政、民主执政、依法执政成为重要的路径依赖，巩固党的执政地位和发挥党的领导核心作用，离不开科学、民主、法治三大要素的功能实现。①

刘彦昌认为，在国家治理能力现代化背景下，党建模式应在思维基础、目标设定、建设布局、动力生成、推进方式、运行空间六个方面实现转变。②雷巧玲指出实现国家治理能力现代化的关键在于在自媒体时代下，培育干部的微意识、微素养、微能力，进而推进国家治理能力现代化。③刘明从中国共产党群众路线与国家治理能力现代化之间的关系入手，对二者进行正相关线性分析，以寻求二者间的理论耦合，指出"中国共产党充分地发动和借力社会民众，以执政系统由科层化向扁平化结构的渐进式转型为表征，有序摆脱传统管控模式窠臼，促使全民共治格局形成"。④

孙秀民从加强和改进党的领导，加强和改进党的建设，认真学习中央领导集体成员特别是习近平总书记的国家治理现代化思想，推进国家治理现代化，认清党自身所面临的挑战、对策及发展趋势等五个方面进行了研究。同时他还指出了学界在研究中存在四个方面的不足。一是对中国共产党与国家治理现代化之间的关联性研究较少，微观的实证研究较少。二是综合运用学科知识，对中国共产党与国家治理现代化进行整体和专题相结合的研究少。三是从马克思主义及其中国化、中国政党政治发展以及中国传统政治文化多维视角，对中国共产党与国家治理现代化的研究少。四是从中国共产党与其他治理主体，以及从世界政党政治视角所做的比较研究少。⑤

---

① 王子蕲：《"国家治理能力现代化与党的执政能力现代化"理论研讨会综述》，《上海党史与党建》2014年第10期。
② 刘彦昌：《国家治理能力现代化背景下党建模式的转型》，《领导科学》2014年第8期。
③ 雷巧玲：《自媒体时代干部治理能力的危机与对策》，《理论月刊》2015年第8期。
④ 刘明：《中国共产党群众路线与国家治理能力现代化》，《东南学术》2015年第4期。
⑤ 孙秀民：《中国共产党推进国家治理现代化研究综述》，《学习论坛》2015年第5期。

（四）以奠定理论研究基础为目标的哲学视角

坚持马克思主义与中国具体国情相结合，将马克思国家理论正确地应用到治国理政的具体实践中，在执政理念方面，对马克思主义的继承与发展的议题自然成为学者研究的重点。新时代背景下，国家治理能力现代化理论是将马克思国家理论与中国的具体实践相结合的理论创新。

杨承训认为，国家治理体系和治理能力现代化在实践上是对中国特色社会主义制度进行完善，也是社会发展的重大战略，在理论上是马克思主义中国化的新篇章。中国共产党关于国家治理的思想是对中国特色社会主义理论体系的新贡献，具有崭新的时代价值。[①] 胡鞍钢指出，一个国家的现代化由"无形的现代化"和"有形的建设"两个部分组成。这两个建设的实质是生产关系对生产力、上层建筑对经济基础的适应与发展。[②] 俞可平指出，"国家治理体系和治理能力现代化是符合中国国情的、创新的马克思主义国家理论，反映了我们党对三大规律认识的深化，是贡献给世界的中国智慧"。[③] 马俊峰从价值论角度指出，"当代中国在国家治理理念的推动下，马克思主义价值理论得到了丰富与发展，国家治理体系成为其新的成果"。[④] 孙乐强立足马克思主义国家学说，论述了国家治理体系与治理能力现代化的意义，认为："国家治理体系和治理能力现代化的提出进一步丰富和发展了社会主义现代化理论，是对马克思主义国家学说的当代继承和发展，

[①] 杨承训：《治理现代化：马克思主义新篇章——学习习近平同志关于"国家治理的论述"》，《河南社会科学》2014年第6期。

[②] 胡鞍钢：《中国国家治理现代化》，中国人民大学出版社2014年版，第81—85页。

[③] 参见俞可平：《论国家治理现代化》（修订版），社会科学文献出版社2015年版。涉及的文章有《国家治理现代化》《治理、善治和全球治理》《善政与善治》《中国治理变迁30年（1978—2008）》《重构治理秩序》。

[④] 马俊峰：《马克思主义价值理论与当代中国价值观念转变》，《高校马克思主义理论研究》2016年第9期。

开创了马克思主义国家学说的新境界,具有重大的理论意义和现实价值。"① 宋林译也从马克思主义国家学说出发指出,"国家治理体系和治理能力现代化开创了马克思主义国家学说的新境界"②,是马克思主义在当代中国的最新理论成果。景枫从伦理的角度分析国家治理能力现代化的内涵,从国家治理能力现代化包含的五个方面内容,即国家治理理念的现代化、国家治理的伦理目标、国家治理的方式、社会主义核心价值观对国家治理具有导向作用、国家治理主体角度分析了伦理的作用。③ 李拓从历史视角分析国家治理能力,提出完善中国特色社会主义制度体系是实现治理能力现代化的首要任务,提升制度执行力是实现国家治理能力现代化的关键。④

张艳娥从研究范式的视角指出,中国国家理论的发展范式是马克思国家理论。几代中国共产党人以理论体系为指导,以改革开放为手段,以道路为实现途径,不断努力完善中国特色社会主义制度,体现了统一的实践性、逻辑性、时代性和价值性。⑤ 刘智峰认为治理关乎国家兴衰,随着现代国家从统治到治理的转型,影响国家治理的群众、领袖、权力媒介等要素的变化及需求的提升,当代国家治理呈现出从治理者的合理性转向被治理者的合理性、从独断的治理转向同意与共同的治理、从主观的治理转向客观的治理、从垂直的治理转向水平的治理、从治理对象的治理转向对治理者自身的治理五大发展趋势。⑥

---

① 孙乐强:《马克思主义国家学说的当代发展——基于国家治理体系和治理能力现代化的分析》,《思想理论教育》2015年第7期。
② 宋林译:《马克思主义国家理论与国家治理现代化》,《理论月刊》2016年第5期。
③ 景枫:《国家治理能力现代化的伦理内涵》,《领导之友》(理论版)2016年第5期。
④ 李拓:《邓小平的制度思想与国家治理能力现代化》,《行政管理改革》2014年第8期。
⑤ 张艳娥:《中国特色社会主义制度创新研究》,中国社会科学出版社2016年版,第16—17页。
⑥ 刘智峰:《国家治理论——国家治理转型的十大趋势与中国国家治理问题》,中国社会科学出版社2014年版,第131—165页。

第二节　西方国家治理能力思想

西方国家治理能力从古希腊罗马时期就开始不断丰富发展，在不同的历史阶段呈现出不同特征。总体来看，可以分四个时期。

一、古希腊罗马时期

古希腊罗马时期国家治理能力的发展思想主要是围绕古希腊城邦制度的存在与衰弱、罗马共和国的建立及扩张，以及世界性帝国的形成与巩固展开的。这一时期国家治理能力的理念主要体现在以下几个方面。

（一）注重制度力的构建

古希腊社会秩序主要靠法律和公共权威而不是靠习俗和家长来维持。在其制度建设中，颁布"解负令""土地最大限度法令""雅典公民等级"，恢复"公民会议制度"，建立"陪审法庭制度"等。毕达哥拉斯认为"无政府状态是最大的恶，公民服从法律是最高的善，一部好的法律本身便是最大的价值"。赫拉克利特认为公民服从法律就是服从理智，城邦用法律武装起来与用理智武装起来一样。苏格拉底认为作为公民，必须遵守法律，必须维护国家法律的尊严。"正义要求自己必须服从母邦的命令。如果你不能说服你的母邦，你就应该按照它的命令行事，忍耐地服从它加于你的任何惩罚。"[1] 亚里士多德注重从制度力的形成上治理国家，提出实行陪审制度，提倡法治。柏拉图则将国家治理能力的强弱归于哲学王个人能力的大小，依靠哲学王引导国家发展。

---

[1] ［古希腊］柏拉图：《苏格拉底的最后日子》，三联书店1988年版，第100页。

古罗马时期，国家治理能力的制度力构建主要体现为罗马法律体系的完善。如《十二铜表法》《查士丁尼国法大全》等法律，构成了罗马法的主要内容且为后世所效仿。罗马时期虽然后期法学家们不断对法律进行完善与探讨，但仍将法律作为国家治理的制度。伊壁鸠鲁主张人与人之间应和平相处、平等对待，并认为法律权力、管理制度、行政机构等制度力的目的是生活的安全与安宁。斯多葛学派则基于"皈依自然"的理性，提出世间万物的变化都应服从于统一的"逻各斯"，所有人一律平等，国家治理能力是通过"精神"的统一来实现。历史学家波利比阿认识到国家权力内部应该有一个互相制衡、分工合作的机制，从而建立上下贯通的政治体制，以实现国家治理的目的。西塞罗通过建立相互制约的共和体制，约束执政官权力，保证国家权力平衡，实现国家治理。罗马时期，基督教通过前期的"异教"斗争成为统治阶级所认可的治理工具。奥古斯丁通过对基督教的改进与完善，从恩典说、双城论的角度阐述了基督教权的合法性，认为教权至上，国家治理应当在宗教的指导下进行，希望通过宗教教义推行统治意志。

（二）夯实统治力的基础

国家统治必须有可依赖的统治力量。古希腊时期，梭伦更注重自身的领导权，对其统治有着极强的信心。毕达哥拉斯极力拥护贤人政治，认为重视一切人（特别是"群氓"）的意见是不明智的，只有博学者（永远是少数精英）才能作出好的决定，想出好的思想。古希腊贤人政治时代，多数思想家主张在城邦面临危机或需要决断之力时，相信并依赖统治者个人的专断。如苏格拉底虽对当时雅典的许多法律不满，但仍认为公民应当遵守国家法律。柏拉图在社会分工理论中，将人的美德分为"智慧、勇敢、节制和正义"，并将不同的物质"金银铜铁"加到哲学家、军人与生产者的身上，从而指出国家应由哲学家进行统治。他在《理想国》中指出，担任统治者的应当是最有智慧的哲学家,"无论是两个以上的人掌权还是一个人掌权,只要他们是受过我们前面提出过的那种教育和培养的,他们是不会更改我国的那些值得一提的法令的"。① 也就是说,只要国家统治权掌握在同时拥有政治权力和才智的人手中,国家才会摆脱当下危机,重新走向繁荣。亚里士多德则不同意将决定国家命运的权力系于极少数人之手,认为最好的政体是中产阶级掌权与轮番执政,在国家面临应变危机考验时,应由全体公民参与表决。亚里士多德指出,"国势强弱与其以人数来衡量毋宁以他们的能力为凭","凡显然具有最高能力足以完成其作用的城邦才可算是最伟大的城邦"。② 赫拉克利特同样重视贤人政治,"一个人如果是最优秀的人(贵族),在我看来就抵得上一万人"。③ 罗马时期主要通过两个途径统治国家。一是法律。通过制定完备的法律,作为国家治理的依托。二是基督教。随着基督教规模与影响力的扩大,越来越多的人参与到教会中来,其群体不单是社会下层,上流社会的人士也逐渐地加入进来。而《米兰敕令》的颁布标志着基督教由非法变为合法,并逐渐成为统治阶级的统治工具。

(三)强化教育力的影响

城邦的风气敦厚、秩序良好,最终依靠人的才华。毕达哥拉斯认为,不仅要对公民进行教育,还要对官吏进行教育。德谟克利特认为,应当通过教育提高公民认识,加强公民修养,净化社会风气,减少犯罪。智者派代表人物普罗泰戈拉同样认为,对公民进行教育是提升公民政治素质的必然路径。苏格拉底也指出,应重视对国民的道德品质教育,"最幸福的人和达到最理想目的的人,是那些养成了普通

---

① [古希腊]柏拉图:《理想国》,商务印书馆1986年版,第175—176页。
② [古希腊]亚里士多德:《政治学》,吴寿彭译,商务印书馆1997年版,第352—353页。
③ 北京大学哲学系外国哲学史教研室:《西方哲学原著选读》,商务印书馆1981年版,第27页。

公民应具备的善良品质的人。这些品质就是节制和诚实"。①柏拉图也认为，无论是教育普通公民，还是培养统治者，教育都至关重要，尤其是幼儿教育。他认为国家教育力的强弱决定了国家治理的状况。亚里士多德指出，要通过教育来培养人的理性，在对受教育对象的选拔上，他认为应当"优生优育"。

这些思想皆是在城邦统治达到稳定状态的前提下进行的。没有稳定的基础，教育就没有根基，就不能得到稳定传承的环境。可以看出，国家治理能力的提升最终必然要归结到教育途径上。

二、中世纪时期

中世纪时期的国家治理与中世纪的具体发展特征息息相关。中世纪的发展特征在经济上表现为乡村自给自足的农业文明，在政治上表现为依靠私人契约关系维系的封建制度，在文化上表现为教会控制全部文化生活。

（一）以"神权"为核心的国家治理

中世纪国家治理的主要特点就是依靠神学政治进行统治。在中世纪国家中，占统治地位的政治思想是以基督教神学为基础的神权政治论。第一，君权神授。世俗统治者的权力源于上帝，上帝在人间的代表是教会中的神职，神职根据基督教徒的具体表现从中进行选拔。第二，天国至上。人在现世中得不到永恒的幸福，只有在天国才能享受到幸福。要想升到天国，就必须在世间接受现实的统治。第三，天启律法。在教权统治的理论中，基督教徒们建立了自己的法律体系，以使人们能够更好地遵守。奥古斯丁的法律体系，分为永恒法、自然法、世俗法三个层次。永恒法是体现上帝意志的，是永恒的真理、理

---

① ［古希腊］柏拉图：《苏格拉底的最后日子》，生活·读书·新知三联书店 1988 年版，第 164 页。

念的最高体现者。

教会神学的至上权威地位是以天主教的巨大权势为基础的，形成了以罗马教廷为中心，按教阶制严密组织起来的权力体系。教会不仅是宗教组织，更成为经济、政治、文化上的统治力量。

（二）以"王权"为中心的国家治理

虽然神权政治在中世纪处于权威地位，但是实际上仍存在着政权与教权的二元权力体系。政权与教权的争斗成为中世纪政治生活演变的主线索，也成为中世纪国家秩序变化的主要诱因。

中世纪秩序的维护与国家治理通过封建等级制度来完成。封建制度的基本特点是，在承认所有土地归封建主所有的前提下，实行领主逐级分封，形成了国王、大封建主、中等封建主、小封建主的分封制度，建立起公侯伯子男的封建等级制度。民众在封建等级制度下毫无人身自由，也毫无政治权力，形成了政治强制、等级关系、人身依附无所不在的政治特征。也正是这种政治特征，在维护中世纪各个所谓的"领地"秩序中发挥了关键作用。

（三）"异端"突起挑战国家治理秩序

中世纪中后期，经济的缓慢复苏特别是商品经济的发展和城市的兴起，对政治管理提出了许多新要求。特别是基督教内部受到排斥与迫害的派别对正统观念形成强有力的挑战，西欧社会正发生着深刻的阶层分化，城市市民新阶层成为神权政治的新对手。异端的出现对现实的统治提出了挑战，如从"上帝儿女的平等"到"现实社会的平等"、纯洁派的"一切财产归大家共有"、韦尔多派的"尽善尽美者实行共产主义"、使徒兄弟会提倡的"财产公分"、伯歌德派的"财产公有制"。但丁在《论世界帝国》中宣扬反教会的世俗政治观，认为教皇并非上帝在人间的全权代表，体现世俗权力和神圣权力的两把刀并不掌握在教会手中。而且，政权先于教权而存在，教会不可能被上帝授予向世俗国家授权的权力。教权与王权互不统属,君主要成为尘世唯一的最高权威,要实现世界和平,就必须建立统一的世界政体。这些思想的出现为近代国家的诞生提供了理论上的准备。

(四)中世纪民众秩序的双重属性

中世纪统治下,民众的生活被粗暴地分割成两块。一方面,他们要对教权负责,接受教会及神职人员在精神上的压迫;另一方面,要接受封建领主对他们在世俗生活上的压榨。民众在两个平行的权力体系中被扭曲成两种性格的人,特别是在教权与王权相冲突的时期,他们的自我慰藉就是在教权与王权的空隙中找到新的归宿与寄托。

总的来说,中世纪虽然没有真正意义上的国家,但是国家治理的思想与理念体现在庄园、城堡、城市、领地、公国、王国之中。在这些具体的单位形态中,其治理方式也被具化为神权与王权的二元分割。

三、文艺复兴至"二战"时期

这一时期是西方国家治理的实证与拓展期。一方面,他们在本国范围内不断进行着国家治理能力的丰富与完善;另一方面,也在寻求国家治理能力在外域的适用及理论基础。

(一)文艺复兴对国家治理的思想启蒙

文艺复兴是近代资产阶级意识形态和资本主义精神形成的标志,其核心思潮是人文主义。文艺复兴时期对国家治理的启蒙体现在以下几个方面。

第一,君主专制与国家主权论。中世纪衰落时期,马基雅维利提出国家治理能力要依赖君主"统治术",将国家治理能力状况系于君主一人之身。他提供的良方是:"法律与军队是君主政权的基础,为了达到目的，君主可以不择手段，君主应当使人民畏惧，但不应当使人民憎恨，君主应制服命运，驾驭命运。"① 布丹则认为国家要想实现统一，就必须先有主权，主权是国家治理的必要前提，也是国家治理能力实现的前提。主权高于法律，主权是在一个国家中超乎于公民和臣民之上的、不受法律限制的最高权力。②

第二，宗教世俗化。中世纪的腐朽、教会的腐败使教会逐渐失去合法性，一些专制君主希望增强自己对宗教事务的控制权。宗教改革中的新教派成为改革的主力，他们力图把基督教由集体主义的宗教变革为个人主义的宗教，提倡独立思考，主张修行今世、努力奋斗。不但否定罗马教皇及教会作为基督徒与上帝间中介的合法性，还通过建立民族教会，削弱教会对世俗政权的干预力，把集体主义宗教变成了个人主义宗教。他们所主张的"因信称义""得救预定论""禁欲主义"为后期资本主义的发展提供了精神动力。正如马克斯·韦伯所说，"现代资本主义精神乃至整个现代文化的基本要素之一，就是天职观念基础上的理性行为，它的源头则是基督教的禁欲主义精神"③。

第三，人的解放。人本主义主张以人为本，强调人的独立性和个体价值。理性就是人的自然本性。人应该按自己的理性来生活，应当顺从自然，按照自然的要求生活，即追求今生今世的凡人幸福。追求现实的幸福应依靠对人类所处世界的认识和了解，所以他们主张用知识开阔视野，武装头脑，认识现实，探索自然。

（二）国家治理能力的内部扩张

工业革命成为近代世界的开端。在国家治理过程中，西方主要资

---

① ［意］尼科洛·马基雅维利：《君主论》，潘汉典译，商务印书馆1985年版，第73—85页。
② 刘玉安、楚成亚、杨丽华：《西方政治思想史》，山东人民出版社2003年版，第134—136页。
③ ［德］马克斯·韦伯：《新教伦理与资本主义精神》，阎克文译，上海人民出版社2010年版，第274页。

本主义国家完成了民族国家版图上的统一，走向了国家资本主义制度。近代以来的资本主义国家治理的良方是：置国家于资本主义制度之下，实行资本主义式的统治。

第一，国家治理在议会民主制下进行。社会契约理论认为，人们是在契约的基础上建立国家，之后人类由自然状态进入社会状态，国家治理能力源于社会契约，是社会契约使人类由自然状态走向社会状态、由自然权利走向社会权利。国家治理能力的获得与执行必须遵从契约的内容，否则，人民有权撕毁契约，并重新达成新的契约。"只有在社会状态下，善与恶为公共的契约所规定，每个人皆受法律的约束，必须服从政府。"① 因而，人们只有通过对法律的遵从，才能最终实现人的价值。如霍布斯"自然状态"的社会回归是基于自然法则的订立及社会法律的确立，从而使主权者拥有对臣民的绝对权力。但仍在君主专制与主权在民思想之间难以取舍。② 洛克提出天赋人权，认为国家起源于契约，立法权为最高权力，国家权力应当分立，人民有权反抗暴政。自由主义国家观则把"看不见的手"的市场作为规范经济生活的主导，引导国家经济，政府只需做好"守夜人"角色，为市场准则作用的发挥提供一个稳定的社会环境即可。③

第二，国家治理更加关注公民权利。西方国家治理的推进不但是政府事务，更是公民事业。在人本主义观念影响下，公民社会发展逐步提升。斯宾诺莎认为，人是自然界的一部分，人类和自然事物都具有自我保存、趋利避害这种永恒不变的共性，人只有在建立国家后才由自然状态进入社会状态。霍布斯也指出在自然状态下"人与人是平等的"，由于利益、猜疑、荣誉的存在导致了人与人之间的战争状态，为避免这种状态就必须有国家的存在。洛克也从自然法理论和自然状

---

① ［荷兰］斯宾诺莎：《伦理学》，贺麟译，商务印书馆1983年版，第200页。
② 刘玉安、楚成亚、杨丽华：《西方政治思想史》，山东人民出版社2003年版，第197—198页。
③ ［英］洛克：《政府论》（下），叶启芳、瞿菊农译，商务印书馆1982年版。

态说出发，提出了天赋人权的理念，认为国家起源于契约。孟德斯鸠则指出，国家治理能力受到自然地理环境的制约。卢梭认为，"国家的主权在于人民，而最好的政体应该是民主共和国"。① 在自由主义者看来，政府的合法性来自人们的认同，政府必须建立在人民同意的基础上。黑格尔则坚决反对把政治义务建立在契约和个人同意的基础上，认为"国家的本性也不在于契约关系中，不论它是一切人与一切人的契约还是一切人与君主或政府的契约"。② 随着《权利法案》《独立宣言》《人权宣言》的公布，平等、自由、公平权利的提出，公民在国家治理中的地位越来越高，公民参与国家治理的过程也越来越规范。然而，在西方国家资本主义语境下的治理中，公民权利的扩大不过是资产阶级为了统治的需要而作出的合理让步。

第三，通过对外扩张实现国富民强。西方资本主义国家要实现国家的有效治理，不但需要可以为其统治服务的理论，更需要丰富的物质财富。新航路开辟之后，西方国家将视野放在全球范围内，将全球视为其廉价原材料、劳动力的来源以及商品倾销的市场。在对外贸易过程中，西方国家逐步将部分国家和地区变为其殖民地。

在对殖民地的统治中，西方资本主义国家一方面享受着对外掠夺带来的丰富物质财富，另一方面极力维护其在殖民地的统治秩序。但丁曾就国际秩序问题进行探讨，认为要实现世界和平，就必须建立"统一"的世界政体，这个"统一"要求有一个能控制和引导其他一切人的意志的世界君主。康德认为国家必须以先验的理性原则为基础，国家并不是产生于人的实际需要，而是"许多人在法律下的联合"，是抽象"绝对命令"要求的结果，是先验的、理性的产物。因而，国家的目的不是公民的幸福，而是在"公开的强制性法律之下的人权"，维护法律秩序。因此，要结束各国之间的战争状态必须成立

---

① ［法］卢梭：《社会契约论》，何兆武译，商务印书馆1997年版，译者前言第1页。
② ［德］黑格尔：《法哲学原理》，范扬、张企泰译，商务印书馆1961年版，第82页。

国际法，但要维持国际社会永久和平是比较困难的。黑格尔把国家理解为一切社会生活现象的决定性基础，是绝对自由的体现。国家起源于家庭、市民社会和国家的依次发展，国家的目的是社会的普遍福利，其主权对内至高无上、对外绝对独立。他还指出，国家权力最后统一于王权，王权统一于君主，君主统一于绝对精神。

不论是世界帝国还是后来的国家意志，对于推动国家治理、维护殖民秩序都提供了理论支撑，国家要实现自身对其他区域的"统治"，就必须具有维护这种秩序的能力。这种能力不但是制度力的构成，还是国家实力的外在体现。这种思想在后来的国际秩序构建中虽起到较为重要的作用，但随着全球化的推进以及公民意识的增强，国家治理能力越来越关注软实力层面。

（三）走向战争的国家治理能力

20世纪初，资本主义国家先后进入帝国主义阶段。资本主义国家不但在全球范围内进行统治，还在全球范围内进行着激烈的竞争。对于区域化的殖民地区，经常是几个国家合力对一个国家进行侵略，在这个过程中既有合作，也有利益冲突。

第一，国家治理思想异彩纷呈。思想是时代的反映。19世纪至20世纪上半叶，既是资本主义经济自由发展、资产阶级民主制度不断修正的时期，也是无产阶级日益壮大和发展成熟的时期。这一时期自由主义、新自由主义、保守主义、马克思主义、功利主义、法西斯主义等思想及流派，决定着西方国家治理的基本面貌与繁杂格局，也内在地决定着世界格局的走向。西方各种思潮的背后是各国具体的实践。西方国家虽以自由主义为主导，但是仍然有保守主义、法西斯主义的阵地，并在国家内部上升为主导地位，最终主导了国家走向，决定了国家治理的路径选择。以德国为例，法西斯主义的代表希特勒以合法方式走向德国政治中心，在其彰显国家治理能力的初期，受到了国内奋进阶层的狂热追捧。但在强大的国家机器与能力表达面前，希特勒将德国人民带向了战争,并给世界带来了灾难。这样的国家治理能力不得不让人反思。而在资本扩张的过程中、在全球资本主义危机中,美国却能快速走出危机,显示了不俗的国家治理能力,亦值得深思。

第二,国家治理能力外向性表达的失败。随着民族意识的高涨,殖民地迎来了民族革命的高潮。西方国家治理能力的外向性表达在殖民区域遇到了强烈的本土化对抗,使西方国家不得不采取更为激烈的方式去平息。特别是在资本主义国家内部治理失灵,国内出现了较为严重的经济政治危机时,他们更想通过这种方式来转移国内矛盾。区域性质的战争与世界范围内的战争成为这一时期最主要的表现,可以说,"一战"是资本主义国家内部秩序的再平衡,"二战"是世界范围内秩序的重新调整。国家治理能力的外在表达实质就是各国参与全球治理能力的回应。在新的国际秩序调整中,各国之间调整的平衡点在于国家所拥有的实力与平衡过程中所带来的利益,认识到这一点才能深刻理解当前国际秩序的变化。

因而,在各国竞争升级甚至用战争来解决政治问题的时候,国家治理能力的外向性表达,不但是国家内部各种矛盾的对外转移,还是国家对外政策的失效。可见,国家外部治理能力必须根据本国具体实际,结合国际情况,尽力克制,走出一条国家治理能力外向性表达的新路。

第三,国家治理走向新的平衡秩序。战争使人类反思。战后各国重新找寻新的平衡点,实质上也是在力量对比的状态下各自找到在国际秩序中的位置。胜者有奖,败者要罚,但是如何奖与罚仍然是由规则的制定者或主导者来确定。"二战"时,以美苏为主导的两大阵营就对世界秩序进行重新确立,无论是规则的主导,还是领土管控,都进行了一番较量,最后确立了北约、华约两大国际组织。国家在解决好本国事务的同时,更加理性地参与国际事务,这对国家治理能力提出了更高、更新的要求。

四、"二战"之后

如果说 20 世纪上半叶的两次世界大战是国家治理失灵的总体爆发，那么冷战期间国家间的小规模战争，则是这种国家治理能力外部性表达的延续。对国家治理各种范式、路径、良方的追求则是寻求一种避免全面战争而实现治理的良序之路。

（一）国家治理能力的时代背景变化

"二战"后，西方国家进入了新的发展时期，传统的国家治理理论已经显得力不从心，西方学者更加关注国家治理能力，深刻反思国家治理能力的背景问题。一是西方国家治理问题凸显。西方国家在强调政府干预功能的同时，出现了严重的社会问题；经济全球化、信息一体化下，传统秩序与规则难以实现管理目标；全球性危机严重影响着国际社会的安全与秩序。二是传统治理模式与治理需求脱节。传统官僚体制在现代社会的急速发展之下，显现出极度不适应，政府的回应性、服务性、组织化程度、治理理念出现滞后性。三是公民意识的增长对国家治理能力提出更高、更多要求。"二战"后，国家统治转向公共管理范式，政府以管理的方式对社会生活的方方面面产生影响，使阶级统治的合法性遭到质疑和解构，公共管理的角色、主体、方式等发生根本性变化。国家治理能力的目的主要是解决公共问题、提供公共服务、保障人们基本权利和自由意志的实现。[①]

（二）国家治理能力的内涵

这一阶段，国家治理能力的定义主要体现在学界、国际组织对治理、国家治理的内涵界定上。

---

① ［美］埃莉诺·奥斯特罗姆：《公共事物的治理之道》，上海译文出版社 2012 年版，第 31 页。

"治理"最早见于1989年世界银行提出的"治理危机"。1998年3月,《国际社会科学杂志》出版了以"治理"为题的专刊,自此"治理"正式进入全球政治发展研究的视野。詹姆斯·N.罗西瑙首先指出:"治理"和"统治"是两个性质截然不同的概念,与统治相比,治理既包括政府机制,同时也包含非正式、非政府的机制。[1] 联合国全球委员会认为治理"是各种公共的或私人机构管理其共同事务多方面的总和,是调解不同利益主体并相互合作以实现目标的持续过程"[2]。格里·斯托克从五个维度阐述治理观点,罗伯特·罗茨也归纳出六种形态的治理,赫斯特提出了治理的五个版本。[3]

(三)提升国家治理能力的路径

这一时期,国家治理能力的提升主要有新公共管理路径、新公共服务路径、多中心化路径、互动化路径。

第一,以"新公共管理"为中心的国家治理能力。公共管理是西方国家治理过程中采用较多的方式。戴维·奥斯本和特德·盖布勒指出,国家治理能力主要体现在以企业家精神改革公共管理部门,形成高效、责任和受监督的新公共管理机构。公共管理改革的原则主要体现在起催化作用、社区拥有、竞争性、有使命感、讲究效果、受顾客

---

[1] James N. Rosenau, Ernst-Qtto Czempiel (eds.). *Governance without Government: Order and Change in World Politics*, Cambridge University Press, 1992, p5; Rosenau, "governance in the twenty-frist century", *global governance*, 1995, vol.1, no.1.

[2] The Commission on Global Governance, *Our Global Neighborhood: The Report of the Commission on Global Governance*, Oxford University Press, 1995, pp.2-3.

[3] 格里·斯托克从五个维度阐述治理观点:一、治理是一套由政府机关和非政府机关组成的社会公共机构和行为者;二、在提供解决方案时具有界限和责任方面的模糊性;三、各机构间的权力依赖关系需由治理界定;四、治理行为主体形成自主的网络;五、办事的结果在于政府能否采用治理这一新的工具和技术。罗伯特·罗茨归纳出六种形态的治理,即作为最小国家的治理、作为公司管理的治理、作为新公共管理的治理、作为"善治"的治理、作为社会控制系统的治理和作为自组织网络的治理,指出治理是一种新的管理社会的方式、一种新的统治过程、一种新的政府管理模式。赫斯特提出了治理的五个版本:"善治",国际制度领域的治理,公司治理,与20世纪80年代新公共管理战略有关的治理,以及通过协调网络、合作关系和论坛来替代逐渐没落的20世纪70年代的等级制合作主义等。

驱使、有事业心、有预见性、分权、作为改革市场导向的政府十个方面。①

第二，以"新公共服务"为中心的国家治理能力。政府的职能不是管理，而是服务，政府是为更好地提供公共服务而存在的。登哈特夫妇认为，国家治理能力就是增强政府的公共服务能力，以满足公民更多的需求。将新公共服务国家治理能力概括为：政府不应该是掌舵者而应是公共服务提供者；政府行为的根本目的应该是增进公共利益；政府的思考要有远见且获得实现这种远见需要的充分的民主；政府服务对象是公民；政府的责任是多方面的和丰富的；以人为本；政府权力与政府责任相统一；等等。②

第三，以"多中心"为路径的国家治理能力。迈克尔·麦金尼斯将多中心国家治理能力概括为多主体的治理、网络型结构治理、增进公共利益和满足公众需求、内部竞争性合作式的治理四个方面，认为自主治理是多中心治理的基础和前提。③ 这些中心通过多样化方式促进公共利益的发展，以减少或避免治理无力、治理空白区、各自为政等情况的发生，增进治理的公共性和有效性，提高国家治理能力现代化水平和效果。罗森布鲁姆指出应该从管理、政治和法律三种视角分析公共行政，并且从组织结构、对个人的观点、认识途径、预算、决策、行政责任与行政伦理等诸方面分别对公共行政研究的管理途径、政治途径与法律途径进行阐述，进而提出公共行政能力的提升应建立在整合政治、管理和法律这三种途径的基础上。④

第四，以"互动"为中心的国家治理能力。格里·斯托克认为，

---

① 参见［美］戴维·奥斯本、特德·盖布勒:《改革政府：企业家精神如何改革着公共部门》，上海译文出版社 2013 年版。
② 参见［美］珍妮特·V. 登哈特、罗伯特·B. 登哈特:《新公共服务：服务，而不是掌舵》，中国人民大学出版社 2016 年版。
③ 参见［美］迈克尔·麦金尼斯:《多中心体制与地方公共经济》，毛寿龙译，生活·读书·新知三联书店 2000 年版。
④ 参见［美］罗森布鲁姆、克拉夫丘克:《公共行政学：管理、政治和法律的途径》(第五版)，张成福等译，中国人民大学出版社 2002 年版。

国家治理能力主要通过多元治理主体间的互动协商来构建、达成并维护治理结构和治理秩序。治理主体间的互动可获得公众认同，使公共权威得到认可；各治理主体间的互动使单一治理主体承担的责任转化为多治理主体的责任；治理主体间的互动使各治理主体间存在权力的依赖；各治理主体的互动形成了治理主体间多形式的复杂关系。①

第三节 马克思主义关于国家治理能力的思想

马克思主义关于国家治理能力的思想蕴含在马克思主义国家学说中。马克思主义经典作家对国家的本质内涵及政权建设进行了可贵的理论探索和经验总结，为国家治理能力的研究提供了理论基础与价值目标。

一、马克思主义国家学说是国家治理能力的理论基础

对国家治理能力的全面理解不但要从马克思、恩格斯关于国家起源的论述中找寻理论的支点，更要从马克思主义关于国家职能与国家发展的理论中探寻国家治理能力发展的方向。

第一，国家的起源。恩格斯在《家庭、私有制和国家的起源》中阐述了国家起源的基本观点。其一，"国家并不是从来就有的。曾经有过不需要国家，而且根本不知国家和国家权力为何物的社会。在经济发展到一定阶段而必然使社会分裂为阶级时，国家就由于这种分裂而成为必要了"。② 由此可以看出，国家其实是经济发展到一定阶段的产物。在经济发展过程中，社会化的生产活动与人类发展，需要有一

---

① 参见［美］格里·斯托克、华夏凤：《作为理论的治理：五个论点》，《国际社会科学》（中文版）1999 年第 1 期。
② 《马克思恩格斯选集》（第 4 卷），人民出版社 2012 年版，第 190 页。

个组织来承担经济社会发展中所带来的一系列问题,需要这个组织具备足够的治理能力来解决发展中的问题。这就是对国家治理能力的最初需求,是源于经济发展而导致的社会分裂。其二,"国家决不是从外部强加于社会的一种力量。……国家是社会在一定发展阶段上的产物;国家是承认这个社会陷入了不可解决的自我矛盾,分裂为不可调和的对立面而又无力摆脱这些对立面。而为了使这些对立面,……不致在无谓的斗争中把自己和社会消灭,就需要有一种表面上凌驾于社会之上的力量,……把冲突保持在'秩序'的范围以内;这种从社会中产生但又自居于社会之上并且日益同社会相异化的力量,就是国家"。① 也就是说,国家存在的目的在于维护国家"秩序",就是要让互相冲突的各阶级之间处于一种平衡状态,让社会在良好的"秩序"之中运转。而要达到维护秩序的目的,就必然对国家治理能力提出更高要求,即国家不但要维护阶级利益这样一个笼统的目标,更要在具体维护阶级利益的过程中实现治理能力的良性推行。

第二,国家的本质。"国家无非是一个阶级镇压另一个阶级的机器。"② 国家在运行过程中要实现国家稳定与经济社会发展,主要实行阶级统治。"由于国家是从控制阶级对立的需要中产生的,由于它同时又是在这些阶级的冲突中产生的,所以,它照例是最强大的、在经济上占统治地位的阶级的国家,这个阶级借助于国家而在政治上也成为占统治地位的阶级,因而获得了镇压和剥削被压迫阶级的新手段。"③ 但是,随着社会经济的发展与人的素质的不断提高,公民社会的形成与民主的推进,国家治理必须更加注重人的主体性感受。这就要求国家治理能力不但要通过具体能力的外化来提升治理能力的彰显程度,更要通过治理理念的塑造来使国家治理能力体现更多的"获得感"。恩格斯说:"现代国家,不管它的形式如何,本质上都是资本主

---

① 《马克思恩格斯选集》(第4卷),人民出版社2012年版,第186—187页。
② 《马克思恩格斯选集》(第3卷),人民出版社2012年版,第55页。
③ 同①书,第188页。

义的机器，资本家的国家，理想的总资本家。"① 这就表明国家在其阶级的范畴内所必然要维护的利益。但是国家在现代社会的发展中，也要对其国家的本质进行切合实际的装饰，那就是要通过提高国家治理能力使得国家运转得更加顺畅、更加自然。

第三，国家的职能。无论国家的性质如何，国家要想实现维护秩序的目的就必须具备三个层面的职能。首先，国家要有国民基础。"第一点就是它按地区来划分它的国民。……并允许公民在他们居住的地方实现他们的公共权利和义务，不管他们属于哪一氏族或哪一部落。这种按照居住地组织国民的办法是一切国家共同的。"② 国家不是一个虚幻的概念，也不是一个空壳，国家是一个有血有肉的整体。国民是国家得以存在的最根本的基础，国民在国家内享有基本的权利与义务，也必须要为国家的存在而付出成本。其次，国家要设立公共权力。"这种公共权力在每一个国家里都存在。构成这种权力的，不仅有武装的人，而且还有物质的附属物，如监狱和各种强制设施，……随着国内阶级对立的尖锐化，随着彼此相邻的各国的扩大和它们人口的增加，公共权力就日益加强。"③ 国家权力伴随国家的产生而产生，但国家的任何权力并不都是与生俱来的，而是随着国家需要的不断增加而设立的。国家暴力机构的存在是在原始社会的发展过程中演化而来的，国家的太空开发能力则是随着人类科技水平的提升与人类认识外界空间能力的提高而产生的。这些权力虽然在类属上已属于某一职能范畴，但是在能力项的拓展上却是逐渐增加的。最后，国家要有维持运转的各项能力。国家运转必须要有相应的经济基础，这种经济基础是要从民众之中蕴集起来的。"为了维持这种公共权力，就需要公民缴纳费用——捐税。捐税是以前的氏族社会完全没有的。……随着文明时代的向前进展，甚至捐税也不够了；国家就发行票据，借债，

---

① 《马克思恩格斯选集》（第 3 卷），人民出版社 2012 年版，第 666 页。
② 《马克思恩格斯选集》（第 4 卷），人民出版社 2012 年版，第 187 页。
③ 同上书，第 187—188 页。

即发行公债。"① 恩格斯在对国家能力的认知中早就看到了国家发展的未来，即国家赖以存在的经济能力是随着文明社会的发展而不断拓展的。当然，国家治理的政治能力、社会能力、文化能力也有着不断的提升。

以上论述，意味着国家职能的范畴是不断拓展的，国家职能的实施方式、途径与逻辑的推进都是需要发展的。这就需要拓展国家治理能力的马克思主义哲学视野，以更加开阔的思维夯实国家治理能力的理论基础。以此观之，国家治理能力现代化是马克思主义国家学说发展的重要阶段。

二、无产阶级政党是国家治理能力的组织保障

马克思提出，国家与社会的建设主要由无产阶级所组成的政党来领导，即通过政党执政能力的提升实现国家与社会的共处，达到适应的状态。马克思给出了无产阶级政党发展的路径，以及解决执政过程中存在问题的方法。其国家治理目标就是通过建设高度先进和发达的社会主义，并为向共产主义过渡创造全方位的条件。

首先，要实现共产主义目标，必须建立高度发达的社会主义文明。共产主义的实现需要生产力的高度发展、社会财富的极大丰富、人的自由而全面的发展等条件。这些条件的内在联系都是高度发展的社会主义文明这个前提的主要内容。只要实现了社会主义高度发达的文明，共产主义理想的实现也就指日可待了。

其次，要实现社会主义文明必须实现无产阶级专政。在这里，实现无产阶级专政是实现上一个前提条件的核心条件。《共产主义原理》指出："首先无产阶级革命将建立民主的国家制度，从而直接或间接地建立无产阶级的政治统治。"② 实现这一目标就是要为工人阶级争得

---

① 《马克思恩格斯选集》（第4卷），人民出版社2012年版，第188页。
② 《马克思恩格斯选集》（第1卷），人民出版社2012年版，第304页。

民主，从根本上摧毁旧政权，建立民主的无产阶级专政。

实现无产阶级专政的手段主要是暴力革命。马克思、恩格斯在《德意志意识形态》中写道：无产阶级"首先要夺取政权"，进行夺取政权的革命，"在革命中一方面迄今为止的生产方式和交往方式的权力以及社会结构的权力被打倒"①。在《共产党宣言》中，"无产者只有废除自己的现存的占有方式，从而废除全部现存的占有方式，才能取得社会生产力。无产者没有什么自己的东西必须加以保护，他们必须摧毁至今保护和保障私有财产的一切"②。为此，他们倡导"公开的革命，无产阶级用暴力推翻资产阶级而建立自己的统治"③。在法兰西内战中，马克思不仅强调了"工人阶级不能简单地掌握现成的国家机器，并运用它来达到自己的目的"④，而且深刻地指出，无产阶级的暴力革命"不是为了把国家政权从统治阶级这一集团转给另一集团而进行的革命，它是为了粉碎这个阶级统治的凶恶机器本身而进行的革命"⑤。

建立政权还必须设立民主制度。恩格斯在《共产主义原理》中指出，建立无产阶级的政治统治就是对国家实行治理，也就是能够体现国家治理能力的路径。后来这一思想得到进一步的表述，成为工人阶级、统治阶级的首要条件，也就是建立民主。马克思又在《哥达纲领批判》中讲到无产阶级专政的国家学说，国家必须由无产阶级进行统治，也就是由无产阶级实施国家治理能力。所以马克思关于无产阶级成为国家治理能力的主体，揭示了人民是国家的主人，人民才是国家治理能力的主要体现者、享受者和改进者。这些其实都为国家治理提供了基础，也就是说只有在无产阶级专政的国家内才能实现国家治

---

① 《马克思恩格斯选集》（第1卷），人民出版社2012年版，第210页。
② 同上书，第411页。
③ 同上书，第412页。
④ 《马克思恩格斯选集》（第3卷），人民出版社2012年版，第95页。
⑤ 同上书，第139页。

理，才能将国家的阶级专政职能更好地蕴于国家治理能力之中。

要实现无产阶级专政必须建立无产阶级自己的组织。实现无产阶级专政，组织暴力革命，推行民主制度，必须有自己的组织，这个组织就是无产阶级政党。无产阶级专政不是松散的集合概念，而是有着严密的组织与领导的集体行动。马克思、恩格斯在《共产党宣言》中对共产党进行了详细分析，并将之与其他政党进行了比较，指出了实现国家治理能力最终的载体将是政党，例如："无产阶级……只有把自身组织成为与有产阶级建立的一切旧政党不同的、相对立的政党，才能作为一个阶级来行动。"[①] "共产党人始终代表整个运动的利益。"[②]

综上所述，马克思、恩格斯阐述了这样一个事实：实现无产阶级专政，必须依托于无产阶级自己的组织——无产阶级政党。在马克思、恩格斯的时代，无产阶级专政并没有出现具体实践，在以后的探索中也仅停留在理论的阐述上。无产阶级政党执政首先出现在俄国，列宁领导的社会主义革命开启了无产阶级执政的新时代，开启了无产阶级政党执政的新篇。因而，在推进国家治理能力的过程中，必须通过政党最终实现对国家的全面掌握，以便为国家治理能力的实现提供组织条件。

三、人的自由全面发展是国家治理能力的价值诉求

实现人的自由全面发展和无产阶级解放是共产主义的远大理想，也是国家治理能力现代化的最终目标。马克思、恩格斯在《共产党宣言》中阐述了人的解放的政治诉求："代替那存在着阶级和阶级对立的资产阶级旧社会的，将是这样一个联合体，……每个人的自由发展是一切人的自由发展的条件。"[③] 作为自由人联合体的共产主义社会，最终将是国家治理能力达到"善"的追求目标的诉求。

---

① 《马克思恩格斯选集》（第3卷），人民出版社2012年版，第173页。
② 《马克思恩格斯选集》（第4卷），人民出版社2012年版，第278页。
③ 《马克思恩格斯选集》（第1卷），人民出版社2012年版，第422页。

第一，这是马克思主义关于人类社会发展阶段理论的客观需要。马克思把人的自由而全面的发展划分为三个阶段，实质就是国家治理能力实现现代化要经过的人的依赖性、物的依赖性、人的自由而全面发展三个阶段。在人的自由而全面发展阶段，人实现了自由而全面的发展，摆脱了物的奴役，这是生产力高度发展，人们具有独立人格的阶段，是历史发展进程的最高阶段。随着这一阶段的充分发展，国家职能将逐渐由单个的个体所分解，国家治理能力让渡于社会，每个人都是国家治理能力的主体，也是国家治理能力的客体，在市民社会的过程中充分发展。

第二，这是国家治理能力的内在要求。人的自由而全面的发展就是国家治理能力现代化的实现。这个过程是逐渐摆脱"人的依赖关系"与"物的依赖关系"的过程，也就是在保证社会劳动生产力高度发达的同时，保证每个生产者个人最全面发展的一种经济状态的历史阶段。在这个阶段下，生产力得以充分发展，这种发展是均衡、充分、协调的，每个人的需求都在生产力发展的合理范围之内，每个人的发展都能在社会可容纳的程度之内。这时的社会制度、生活方式、生产方式、分配方式、交往方式都会围绕着自由而全面的发展进行。因而，国家治理能力"善治"目标必须是在消灭私有制的前提下才能真正实现，这也是马克思国家治理理念的基础。"其他一切国家构成都是某种确定的、特定的、特殊的国家形式。而在民主制中，形式的原则同时也是物质的原则。因此，只有民主制才是普遍和特殊的真正统一。"[1] 在国家职能方面，马克思指出国家的基本职能是阶级职能，即维护本阶级的利益，但任何国家都必须重视其社会职能。"政治到处都是以执行某种社会职能为基础，而且政治统治只有在它执行了它的这种社会职能时才能持续下去。"[2] 这要求我们建立民主制度以实现

---

[1] 《马克思恩格斯全集》（第3卷），人民出版社2002年版，第40页。
[2] 同上书，第560页。

国家和社会的统一，充分发挥国家社会职能、维护社会和谐、激发社会活力。

第三，这是由共产主义的目标决定的。马克思关于人的自由而全面发展的思想，为国家治理能力的提升提供了最终的路径与答案。可以设想，如果人的自由而全面的发展这一条件达到，那么国家治理能力过程中体现的将是一个最为理想的目标，也就是现代化的达成。也就是说，马克思认为只有通过人的自由而全面的发展，才会实现这一目的，在那个时候国家的职能将会逐渐由社会来承担。

四、国家治理能力现代化是国家消亡的必经阶段

马克思主义国家学说认为国家是一种过渡，是一种走向社会充分发展的过渡。在达成自由人联合体的过程中，国家是一个"桥梁"。在国家运行过程中，随着社会的不断发展、人自身的完善、技术的高度发达，国家的职能越来越少，取而代之的是公民自觉地完成国家承担的部分义务。随着马克思主义国家理论的不断深化，对政党、政府、社会、公民等领域认知的拓展，对国家的认知也在进一步深化。

第一，国家理念的提升。国家职能由"统治"发展到"治理"并不是一蹴而就的，而是经历了长期的发展过程。从国家产生之日起，国家就成为一种异化于社会的力量，对社会进行全方位管控，从"守夜人"到"大政府、小社会"，再到"治理者"理念的提出，都反映了国家理念的提升。一是对公民重视度的加强。公民的身份，由被统治者到参与者再到主导者的转变，说明了国家治理不再由单纯的统治者所主导，而成为多元主体参与的共治局面。二是说明国家治理者观念的转变。国家治理的目的在于使国家朝着一个善的目标运转，但是国家治理者也明白，单纯地依靠一己之力不但实现不了国家治理的目的，还有可能因拒斥公民参与而走向反面。

第二，国家走向"消亡"的必要步骤。在马克思看来，阶级、国

家都是历史范畴，它不是从来就有的，也不是永恒存在的。人类曾经经历过不需要国家，也不知国家权力是何物的社会发展阶段。"阶级不可避免地要消失，正如它们从前不可避免地产生一样。随着阶级的消失，国家也不可避免地要消失。在生产者自由平等的联合体的基础上按新方式来组织生产的社会，将把全部国家机器放到它应该去的地方，即放到古物陈列馆去，同纺车和青铜斧陈列在一起。"① 国家是阶级矛盾不可调和的产物，绝不是从外部强加于社会的一种力量。国家终会寿终正寝，走向历史的断头台。正如马克思所说，"宗教、家庭、国家、法、道德、科学、艺术等，都不过是生产的一些特殊的方式，并且受生产的普遍规律的支配"②。因而，在"不同的文明国度中的不同的国家，不管它们的形式如何纷繁，却有一个共同点：它们都建立在现代资产阶级社会的基础上，……而未来就不同了，到那时，'现代国家制度'现在的根基即资产阶级社会已经消亡了"③。

随着国家治理理念的提升，特别是国家治理能力在具体的实现过程中，以及公民与国家、国家治理主体间、治理者与被治理者间互动的加强与深化，必将迎来一个人人参与国家治理、人人成为国家治理主体的时代。这个时代到来时，每个人在社会的运行过程中，都能自由地表达其意志，公平地参与到治理与被治理的过程之中。届时，人人皆是国家的治理者，距离自由而全面的发展不远，距离国家的充分自由而又非无政府状态的目标也不远。因而，国家治理理念的提出是对原来国家统治观念的升华，也是马克思主义国家学说进一步深化并得到印证的明证。

---

① 《马克思恩格斯选集》（第 4 卷），人民出版社 2012 年版，第 190 页。
② 《马克思恩格斯文集》（第 1 卷），人民出版社 2009 年版，第 186 页。
③ 《马克思恩格斯选集》（第 3 卷），人民出版社 2012 年版，第 373 页。

第二章

中国国家治理能力的哲学内涵概论

党的十八届三中全会提出:"全面深化改革的总目标是完善和发展中国特色社会主义制度,推进国家治理体系和治理能力现代化。"[①]党的十九大再次强调:"明确全面深化改革总目标是完善和发展中国特色社会主义制度、推进国家治理体系和治理能力现代化。"[②] 本章着重分析中国国家治理能力的哲学内涵,探究国家治理能力的基本框架,论述国家治理能力与国家治理体系的关系。

第一节 国家治理能力的哲学内涵

本节内容旨在探讨何为国家治理能力。首先讲明白国家治理能力,在此基础上从哲学的角度对国家治理能力下定义,才能更好地拓展国家治理能力的相关内涵。

一、治理能力

关于国家治理概念,学者们多是从管理学、政治学的角度阐述,

[①] 《十八大以来重要文献选编》(上),中央文献出版社2014年版,第512页。
[②] 习近平:《决胜全面建成小康社会 夺取新时代中国特色社会主义伟大胜利——在中国共产党第十九次全国代表大会上的报告》,人民出版社2017年版,第19页。

代表性人物或机构有詹姆斯·N. 罗西瑙、格里·斯托克、罗伯特·罗茨、赫斯特及联合国全球委员会等。① 在我国，徐勇认为"治理"即"管理公共事务"②，俞可平在区分"治理"和"统治"概念的基础上对治理进行相关研究，③ 王浦劬认为"国家治理的基本含义是统治者治理国家和处理政务"④。因而，从管理角度的理解，治理也仅是从观念的认识上进一步深化了，但对治理的深刻内涵还有待作更深层次的解释。

能力伴随主体而产生，随主体的发展而不断提升。治理能力的哲学内涵是指治理主体为实现治理目标通过具体事务作用于治理客体所必需的能力。

1. 治理能力主体作用于治理能力客体

在具体的治理过程中，治理相对方对治理主体所呈现出的能力的主观感受具有绝对发言权，这种反映能帮助分辨治理主体所呈现出的价值理念、目标诉求。因而，判断治理能力效果不但要看治理者如何做，还要看治理客体如何反映。从现代社会的发展来看，我国治理主体是多元的，在这些治理主体中，处于核心与领导地位的是政党，是中国共产党带领且指导其他治理主体参与国家治理。对不同的组织来说，治理主体又不同。一方面，体现在治理主体所处的组织类别，不同组织的治理主体所体现的治理能力是不同的，如级别不同的领导对事务的解决程度、效率是不同的。另一方面，同一组织内部治理主体因位置不同产生的能力和影响亦不同，这种因能力不同而产生的"力场"直接决定了主体在组织中的地位。

2. 治理能力媒介是治理实践

在具体治理实践中，治理能力效果通过各领域的治理实践而呈

---

① 见本书第 54—55 页。
② 徐勇：《GOVERNANCE：治理的阐释》，《政治学研究》1997 年第 1 期。
③ 俞可平：《论国家治理现代化》（修订版），社会科学文献出版社 2015 年版，第 24—26 页。
④ 王浦劬：《国家治理、政府治理和社会治理的含义及其相互关系》，《国家行政学院学报》2014 年第 3 期。

现，具体通过对国家经济领域、政治领域、社会领域、文化领域、生态文明领域与政党治理领域各项事务的治理实践，实现国家治理的应然状态。对于治理客体来说，从宏观的范畴来看，中华民族伟大复兴事业需要全体人民的参与，全体人民都是具体的治理客体。从中观管理层面来看，是国家治理主体对国家治理相对方即公民的治理，使公民在国家治理的过程中感受到力度、广度、宽度及温度。从微观的层面讲，国家治理又是个体的自我管理，以全面而自由的发展为目标，通过个体自身素质的不断提升而实现自我治理的"善"的应然状态。

3. 治理能力目标是实现"善治"

目标决定高度，治理能力的设定反映了治理主体的主观心理状态。国家治理的状态应分为"恶政、良治、善治"三种状态。"善治"是一种普遍之善，即让人人受益、人人处于阳光与民主的光辉之下。这自然是一种理想状态，即所谓的必然状态。应该说，我们治理能力的状态是无限接近于此。从治理主体的角度来思考，如果治理主体的具体操作者的素养还不如治理客体的素养，那么在具体的执行过程中要达到"善"的状态就会很难。

4. 治理能力状态是主观条件的满足

治理能力是一种主观条件，是主体自身所具有的主观能动性。主观能动性的有效发挥是在尊重客观规律的基础上实现的。从时空视角看，要达到治理能力的完全发挥，就必须占有绝对的时空。从资源配给角度看，主观条件作用于客观条件达到主观目的，必须以主观占有的资源去配给客观的需求，从而实现资源供给平衡，实现能力彰显。从实现程度看，主观条件的实现需要多方客观条件的准备，不是自愿达成或是偶然发生的。治理能力作为主观条件，其实现是主观加之于客观的可能，是合规律性与合目的性的统一，从而达到主观与客观、理想与现实、价值与目标的统一。

二、国家治理能力

(一) 国家治理能力的概念

习近平总书记指出,"国家治理能力则是运用国家制度管理社会各方面事务的能力,包括改革发展稳定、内政外交国防、治党治国治军等各个方面"①。这从宏观范畴对国家治理能力给出了界定,要具体把握国家治理能力,还需要通过对国家治理能力进行哲学阐释。从哲学角度可以得出,国家治理能力是国家领导国民通过治理事项针对治理客体的治理过程中所具有的能力集合。以此观之,其特征有四。

1. 国家治理能力的主体是国家

国家治理能力是国家性质、执政理念、执政能力呈现方式最直接的体现。这种体现通过包括国家在内的各类组织表现出来,有政党、政府、社会组织、民间组织以及个体组织等。主体性的确立标志着国家成为治理能力的主体力量,是其合法性的彰显,而合法性的来源则是国民的认同。国家政权的存废与国民之间有着必然的联系,国民是国家治理能力的最终来源。政权一旦失去了国民基础,势必会为历史所淘汰。

2. 国家治理能力的客体是国民

国家治理能力就是使国民享受国家治理之泽,既让国民享受到基本生存保障,又让国民感受到国家赋予国民的尊严与安全。在我国的具体治理中,一种现象是无论治理者如何做,都有一些民众不满,总会找出治理者存在的问题,这在一定程度上是由治理的民众特点所决定的。另一种现象是在治理者推行具体治理举措的时候,会因治理者治理水平低下与个人素养低劣引发民众集体抵抗。国家治理能力的体

---

① 《十八大以来重要文献选编》(上),中央文献出版社2014年版,第548页。

现是通过具体的治理实践活动来完成的,现实中国民的获得感、存在感、尊严感、幸福感及回应等情况并不乐观,存在着一系列亟待解决的突出问题。

3. 国家治理能力的实现途径是实践活动

在我国国家治理的框架内,国家治理涉及的领域广,主要有政治、经济、文化、社会、生态等领域。各领域的国家治理能力又有着专门的体现,在政治、经济、文化、社会、生态等领域又分别表现为政治治理、经济治理、文化治理、社会治理、生态治理等能力。各领域的国家治理能力在不同的时期侧重点不同。改革开放之初,我国国家治理能力体现为以经济建设为重心。随着经济发展水平的提升,国家逐渐重视其他领域的各项事业。中国特色社会主义事业总体布局,就是立足"五位一体"总体布局,通过对国民所关心的经济、政治、文化、社会与生态文明领域各事项的治理,从而使国民感受到治理之泽。

4. 国家治理能力实施是国家治理过程的集合体

国家治理能力是诸多国家事项治理过程中的集合反映。无论是单个领域的治理能力表达,还是整体性的治理能力表达,都会对国家治理的整体性产生影响。从单个事项的治理看,国家治理能力可以单项推进并取得可喜成就,如在经济发展方面,我国通过40多年的改革开放,成为世界第二大经济体,同时也带来了诸如社会矛盾丛生、文化安全失防、生态环境破坏等问题。从整体事项的治理看,国家治理能力是各个事项治理的集合,是各个事项治理合力的结果,其结果只能是整体推进、共同发展,而不是某一事项的单兵突进。因而,多个事项的国家治理能力构成复杂的治理体系,从而推动国家各项事业的发展。这个复杂的治理体系需要的是平衡,即重点突破与整体推进的协调关系。在这种治理体系中,国家各项治理能力都应有合适的位置,各得其所、各尽其能、各张其势。

（二）国家治理能力的特点

国家治理能力作为"能力"范畴的概念，不但具有"能力"范畴所有的基本特点，还具有国家治理的能力特征。国家治理能力作为国家专属的能力，不但是历史的产物，更是治理实践的产物。

1. 普适性和具体性的统一

国家治理能力是国家普遍具有的能力。对于国家而言，其存在的状态是由其治理能力所决定的。首先，国家治理能力是每一个具有主权与治权的国家主体所必然具有的能力。这种能力体现在国家事务的各个领域、层面、区域上，也体现在国家内的各类治理主体或国家机构上，他们以各类主体为权力载体，通过主体的活动将国家治理能力表现出来。其次，任何治理领域都具有国家治理能力。就是说国家治理是针对国家所有事务的，政治、经济、社会、文化、生态、外交领域都必然有具体的国家治理能力，以此反映出国家治理的水平与状态。再次，国家治理者必然具有国家治理能力。国家治理者是具体的组织化个体的统称，他们在国家治理能力的表达中起到具体实施与推动作用。国家治理者作为国家治理能力实施者，将国家治理能力的客观要求与自身的主观特性结合起来表达国家治理能力。最后，国家治理能力还通过个体的"人"表达出来。个体是国家治理能力的具体参与者，个体都有参与国家治理的潜在能力。这种能力能否被激发出来，不但与具体的主观意愿相关，还取决于国家的运行状态。如在民主体制中，个人参与较多，影响较大；在专制体制中，个人则是被动参与。

"推进国家治理体系和治理能力现代化，就是要适应时代变化"[1]，"适应时代变化"就是具体性。第一，这与国家发展阶段相关。国家治理能力在不同历史时期的表达不同。新民主主义革命时期，在解放

---

[1] 《十八大以来重要文献选编》（上），中央文献出版社2014年版，第549页。

区的治理方式与新中国政权建立后全面实行的治理方式不同，体现的国家治理能力自然不同。改革开放后，邓小平在南方谈话中指出，"恐怕再有三十年的时间，我们才会在各方面形成一整套更加成熟、更加定型的制度。在这个制度下的方针、政策，也将更加定型化"①。这就为推进国家治理体系和治理能力现代化的提出奠定了基础。党的十八届三中全会提出，全面深化改革的总目标是完善和发展中国特色社会主义制度，推进国家治理体系和治理能力现代化。从这一发展过程看，国家治理能力与国家发展的阶段性特征息息相关，有着鲜明的时代性。第二，治理实践的具体性。国家治理能力的实践必然与治理能力实施的时空性相关、与实践的具体条件相关。不同区域、群体、行业所要体现的国家治理能力亦不同。要使国家治理能力的发挥实现效用最大化，必然是在充分尊重国家治理能力实施区域的具体特征的基础上，结合区域的实际，充分发挥治理能力主体的主观能动性。第三，国家治理的前瞻性。国家治理能力还必须立足具体时代条件，放眼未来，不断开创国家治理能力的新境界，创造国家治理能力新成果。一要注重借鉴人类文明的有益成果与世界各国治理的有益经验；二要掌握世界潮流的发展趋势及我国国家治理的未来走向，坚持走自己的发展道路。故而，国家治理能力的具体性不但是在实践基础上的具体，更是在掌握发展规律及未来走向前提下的具体。

国家治理能力既具有普遍性，又具有具体性，说明国家治理能力的各项机制的运转、国家治理能力的具体实施都要以具体的治理实践为基础，在遵守国家治理能力一般性的前提下，又要因国家治理能力所实施对象的具体性而采取专门有效的措施。

2. 人民性和层级性的统一

国家治理能力的人民性回答的是"为了什么人"的阶级属性问题。人民群众是历史的创造者，同时还是国家治理能力的重要基础。

---

① 《邓小平文选》(第3卷)，人民出版社1993年版，第372页。

我国国家治理能力的本质就是为人民服务，这是由我国国家性质决定的。其能力状态决定了为人民群众服务的状况，人民群众对国家治理能力的状态有着绝对发言权，亦发挥着监督权。但是人民群众对国家治理能力的状态并不是直接决定的，而是通过一定渠道反馈意见的方式实现的。国家治理能力一方面是对人民群众合理需求的调适。政治经济状态随着社会进步而不断发展，人民群众的合理需要也是不断提升的。因而，国家治理能力也要适时调整，不断增强能力，扩大能力范畴。另一方面，国家治理能力排斥人民群众的不当需求，在满足需求上只能以社会普遍需求为主要标准。党的十九大报告中指出的"要满足人民群众合理需求"说的就是这个意思。

国家治理所表现出的能力，因在国家不同层面、国家组织内不同位置及国家治理者不同层次而表现出不同的层级特征。其一，国家治理能力在国家不同层级的表现不同。国家治理层级可划分为中央、省（直辖市、自治区）、市（地级）、县（县级市、区）、乡（镇）、村六个级别，分别属于中央、区域、基层三个层面。其中省（直辖市、自治区）、市（地级）、县（县级市、区）级属于区域层面，乡（镇）、村级属于基层层面。各层级上的治理能力分别体现了顶层设计、协调、具体落实的特征，因而国家治理能力在中央、区域与基层的每一层级的具体要求不同。其二，国家治理能力因各组织内部位置不同而体现层级性。任何组织都会有高层、中层、基层或是决策层、管理层、执行层三个层面，国家治理的各类组织更是具有明显的此类特征。因而，由于组织内部各层级的不同，对具体治理能力又提出了具体要求。如决策层侧重于政策的制定与完善，而执行层则是对政策的落实与执行中的各类情况进行收集和反馈。其三，国家治理能力因治理者不同而体现出较大差异。一是由治理者的客观条件，即治理者在国家治理中的位置不同体现出层级性，如行政级别、职称级别等不同而体现出不同的能力表达。二是治理者个人的主观条件不同体现出的差异，这与治理者的个人素养、知识水平、处世风格相关。当然，国家治理能力的层级性并不是分开来考察的，多数情况是综合起来进行分析的。故而，认识国家治理能力的层级性必须对具体情况进行具体分析。

国家治理能力的人民性与层级性是统一的、紧密联系的，说明国家治理能力在体现以人民为中心的同时，又要考虑人民这个群体的层级性差异。针对不同人民群体的特性与需要采用不同的国家治理能力，从而实现具体问题具体分析、具体事项具体对待。

3. 稳定性与发展性的统一

稳定性是指国家治理能力的主体、国家治理能力赖以保障的制度与政策、国家治理能力所遵循的价值都是稳定的。发展性则是在国家治理能力稳定前提下的发展。其一，国家治理能力的主体稳定是指国家治理能力主体按照国家治理能力固有的规范模式实施国家治理能力，不能跨越固有的能力边界而任意实施。同时，与其他领域的治理能力相配合，共同实现国家治理的目的。其二，国家治理能力的制度与政策稳定是指国家治理能力源自国家制度与政策的客观规定。制度与政策赋予治理主体实施能力的权限，使治理能力的发挥具有相应空间，而不致使能力无限制地拓展，以免对人民权益造成损害。如国家经济治理能力中，在对人的私域权限及个人财产权上，就有相应的规定，以保证个人权利不受非法侵害。其三，国家治理能力的价值稳定。国家治理能力的实施存在价值导向性问题，即"为了谁"。我国国家治理能力的实施最终要实现人民群众的利益，是为了人民而实施的。如"为人民服务""实现人民群众对美好生活的向往"等，体现的就是"以人民为中心"的价值理念。

国家治理能力的发展性是指在稳定的前提下，随着时代环境的变化及国家治理理论的深入不断推进对国家治理能力的认识，实现国家治理能力全方位的发展。当然，国家治理能力是根据国家职能的需要而随时调整的。对比古代国家与现代国家，国家职能并非只增不减，国家职能变化较大。国家治理能力的滞后性是指国家治理能力随着国家治理的需要而完善，它的产生虽然在国家治理的范畴内，但是其合法性能力的实现需要一个"合法性"过程。国家职能的拓展需要进行完善从而成为国家治理能力的过程，实质上是国家治理能力的转换过程。

国家治理能力体现的是国家意志，表达的是国家治国理政的思想与意图。国家治理能力实现的过程，意味着国家职能的实现、国家意志的表达。因而，国家治理能力更应注重剔除滞后性、发挥前瞻性，更应注重其能力与其所处经济社会发展的需要相适应。

（三）国家治理能力的类型

国家性质决定了国家类型，而国家类型又决定了国家治理能力的类型。总体来看，典型的国家治理能力主要有专制统治型、议会民主型、人民民主型三类。

1. 专制统治型国家治理能力

专制统治型国家是指采用君主专制政体或是军人专制政体的国家，统治者拥有统治国家和公民的所有权力，但没有法律或法定程序规定其应如何行使权力。现存的专制统治型国家有文莱、沙特阿拉伯、阿曼苏丹国、斯威士兰王国等，中国古代也属于此类统治类型。专制统治型国家治理能力是指在专制体制国家内，以维护专制统治为目的而发挥的能力集合体。

第一，本质上仍是国家统治。专制统治型的国家性质决定了国家治理能力为谁服务，其在本质上仍是国家统治。这是因为在专制体制下，无论国家如何改进其治理方式，提升治理水平，也难以改变其本质目的。正如孟德斯鸠所说："在专制的国家里，政体的性质要求绝对服从；君主的意志一旦发出，便应确实发生效力，正像球戏中一个球向另一个球发出时就应该发生它的效力一样。"① 同样，马基雅维利

---

① 马基雅维利：《君主论》，商务印书馆2010年版，第38页。

在论述君主权力时,也讲道:"君主必须要有一种精神准备,随命运的风向和事物的变幻情况而变,然而,如果可能的话,他还是不要背离善良之道,但是如果必需的话,他就要懂得怎样走上为非作恶之途。"① 因而对待民众,君主要像老虎、狮子、狐狸。

第二,以维护统治阶级利益为核心。在专制类型国家中,国家治理能力的表达是以压榨、剥削人民为主要手段的,国家治理的政策、发展战略是为统治阶级利益服务的,是以统治阶级的利益为衡量标准的。在全球治理背景下,少数专制型国家虽然在不断改进治理理念,但这些只是对民众的微不足道的让步,难以改变其维护阶级的本性。

第三,迫于压力而提升国家治理能力。只有统治阶级与民众之间的适应状态,才能使其统治秩序平稳。统治阶级要在民众可接受的范围之内实现利益最大化,需要在政策制定与国家治理过程中寻求与民众间的利益平衡点。但是,统治阶级是不会主动,也不会自愿在利益节点上作出让步的,这就需要民众与统治阶级进行力量博弈。

2. 议会民主型国家治理能力

议会民主制的特点是政府首脑在获得议会席位多数支持的情况下才能工作,议会民主制政府一般拥有多个党派。议会民主型国家治理能力是在议会民主政体国家内所拥有的关于国家治理能力的表达方式。国家治理政策因执政党的不同而具有差异,但政策的具体执行是由事务官具体操作的。在具体的执行过程中,事务官的行政能力直接决定国家治理能力的水平。实行议会民主制的国家主要有英国、德国、意大利、日本、加拿大、新加坡、印度等国。

第一,议会民主制国家治理政策更迭频繁。在议会民主制国家,若党派较多,则会使政府改组、倒台或议会提前解散的频率增加。这会使行政长官更迭的速度远远大于专制统治型与民主协商型的国家。随着行政长官的更换,国家治理理念的变更势必会使国家治理能力的

---

① [意] 马基雅维利:《君主论》,商务印书馆2010年版,第38页。

表达受到影响。

第二，议会民主制国家治理能力的具体实施者是稳定的。议会民主制国家行政长官任期不同，对国家政策的延续有一定影响。但行政长官的执政方针必须通过具体的行政人员来实施，在议会民主制国家有较为成熟的事务官员（技术官僚）体制，他们不因政党更迭而变更，长期在具体的事务部门执行行政政策。从业务程度上来讲，他们更熟悉政策的操作程序，更容易将国家治理理念通过国家治理能力的实施表达出来。当然，事务官熟练的行政能力也有可能对行政长官的意图形成团体对抗，从而使行政长官的政令失去时效。

3. 人民民主型国家治理能力

人民民主是民主制度的先进形式。人民民主制度下，人民与执政团体之间良性互动，人民以积极参与的姿态共同推进国家治理朝着善的方向发展。人民民主型国家治理能力体现"以人民为中心"的核心理念，维护人民民主专政与人民的根本利益。我国实行人民民主专政的国体，实行人民代表大会制度的政体，贯彻落实全过程人民民主，维护最广大人民的根本利益。人民民主型的国家治理能力固然也要维护这个群体，保障其利益。

第一，国家治理能力坚持"以人民为中心"的立场。国家治理能力"为谁服务"是对国家性质的最好反映，人民民主型国家治理能力以最广大人民群众的根本利益为出发点。中国共产党作为国家治理能力最核心的实现者提出了"全心全意为人民服务"的宗旨，新的时代背景下更突出"以人民为中心"的价值理念，"把人民对美好生活的向往作为奋斗目标"[①]。国家治理能力体现在为人民服务的诸多方面，从基本的生活需要到个人的发展需要，再到个人的社会尊重及个人价值的实现上，不但通过国家制度与政策得以保障，更体现在国家治理

---

① 习近平：《决胜全面建成小康社会 夺取新时代中国特色社会主义伟大胜利——在中国共产党第十九次全国代表大会上的报告》，人民出版社2017年版，第21页。

能力的人文关怀上。

第二，国家治理能力的提升过程以"人民为中心"。国家治理理念是通过国家治理能力表现出来的，但是在国家治理能力的表现过程中，并不总与人民群众对国家治理能力的要求相同步。在发展过程中，国家主体作为能力的主要实施方，要以人民的回应为判断，从而决断国家治理能力应当如何改进。

第三，国家治理能力的实现方式以"协商"为中心。党的十九大报告指出："有事好商量，众人的事情由众人商量，是人民民主的真谛。协商民主是实现党的领导的重要方式，是我国社会主义民主政治的特有形式和独特优势。"① 说到底，就是要将全过程人民民主贯彻到国家政治生活的全过程中去。在国家治理实践的具体过程中，任何一项国家治理能力的外在表达方式，都不是单方面地表达，而是通过合理的、合规定的方式与程序，以及对利益相关者利益的充分考虑而最终找出的最佳路径，不但要实现国家治理能力的程序化、法治化、规范化，更要体现国家治理能力的合目的性与合规律性。

（四）国家治理能力的功能

习近平总书记指出："国家治理能力则是运用国家制度管理社会各方面事务的能力，包括改革发展稳定、内政外交国防、治党治国治军等各个方面。"② 国家治理能力的功能主要体现在以下几个方面。

1. 维护政治稳定

国家治理的政治能力是国家实现国家治理、政治稳定、主权独立的能力的总称，其主要目标是实现政治稳定。政治稳定是国家治理能力实施的前提。国家政治状态决定了国家治理状态，也决定了国家治理能力的实施状态。国家治理能力的表达只能在稳定的政治环境中实

---

① 习近平：《决胜全面建成小康社会 夺取新时代中国特色社会主义伟大胜利——在中国共产党第十九次全国代表大会上的报告》，人民出版社2017年版，第37—38页。

② 《十八大以来重要文献选编》（上），中央文献出版社2014年版，第548页。

现，这是因为国家治理能力与国家统治能力、国家管理能力是不同层面上的国家能力，国家治理能力是更高层面、更能体现国家治理水平的能力。新时代，中国特色社会主义进入新的发展阶段，人民在政治上的诉求向更加民主、更加受尊重、更加自由全面发展的方向迈进。这也是未来我国国家治理能力的走向。

政治稳定是国家治理能力最根本的表现。如前所说，国家治理能力涉及多个领域，但是，在这诸多领域中，在政治领域体现的政治稳定是国家治理能力最本质的表现。这是因为，国家治理首要的是实现政治的有序治理，使国家各项事业都能够在稳定的政治环境内开展，使人民的政治权利得到保障，使人民有尊严地生活。同时，政治稳定也是国家实现独立自主与富强繁荣的基础。政治是基础与前提，政治稳定是实现国家目标的基石。新时代，我国各项宏伟目标的实现、各项倡议及方案在国际交往中的实施，都需要稳定的政治环境作基础。

2. 促进经济发展

经济基础决定上层建筑，国家经济治理能力是国家其他领域治理能力发展的基石。在我国，经济发展是一切发展的前提与保障。国家各项事业的发展程度是由经济发展程度所决定的，经济的发展不但可以提高人民的生活水平、提升国家改善民生的水平，还可以为国家文化、社会、生态、国防、对外交流等各项事业的发展提供强大的物质基础，使国家在参与全球治理的过程中充分发挥其主观能动性。国家治理中的诸多问题可以在发展中得到解决。党的十九大报告指出："中国特色社会主义进入新时代，我国社会主要矛盾已经转化为人民日益增长的美好生活需要和不平衡不充分的发展之间的矛盾。"[①] 我国改革开放 40 多年的发展，虽然解决了发展中的诸多问题，但是发展的"不平衡不充分"问题仍然存在，这些问题必须在发展过程中才能

---

① 习近平：《决胜全面建成小康社会 夺取新时代中国特色社会主义伟大胜利——在中国共产党第十九次全国代表大会上的报告》，人民出版社 2017 年版，第 11 页。

破解。

3. 保持社会和谐

保持社会和谐是社会治理能力的目标与使命。社会和谐是社会建设的前提,更是维护最广大人民根本利益的关键。保持社会和谐,就是要使社会处于和谐的发展状态,在治理能力上必须坚持以人为本,坚持科学发展。社会和谐的实现需要充分发挥社会治理能力的作用,处理好党的领导、政府主导、社会力量参与、民众积极响应几个方面的关系,构建共建共治共享的社会治理格局。

4. 推动文化繁荣

文化治理就是实现文化自信,实现中华民族文化体系的繁荣兴盛,建设社会主义文化强国。一要提升中华民族传统文化创造性转化的能力。充分发挥中华优秀传统文化优势,展示中华文化独特魅力,应自觉推动中华优秀传统文化的创造性转化和创新性发展,推进马克思主义与中华优秀传统文化相结合,提升文化在国家治理体系和治理能力现代化中的价值引领作用。二要提高外来文化的吸收借鉴能力。要承认文化多样性,尊重文化差异性,在文化交流中求同存异,有选择地借鉴和吸收外来文化。三要提高新时代文化创新能力。文化创新就是要立足于时代需求,立足于中国传统文化的本土视角,坚持以马克思主义文化观为指导,吸收外来文化,不断开创新时代文化创新的新境界。新时代下,应坚持习近平新时代中国特色社会主义思想,立足于我国国家治理现代化的两个阶段,充分认识国际国内两个大局,不失时机地开创新时代中国特色社会主义文化的新局面。创作优秀的文化产品,拓展丰富的文化事业,夯实中华民族文化复兴的根基,提升文化自信。

5. 创造优美生态

创造优美生态环境需要提升生态治理能力,即运用多种手段创造美好生态环境的能力。一要树立生态治理理念,形成绿色发展共识。形成国家倡导、社会践行、个人参与创造美好生态环境的运行机制,使国家、社会、个人在行为规范、自我意识中树立生态理念。二要大力发展新型能源。不断推动新能源技术的开发创新，提升新能源开发的技术；倡导人民使用新能源，提高节能意识；积极完善新能源配套基础设施，提升城镇化基础设施服务功能。三要完善法律政策体系。建立健全资源使用初始分配制度，实行最严格的环境保护制度。依法保护环境、治理生态，提高生态治理能力。

6. 加强国际交流

参与全球治理能力是国家治理能力在国际事务交流中的体现，即我国参与到国际事务中，既符合自身利益，又不以损害他国利益为代价，实现合作共赢，实现与其他国家共同推进全球治理。随着我国国家实力的不断增强、全球治理环境的深刻变革、国际社会对中国大国责任呼声的不断增强，我们既要积极参与全球治理，主动承担国际责任，也要尽力而为、量力而行。新时代，我们提出构建以合作共赢为核心的新型国际关系，打造人类命运共同体，打造遍布全球的伙伴关系网络，倡导共同、综合、合作、可持续的安全观，等等，都是中国参与全球治理的体现。

（五）国家治理能力反诘

国家治理能力都能产生正向的作用吗？都会取得预期的效果吗？在国家治理能力的执行过程中会不会出现政策偏失呢？如一些国家通过民主选举选举出的国家元首，在治理国家、带领国家走出危机与困境的过程中表现出超强治理能力，但是最终却将国家引向了邪路，给世界人民带来了苦难，这种现象发人深思。

1. 国家治理能力的负向性

国家治理能力的负向性是指在国家治理能力强的情况下也有可能发生国家治理失败的情况。这是因为国家治理能力是一个整体性概念，不能将某一领域的能力强视为整体能力强，这样的"眩晕状态"极易造成国家对自我认识的误判，从而导致国家发展过程中的诸多问题。

首先，在于国家治理过程中治理主体的治理水平。客体对主体具体实施某一活动的感受，直接决定了客体对主体所代表的立场、理念、价值的判断，从而也将决定客体对主体的主观认知程度。许多有效、科学的政策在制定过程中凸显了国家的超强治理能力，但由于具体执行者的因素而导致国家治理能力降低。如司法判例过程中，案件会因执法者的私心而复杂化，最后作出有违公平正义的判决结果。这种结果不但会对客体造成伤害，更会在社会中引起集体恐慌。这种影响力对国家主体的影响是无形的，但也是巨大的。如果社会中接连出现这样的司法判例或是明显有违国家治理能力的事件，国家公信力就会呈直线下降趋势，造成民众对公权力的质疑。

其次，在于国家治理能力各领域中某方面的缺失。国家治理能力既是概念的集合体，也可作为单独的能力来表达。但在诸多能力之中，并不是每项能力的强弱状态都是一致的，它们之间有着不对等性。如国家在经济领域的能力超强，但是在政治领域的能力较弱；或者是国家在军事领域的能力突出，但是在保障民生领域的能力低下，都有可能使国家治理走向反面。国家如果单纯地以发展经济为中心，而不注重发展经济过程中所带来的腐败、贫富差距问题，可能会面对比解决经济问题更难的政治问题。

最后，国家治理能力的"强"状态有可能会使国家权力走向扩张。国家治理要走向"善治"，必须使各项国家治理能力实现均衡协调发展，以实现各项能力之间的相互适应。但是，历史上任何强国在实现富足或是武力强盛之后总是禁不住"争强求霸"的诱惑，这就有可能会使公权力出现"私用""滥用""无用"的状态以争夺更多的权力空间与资源，使国家陷入无可挽回的地步，将国家带向覆灭的深渊。

2. 国家治理能力的张力

在国家的发展过程中，在具体的环境与要求下，国家治理能力必然会遇到这样的问题：某项能力不断缩减以至消亡，某项能力不断扩张以至成为全民共识。

有学者认为中国共产党在社会治理领域处于不断收缩的状态①，这种收缩说明党与社会之间的沟通在减少或是频率在降低。新中国成立之初，中国共产党与农村基层间的沟通是紧密的，农村中无论是入党积极性、党员作用，还是党员觉悟都极为高涨。截至2021年6月，中国共产党党员达到9514.8万名，党员与人民群众比将近1∶15。②而在农村，由于人口迁移、信仰缺失、政府公信力下降、基层党建空心化等原因，农村党员与人民群众比更低。当然，农村只是社会的一个缩影，表明党在这一领域的影响处于收缩状态。而对于民营企业，党在民营企业内成立党支部，设置党委书记，都说明政党治理能力在民营企业中不断发挥作用，起到引领民营企业发展的作用。

国家治理能力的扩张与收缩是根据现实的需要而定的。国家发展经济的能力在全社会看是有目共睹的。以经济建设为中心的发展战略也是基于国内主要矛盾而作出的。在"以经济建设为中心"思想的引领下，国家虽然在经济领域的各项事业上取得了长足发展，但也付出了环境破坏、政治腐败、公信力下降、社会无序的代价。党的十九大作出了对新时代"社会主要矛盾"的判断，提出下一步工作的重点，其实就是对国家治理能力在方向与领域上的调整，以便能更好地实现全面深化改革的总目标。

3. 国家治理能力的矫正

要使国家治理能力在稳定有序的状态内实施，必然要采取相应的举措。这就需要发挥治理者的能动作用，加强治理者政策调研、政策实施、政策跟踪等方面的能力，强化治理者在政策出现偏差过程中的主动担当责任。同时，还要调动被治理者参与的积极性。国家治理能

---

① ［美］沈大伟：《中国共产党：收缩与调适》，中央编译出版社2011年版，第4—5页。
② 《2021年中国共产党党内统计公报》，中共中央组织部官网，https://www.12371.cn/2021/06/30/ARTI1625021390886720.shtml。

力的效果是由被治理者所感知的，主观或客观地对国家治理能力的效果给出反应，对国家治理能力作出自身的价值评判。对于国家治理能力在实践过程中存在的偏差问题，被治理者会以自身的方式表达出来。这种表达方式在有路径时可以是合法的渠道，而在没有合理路径时，被治理者又会以自身的方式来表达。此外，还要不断完善制度。国家治理能力蕴于制度之中，不管是何种国家治理能力，最终都会通过其本身所赖以存在的制度体现出来。因而，制度的完善是使国家治理能力得到矫正的根本保障。

要想对国家治理能力的矫正问题有清晰认识，需要从两个方面进行考量。一要充分认识国家治理能力矫正的复杂性。如通过合法手段造成的显失公平的司法判例，给社会造成的负面效应更大。这些判例可以通过重新审判、国家补偿的方式使当事者受到安抚，也必须运用宣传手段使更多民众了解，以实现对原先造成的社会心理的修复。但并不是说这些举措就会使民众对政府信任如初了，这是不现实的。这种矫正是一个循序渐进的过程，或者说是一个长期的细致工作。再如，国家在区域治理过程中能力的偏失，有可能会造成中央与地方之间的分离甚至对抗，但是要想恢复之前的状态，必然要下更大的功夫，不但要在具体的思路上进行矫正，更要在民众、制度、环境等方面进行大力的改造。二要充分认识国家治理能力矫正的长期性。如上，任何一项国家治理能力失灵的结果都是难以恢复的。这种影响的改变不但需要投入较大人力、财力、物力，更主要的是要投入较多时间成本和成长代价。如在矛盾激化的区域治理中，不但要有切实可行的政策，更要有懂政策、会执行的能力实施群体，还要有足够的耐心及面对可能造成诱发因素时的克制心理。应当发挥治理能力主体的积极作用，使积极维护社会道德秩序的群体得到应有的正确对待，彰显社会公平正义。

如果社会因类似的事件将维护标准定为利益而非道德或公理时，社会环境就会变得越来越差，人与人之间的关系会越来越冷漠，国家治理也就越来越难以推进。而如果想重新塑造这种社会环境或加以改变，也必须通过类似的小事件的修复实现。这种修复不是一蹴而就的，而是长期的社会心理适应过程。同时，这种社会修复必然要通过国家治理能力的提高来进行。

三、国家治理体系与国家治理能力的关系

从国家治理的内涵来讲，主要包括"治理体系"和"治理能力"两个方面。国家治理体系和国家治理能力是国家制度体系和制度执行能力的集中体现。国家治理体系和国家治理能力是相辅相成的有机整体，是辩证统一的。

（一）国家治理体系是国家治理能力的前提和基础

"国家治理体系和治理能力是一个有机整体，相辅相成，有了好的国家治理体系才能提高治理能力，提高国家治理能力才能充分发挥国家治理体系的效能。"[①]

首先，国家治理体系是国家治理能力的载体。能力是主体力的主观表达，它并不是在任何情况下都能表现出来。特别是国家治理主体所具有的能力必须蕴于组织化的主体之中，只有通过国家治理主体的主观表达，才能将国家的意志通过主体的主观能动性表达出来。

其次，国家治理能力具有强烈的矢向性。能力的表达因主体主观意志的不同而体现出"善"与"恶"的方向，国家治理能力同样如此。正是由于国家治理体系是"以人民为中心"而体现制度设计的初衷。在国家治理体系的框架内，国家治理能力同国家治理体系一样是"以人民为中心"而实施的，其矢向就是"以人民为中心"，在新时代就是要实现"人民群众对美好生活的向往"。

最后，国家治理体系是国家治理能力的"工具箱"。国家治理实

---

① 《十八大以来重要文献选编》（上），中央文献出版社2014年版，第548页。

现现代化应是多种治理能力现代化的总和。需要完善国家治理各项体系以支撑国家治理能力的执行。因而，也只有当国家治理体系完备时，国家治理能力才能体现出制度的完备性。

（二）国家治理能力是国家治理体系的目的和结果

如上，国家治理体系是国家治理能力的前提与基础，国家治理能力则是国家治理体系的目的和结果，具体体现在以下两个方面。

第一，国家治理体系需要国家治理能力来体现。国家治理体系的效果是通过治理能力来评价的。国家治理体系是否具有可操作性、可行性，最终要通过国家治理能力的实施来体现。如生态机制的实行较好地体现出了国家治理生态环境的能力。我国改革开放，在快速发展经济的同时，付出了环境恶化的代价，甚至对环境进行了掠夺式开发，使人们受到了自然界的报复。而近几年在生态环境治理上的举措，如河长制、生态补偿机制，特别是"两山论"的提出，为国家生态治理机制提出了明确的要求。这一系列举措实施以来，收到了明显的效果。

第二，国家治理能力是国家治理体系的延伸。国家治理体系现代化要在国家治理体系的具体实施过程中实现，而国家治理体系的效果必须由国家治理能力来检验。再完美的治理体系如果只是停留在纸面或文件上，不会起到任何效果，反而会因为得不到执行而损害国家公信力及其合法性。如果治理体系在具体操作过程中凭借较高治理能力而得到高效执行，取得良好的效果，则说明治理体系是优化的。在司法体系中有着完善的法律制度体系，但是因为在司法执行的过程中受到行政权力的干涉，使得司法难以独立，造成不少冤假错案。这样的案子在社会中的影响甚于恶性犯罪行为，因为其恶劣影响在全社会民众之中扩散，社会中的每个人都有可能成为案件的受害人。这也就是说，只有通过较高治理能力才能保障治理体系的良好效果。

（三）国家治理体系和国家治理能力统一于国家治理的实践

马克思主义哲学认为，社会活动的发展是长期的历史过程。国家治理作为推动现代化的重要方式，必然是长期的历史过程，必然要随着国家的发展而不断推进。国家治理体系和国家治理能力统一于国家治理的实践中，国家治理能力是国家治理现代化在操作层面与政策层面的具体表现。国家治理必须有法可依、有章可循，使国家治理在规范的制度体系轨道中运行。有了规范化、科学化、系统化、制度化的治理体系，国家治理现代化的实现才会有稳固的基础。因而，国家治理能力是实现国家治理的落脚点，也是实现国家治理现代化的最终归宿。只有坚持国家治理体系现代化与国家治理能力现代化同步推进，才能在实现国家治理现代化的道路上取得更多成果。

其一，国家治理体系和国家治理能力是国家治理的"一体两面"。国家治理的实现需要通过制度与执行两个层面上的相互协作配合完成。制度层面的体现就是国家治理体系的构建与完善，以此才能使国家治理各领域有章可依、有法可循。国家治理能力是对国家治理体系中的各项制度设置的具体实施。制度的生命在于执行，而执行需要能力的推动。国家治理能力是国家治理理念、制度、方式最直接的表达，也是国家治理实践最直接的表达。从这个角度来说，国家治理体系和国家治理能力是国家治理两个层面的表达。

其二，国家治理体系和国家治理能力在国家治埋的实践中不断完善。可以说，任何一套国家治理体系和任何一种国家治理能力产生之时都不是完美无缺的，而是在国家治理的实践中不断丰富完善的。随着国家治理客观环境与主观环境的变化，国家治理体系和国家治理能力也要随之不断进行调整。只有这样，才能保障国家治理与国家具体治理要求相适应。

其三，国家治理体系和国家治理能力的完善推动国家治理现代化。随着国家治理体系的丰富完善以及国家治理能力的整体提升，国家治理水平必会随之增强。这是因为，国家治理体系越来越成为一个严密的整体，国家治理的各领域、各方面、各群体对国家治理体系的认同也会不断增强。国家治理能力的主体与对象在国家治理的过程中也将会表现出越来越多的积极性、主动性与创造性，共同推进国家治理现代化。

第二节　中国国家治理能力的主体

国家治理能力是国家所具有的使国家朝着"善"的状态发展的能力表达。在国家治理能力的具体化中，国家治理能力主要通过具体的组织化形式表达出来。我国国家治理能力主体主要有中国共产党、政府及第三方组织。

一、国家治理能力的组织化

任何一种国家治理能力必然要通过组织方式来实现。没有组织力量作为载体，国家治理能力就难以实现其预设目标。这些组织不但有具有国家公权力属性的组织，诸如政党、政府、事业单位等；还有私域范畴内私权力的组织形态，如民间组织、经济组织，但要通过组织实现治理能力的国家属性，必须对其进行有效领导。国家治理能力的实现主要与组织的规模、目标、要素等相关。

（一）组织发展程度

国家治理能力的实现与组织的规模呈正相关。正常情况下，组织规模越大，国家治理能力越强，国家治理的意图表达得也就越充分。但国家治理能力与组织规模的正相关仅指能力的发挥，而非能力属性。在组织运行过程中，由于组织规模易受到组织管理幅度与管理层级的影响，组织规模也就决定了其能力实施的情况。中国共产党的规模与层级是非常完善的，截至 2021 年 6 月 5 日，党员人数达到 9514.8 万人，组织体系从中央到基层对国家政权的管理可以说是最为完善。

当然，组织规模大并不一定能够将组织的治理能力凸显出来，这必须是建立在克服组织内存在的"彼得原理"基础上。大型组织，特别是超大型组织在运转过程中，会遇到"彼得原理"问题，这些问题的克服程度决定了组织存在时间与组织发展程度。唯物辩证法告诉我们，在事物的变化之中，内因总是起着决定作用。一些组织规模虽大，却更具有灵活性，就是因为其对内部层级进行了合理安排，使组织管理层级与管理幅度之间实现了内在的平衡。

（二）组织目标

组织目标决定了组织所取得的成果，也决定了组织的走向及可能采取的方式手段等。超大型组织目标与小型组织目标不同，其运转有稳固的群众基础，是有根之木、有源之水。在政府组织中，政府目标决定了政府治理能力的张度，也决定了政府治理能力的力度与温度。如果政府目标是增加政府收入，而非提升人民的生活水平与促进社会公平正义，政府就会在政府治理能力实施过程中将这一目的性呈现出来。但组织目标并不是单一的，而是具有多向性、多层次性，甚至是复杂性的。多向性，是指大型组织的元目标下有诸多分目标，这些分目标要满足不同层次、不同社会地位的人的需要，也要满足不同区域、不同行业、不同职业的需要。多层次性是指，从社会发展的角度看，人们的收入层次、受教育层次、居住城市的层次都对组织在不同区域上的目标提出独特的要求。复杂性是指，在组织的范畴内，各种不同利益群体、不同社会地位、不同阶层间的人的目标需求是混合的，也是交织的，其复杂性可想而知。

因而，对于组织来讲，组织目标并不应以最终目标为出发点，而应以组织现实状态为出发点。如中国共产党的最高目标是实现共产主义，而在现实的政党治理之中，是以新时代中国特色社会主义为制定政策的蓝图与出发点的，而将共产主义作为实现目标的一个参照标准。以我国 2013—2017 年为例，国民收入达到 58.2 万亿至 82 万亿元，就是一个可预测范围。而在 2018—2023 年，我国不可能盲目地将国民收入的发展目标设定在 200 万亿元，而会朝着 150 万亿元的目标迈进，这就是设定目标的可行性。因而，组织目标决定了国家治理能力表达的广度，也决定了国家治理能力呈现的时空特性。

（三）组织要素

能否顺利实现国家治理能力，在很大程度上还与组织各项要素息息相关。首先与组织规则有关。组织的有效运转靠的不是某个单独个体，而是组织内部合规则的体系与组织制度。组织有完善的制度与公平的规则体系，会使组织得以长期延续。而如果组织制度与规则体系时常受到破坏，或者是存在朝令夕改的情况，那么，组织所呈现的能力是有限的。其次与组织所掌握的资源有关。这里的资源不仅是传统意义上的人、财、物，还包括信息、社会网络等资源。组织所掌握的资源越多，越有利于组织决策，也就有利于组织能力的呈现。再次与组织方式和手段有关。组织实现其能力的方式与手段可以分为温和式、中立式、偏见式三种，在表达能力的过程中要针对不同的主体选择。如在维护国家安全上、在动用武力的问题上，会是偏见式的，甚至是暴力型的；在处理国内公民需求问题上应是一种温和式的改进；在处理公民间或是公民与组织间的冲突时，需要采用中立的方式，以维护能力的正常实施。最后与组织所处的环境有关。组织的状态如何，不但取决于组织自身所具有的条件，还与组织所处的环境有关，也就是与当时的世情、国情、民情有关，即与国内主要矛盾相关。如果主要矛盾变了，组织的价值取向及方式策略也会随之改变。如在对待人民需求问题上，改革开放之初的目标与全面深化改革时期的目标就不一样。

二、中国国家治理能力主体的具体化

我国国家治理能力主体的具体化就是国家治理能力的重要实施主体，本书对于我国国家治理能力实施主体是从中国共产党、政府、第三方组织三个方面来理解的。

（一）中国共产党

在我国，政党作为重要的政治组织形式，发挥着独特的作用。我国国家治理能力的主体在政党方面集中体现在中国共产党这个主体上。也只有政党在制度化阶段才能将政党内在的治理理念、策略通过能力表达出来，真正实现能力的"善治"。作为国家治理能力主体的核心，中国共产党有着以下特点。

第一，中国共产党是具有特殊使命的政党组织。对此应从三个方面理解：首先，中国共产党是超大型组织。中国共产党作为一个组织，当然具有组织所具有的所有特征。但是中国共产党作为组织，又不同于现代社会中的社会组织与经济组织。社会中形形色色的社会组织与经济组织具有行业性、专业性、营利性，以行业为中心，以专业的形式开展各种各样的活动，自由联合，进出随意。而中国共产党是一个独特的超大型组织，从党员人数来说，是世界上人数最多的组织；从组织层级及组织架构来说，是层级最多、机构部门最多的组织。其次，中国共产党是一个超大型政党组织。中国共产党属于组织中的政党组织，有着严格的组织纪律与组织要求，对组织内的成员有着统一的规定与要求，对组织内不同层级的成员有着具体而严格的规定。最后，中国共产党是有着特殊使命的超大型政党组织。中国共产党的理想就是为人类谋福利，消灭私有制，实现共产主义，实现人类社会的共同富裕，促进人的自由而全面发展。这个目标就是中国共产党的特殊使命，也是世界上任何一个政党所无法比拟的。

第二，中国共产党具有高超的治理能力。中国共产党是国家政治生活、经济生活乃至全部社会生活的领导者。中国是一个大国，中国共产党是一个大党，如何实现大党在大国内的有效治理是一个值得研究与探讨的问题。世界上一些执政党失去执政地位，除外部因素外，更应从内部找寻原因。中国共产党之所以能够始终处于执政领导地位，并不断巩固执政基础，就在于中国共产党具有高超的治理能力。一是中国共产党具有自我治理能力，这要从使命宗旨、理想信念、执政能力、治理本领等多个方面理解。二是中国共产党具有天下为公、一心为民的执政信念。中国共产党没有自己的私利，它是为最广大人民群众服务的无产阶级马克思主义执政党。中国共产党的治理能力以此为出发点，就注定了它是人民热爱的党、人民拥护的党。三是中国共产党拥有强大的治理队伍。"致天下之治者在人才"，中国共产党从成立之初就注重治理队伍建设，注重培养治理人才，注重从人民群众中吸取治理经验。当然，中国共产党高超的治理能力的佐证还有很多，上述是最为根本且极为重要的。

第三，中国共产党党员来自人民群众中的先进分子。中国共产党是根植于中国的政党，中国共产党党员来自广大人民群众。首先，中国共产党党员是人民群众中的普通一员，在工作中表现积极，在困难面前迎难而上，在事业面前甘于奉献，在荣誉面前勇于谦让。其次，作为中国共产党的普通一员，必须时刻以党章党规党纪作为自己的行事规范，严格要求自己，处处起到先锋模范作用，作人民群众的表率。再次，作为中国共产党的领导干部，要具有高于普通党员的多项治理能力，敢于在治理国家的过程中进行创新性探索。最后，作为党的高级领导干部，特别是作为党的"关键少数"，应时时处处严于要求自己，在工作、生活、思想、家风建设等方面起到以上率下的作用，为中国共产党自我治理树立标杆。

（二）政府

国家治理能力的另一组织化主体是政府。政府是一个政治体系，是国家治理的主导者，也是与公民相对应的订立、执行法律和管理机构的总称。

第一，政府是国家机关的总称。广义的政府是指国家的立法、监察、行政和司法机关的总和，代表着社会公共权力；狭义的政府是指国家权力机关的执行机关，是国家政权机构中的行政机关。本书所讲的是广义上的政府。从结构上看，我国政府又可分为中央政府和地方政府。

第二，政府是以实现公共利益、提供公共服务为核心的组织。从行为目标看，我国政府治理能力以维护公共利益为目标；从行为方式看，政府治理能力以国家暴力机关为后盾，以实现治理目标的各种方式手段为路径；从组织体系看，我国政府治理能力的实施有着一整套完整的严密的原则、程序、体系、组织与制度，彼此间分工协作、各司其职、各负其责。

第三，政府是国家治理能力的重要载体。政府作为国家治理能力的载体，其职能主要体现在维护政治秩序与提供公共服务保护公共利益两个方面。从维护政治秩序来看，政府要具有保障国家长治久安、社会持续稳定、人民安居乐业的能力。这不但涉及对外要维护国家的主权独立与领土完整，还要保障国家能够在国际舞台上独立自主地按自己的意志参与国际事务，此外国家对内还要具有维护其统治秩序、提供社会平稳发展平台、保障人民安居乐业的能力。也就是说这项能力的表达要使国家具有实施暴力能力的基础。

从公共服务能力上看，主要体现在经济、文化、社会、生态等方面的服务上。在经济方面，主要是指政府要有保持经济持续繁荣、合理配置资源、完善市场监管的能力。经济发展的目标要体现以人民为中心，维护人民利益为核心的思想。要在深化供给侧结构性改革、加快建设创新型国家、实施乡村振兴战略、实施区域协调发展战略、加快完善社会主义市场经济体制、推动形成全面开放新格局上下功夫。在文化方面,是指政府要维护文化安全,引领文化发展,坚定文化自信,推动社会主义文化繁荣兴盛。将"高大上、真善美",优秀健康的文化呈现在人民群众面前,与泛文化思潮、庸俗、低俗、媚俗文化作坚决斗争。牢牢掌握意识形态工作领导权、培育和践行社会主义核心价值观、加强思想道德建设、繁荣发展社会主义文艺、推动文化事业和文化产业发展。在社会方面,要以提高保障和改善民生水平为中心,加强和创新社会治理,不断促进社会公平正义,使人民获得感、幸福感、安全感更加充实、更有保障、更可持续,就必须要在优先发展教育事业、提高就业质量和人民收入水平、加强社会保障体系建设、坚决打赢脱贫攻坚战、实施健康中国战略、打造共建共治共享的社会治理格局、有效维护国家安全上下功夫。在生态方面,要实现人与自然命运共同体的构建,实现人与自然和谐共生的现代化。要推进绿色发展、着力解决突出环境问题、加大生态系统保护力度、改革生态环境监管体制。①

(三) 第三方组织

在我国,除政党和政府作为国家的治理主体外,还存在第三方组织,这类组织在国家治理中也发挥着积极作用,适时提出完善国家治理能力的建议。一方面,这类组织是国家治理能力主体的重要补充。这是因为,在国家治理中,中国共产党与政府在国家治理能力的呈现中承担着领导与主导的角色,但并不是国家治理的所有事务、所有方面都能通过二者实现,还需要一类独立于政党与政府之外的主体参与进来,以被治理者或是独立个体的角色填补政党与政府治理能力的空

---

① 习近平:《决胜全面建成小康社会 夺取新时代中国特色社会主义伟大胜利——在中国共产党第十九次全国代表大会上的报告》,人民出版社2017年版,第30—52页。

白。另一方面，国家治理能力主体要为这类组织的发展提供必要的支持与引导。这类组织的存在与中国共产党和政府有着千丝万缕的关系，但这类组织在国家治理中的作用不是随意的，必须为之设置较为完整的程序与方式，进行规范和引导，以使其发挥良好的积极作用。

第三节 中国国家治理能力的结构

国家治理能力主体决定了国家治理能力的实施状况。必须充分认识国家治理能力主体的具体情况，提升国家治理能力主体的主观能动性，强化国家治理能力主体的客观规范性，推动国家治理能力主体水平的创造性发挥。

一、政党治理能力

在我国，政党治理能力就是中国共产党的治理能力，是指中国共产党利用各种资源通过多种手段参与国家治理，以实现国家治理目标的过程。习近平总书记在党的十九大报告中指出："不断增强党的政治领导力、思想引领力、群众组织力、社会号召力，确保我们党永葆旺盛生命力和强大战斗力。"[①] 因此，中国共产党治理能力主要体现在政治领导力、思想引领力、群众组织力、社会号召力四个方面。

（一）政治领导力

政治领导力，就是党对国家经济政治生活提出战略性、原则性政策的力量。政治领导力往往以政治权力作为后盾和保障，其正确与否、力量大小直接关系到国家的稳定性和前途命运。

---

① 习近平：《决胜全面建成小康社会 夺取新时代中国特色社会主义伟大胜利——在中国共产党第十九次全国代表大会上的报告》，人民出版社2017年版，第16页。

政治领导力是衡量政党治理能力的核心要素。抓好了政治领导力，就能达到纲举目张、以简驭繁的效果。从当代马克思主义政党政治和中国共产党党建的实践看，党的政治领导力是党兴衰成败的关键。中国共产党之所以能带领中国人民实现从站起来、富起来到强起来的伟大飞跃，解决了一系列长期想要解决而没有解决的问题，办成了过去想办而没有办的大事，就在于不断加强党的政治建设，不断提升政治领导力。新形势下，党内还存在许多突出的尚未得到根本解决的问题，需要全党进一步从政治高度深刻认识党面临的"四大考验"的长期性和复杂性，有效化解和克服"四大危险"，以增强党的政治领导力，推动全面从严治党向纵深发展。

拓宽增强党的政治领导力的方式。一要增强党的定力。就是要坚持党的根本原则、路线、方针，按党章行事、不忘初心、牢记使命、始终前行，突出党的领导与先锋模范作用。就是要在新时代背景下，坚持习近平新时代中国特色社会主义思想，按照党在新时代的任务与布置，脚踏实地，为实现中华民族伟大复兴而努力奋斗。二要提高党的胜任力。党的治理能力突出体现在胜任国家一切事务上。就是要引领国内各项事业的发展，在治党治国治军、内政外交国防、改革发展稳定等各项事业中都必须凸显党的领导作用。在应对各种复杂的国内、国际问题与形势过程中，能够从容有效地化解各种矛盾，平衡各种利益集团。三是强化党的执行力。中国特色社会主义事业的实现需要在具体的实践中完成，需要在党的带领下逐步落实。要将党的每一个政策、理念贯彻到具体的生产生活中来，将党的意图、方针、路线通过在时空范围内的执行具体化到人民群众的生活方式与交往方式中来，在各种大的事项中将党集中力量办大事的优势体现出来。

（二）思想引领力

思想是行动的先导，没有思想的引领，再完美的蓝图也会缺乏精神动力。党的思想引领力，就是用党的理论、思想、观点武装头脑、统一意志、指导实践、抵御错误思潮的能力。

一要坚持马克思主义指导地位。在全球化背景下，人们的思想多元化是客观存在的。新时代背景下，更应提升思想引领力，坚持马克思主义指导地位，用习近平新时代中国特色社会主义思想武装全党，教育人民，巩固全党全国各族人民团结奋斗的共同思想基础。

二要坚持思想舆论指导。中国共产党百年来坚持将马克思主义基本原理与我国具体国情和时代特征紧密结合，不断开辟马克思主义中国化的新境界。背离或放弃马克思主义，党和国家就会失去灵魂、迷失方向。因此，必须积极推进马克思主义中国化、时代化、大众化，巩固马克思主义在意识形态领域的指导地位。注重思想理论创新和传播，不断用正确的理论吸引人、鼓舞人，就一定能使党永远立于不败之地，始终干在前头，走在前列。

三要坚持同其他思想作斗争。世界范围内各种文化思潮激荡，新自由主义、历史虚无主义、民主社会主义和普世价值论对我国改革开放的方向提出诘难，针对我们举什么旗、走什么路的问题提出挑战。新自由主义思潮倡导个人主义，提倡实行自由放任的市场经济、反对国家干预经济、主张私有化；历史虚无主义思潮否定党领导的新民主主义革命和社会主义建设成就，以各种方式扭曲和诋毁党和国家领导人形象，以学术研究的面目、重新评价的名义否定中国革命、建设、改革，歪曲和丑化党和国家领导人；民主社会主义思潮反对马克思主义指导地位、共产党一党执政、公有制主体地位，主张指导思想多元化、多党轮流执政，以私有制为主体的混合经济；普世价值论鼓吹西方自由、平等、民主、人权、法治等普世价值，要改变中国改革开放的社会主义方向，走资本主义道路。对于这些错误思潮绝不能等闲视之，掉以轻心，必须在充分认识其实质的前提下加以批判。新时代，我们更应该坚持马克思主义的指导地位，坚持以习近平新时代中国特色社会主义思想为指导，坚决同各种错误思潮作斗争，矢志不渝地走中国人自己的道路，为实现中华民族伟大复兴的中国梦而努力奋斗。

（三）群众组织力

党的群众组织力，就是党依靠、动员、组织群众进行各种活动的能力。这是党进行"四个伟大"的基石与根本动力所在。增强群众组织力是我们党对群众路线的深刻认识和精准把握，是新时代推动改革发展的坚实基础和力量源泉。

历史唯物主义认为，人民群众是历史的创造者，是社会发展前进的推动者，是决定党和国家前途命运的根本力量。中国共产党的宗旨是全心全意为人民服务，中国共产党成就的伟业是在人民群众的参与和支持下取得的。党的历史就是一部组织、依靠、服务群众的历史。我们党只有始终依靠人民群众，才能推动历史前进，才能夯实党的执政基础、巩固党的执政地位，遇到各种风浪和挑战时才会安如泰山、坚如磐石。新时代下，"以人民为中心"立场的阐述，更加坚定了中国共产党与人民群众的血肉联系，更说明了中国共产党的力量是蕴于人民群众之中的。只有依靠人民群众，我们党才能取得一切胜利，创造人间奇迹，实现人类伟业。这也是由群众的需要所决定的，群众没有组织，就是一盘散沙。要想实现人民群众对美好生活的追求，实现在和平安定的环境之中对理想生活的追求，就必须坚持中国共产党对群众的领导。只有具备超强组织能力的政党才能将中国14多亿人紧密地团结起来，激发出干事创业的蓬勃热情。

中国共产党的群众组织力是在具体历史实践中得来的。这主要表现为以下四个方面。

首先，具备组织群众办大事的能力。中国是一个大国，任何一项事业在数量上都是一个大的集成体。而要在我国办成大事，不但要发挥中国共产党的领导作用，更要调动人民群众的积极性、主动性和创造性。党的群众路线告诉我们，要想实现党的目标就必须坚持"从群众中来，到群众中去"，相信群众，依靠群众。只要获得了人民群众的支持，什么样的大事都能够办好。

其次，具备带领人民群众应对复杂历史问题的能力。中国的发展离不开世界，世界的发展也离不开中国。中国是世界上的一个重要国家，中国与世界其他国家交流的纽带是以利益为核心的。要想使中国人民在世界上受到其他国家的尊重，就必须正确应对中国所面临的各种复杂问题。

再次，具备强化群众对中国共产党信服的能力。"能否保持党同人民群众的血肉联系，决定着党的事业的成败。"[①] 一要善于发动群众。始终相信群众，广泛依靠群众，有效组织群众，最大限度地凝聚起群众的力量，激发群众的积极性、主动性、创造性，引导群众积极投身到全面深化改革的伟大事业之中，为实现中华民族伟大复兴贡献力量。二要善于向群众学习。要甘当群众学生，深入群众虚心学习、主动请教，问政于民、问需于民、问计于民，从人民群众的伟大实践中汲取智慧和力量。三要以群众需求为导向。要立足群众利益，想群众之所想，急群众之所急，帮助群众解决好生产生活中存在的各种困难，做让人民群众满意的事。

最后，具备扩大党的影响力的能力。党的影响力体现在人民群众之中，在于将优秀的群众吸收到党的队伍中来，成为党的一分子，成为为人民群众服务的一员；体现在国际影响力上，提升中国共产党在世界上的影响力，不但要将中国共产党的理念传播开来，更要将中国共产党治国理政的经验传播开来，不断团结世界各国，扩大中国的国际影响力；还体现在中国共产党在政党中的影响力上，世界上的政党有很多，但是真正有世界影响力的政党并不多，中国共产党作为一个大党，就要有大党的样子，就要有大党的气魄。

（四）社会号召力

中国共产党的社会号召力包括全社会的影响、凝聚、动员、引导

[①] 《十八大以来重要文献选编》（上），中央文献出版社 2014 年版，第 309 页。

能力。主要体现在两个方面，一方面是对社会影响的范围广，另一方面是对目标群体或阶层的动员力度大。政党社会号召力是时代的需要。当今社会思想多样化、利益多元化、就业方式和生活方式多样化，我们党必须保持强有力的社会号召力，用共同价值追求和奋斗目标感召人，形成夺取新时代中国特色社会主义伟大胜利的磅礴力量。

一要增强政党对社会的把控力度。提升党的社会号召力必须正确处理政党与社会的关系。社会是在国家之中存在的民众自我集合的域场。必须正确掌握政党与社会间的尺度，让政党有魅力，让社会有活力，才能促进中国社会朝气蓬勃地向前发展。中国共产党领导国家各项事业，但并不是对国家的全部生活都进行参与，在社会运转的具体的末梢细节及社会成员之间的私域交往上，政党并不能直接或具体地参与。但是中国共产党可以通过社会制度、规则、体系上的设置对人们社会活动的方向进行掌控，引导社会成员的生产、生活、交往朝着一个善的状态发展。

二要增强政党的传播能力。新时代背景下，虽然中国共产党党员基数大，但也存在两个方面的问题，一是党的基干力量以"50后""60后""70后""80后"为主，而"90后""00后""10后"群体对中国共产党的认识并不深刻。二是虽然中国共产党的影响力大，但是从中国的人口基数来看，党的力量并不强大，特别是在薄弱的基层，党的力量可能会被一些别有用心的人利用以谋自身之利。这就需要增强中国共产党的传播能力，从党的历史、现实、将来，党的目标、策略及走向等多个方面进行全方位宣传。

三要增强政党的整合能力。社会的自我发展多是处于无序状态，这是因为社会的主体构成多是追求个体的标新立异。中国共产党要提升社会号召力，就必须提高社会资源的整合能力。这些社会资源不但包括社会成员人力资源，还包括社会成员的时间资源、空间资源、思想、财力等多个方面。

二、政府治理能力

政府能力，简而言之就是政府实现政府事务管理所应具有的能力。政府治理能力即政府各级机关利用政府自身资源，对政府治理对象采取一定的措施、方式、手段以实现治理目的的过程。政府治理能力的主体是政府，具体来说是政府的各级机关及其工作人员。政府治理能力的要素是政府所具有的资源，包括人力、物力、财力、权力、信息力等。我国政府治理能力主要是由国家机构所决定的。在我国，国家机构由全国人民代表大会、中华人民共和国主席、国务院、中央军事委员会、地方各级人民代表大会和地方各级人民政府、民族自治地方的自治机关、监察委员会、人民法院和人民检察院所组成。它们从国家的立法、礼仪、行政、军事、监察、司法等方面决定了政府所具有的能力，为政府治理能力提供了来源。此处所讲的政府治理能力即广义的政府治理能力，而非仅以国务院为代表的行政机关能力。

政府治理关系到经济、政治、文化、社会、生态等各领域内的事务，需要政府来实施。政府治理能力是过程的体现，政府治理能力的实现是在过程之中体现的，并且在政府治理能力体现之后这个过程还在持续，远没有结束。

（一）政策执行力

政策执行力是政策执行者通过政府机构，运用各种政府资源，将政策观念的内容转化为实践内容，从而达成政策目标的活动过程的能力。政策执行力的强弱决定了政策效果，也决定了政策存续周期。在我国，政策执行力的强弱往往决定了政策部门的能量与影响。在国家突出发展经济，以GDP为中心的阶段，国土资源部门的职能与政策执行力度超过其他机构。在多数情况下，财政部门在正常运行下比一般部门高半格，俗称"财神爷"。党的十八大以来，在突出强调生态文明建设的前提下,环境保护部门的职能又进一步提升。政策执行力在具体的政策执行过程中会受到政策执行主体、政策本身质量、监督机制、政策执行客体素质与水平、政策资源等方面的影响。

要提升政府治理能力,必须不断加大政府执行力度。具体应做到以下几点。

首先,提升政策执行主体能力。政策主体是政策执行的具体实施者,其素质与水平的高低直接决定了政策执行的效果。如果政策主体能力低下,一项好的政策在执行过程中可能会变成坏的政策。政策执行主体政治能力的强弱,也影响政策客体对政策的反映。因而,必须加强对政策执行主体的培训与教育,提升政策执行主体的能力与水平,提高政策执行的精细化效果。

其次,要保证政策执行资源的合理配置。无论是政府治理能力中的哪种能力,在具体的表达中,只要没有按照程序化或预设的目标呈现,其能力表达的结果同样是"恶"的。故而,要保证政策执行资源的合理配置与确切到位,才能使政策在一个宽松与有效的环境中实施。

再次,要注重政策执行客体对政策执行情况的反馈。政策执行的目的在于使政策服务于民众。作为政策执行客体的民众必须在政策执行过程中,将政策执行的情况及时有效地反馈给政策主体,以便促进政策调整与完善。

最后,政策执行力的强弱会对政府公信力产生直接影响。政策执行力的强弱影响政府合法性,也直接影响政府公信力。"政之所兴,在顺民心;政之所废,在逆民心。"如果政府执行力弱,就会使政府陷入"塔西佗陷阱",人们就会对政府公信力越来越持怀疑态度,从而陷入恶性循环。当前我国社会信用体系建设非常紧迫,政府公信力的提高更加迫在眉睫。因而,必须强化政府制度执行力,使政府言而有信,逐渐坚定人们对政府的信心,提升政府公信力,使政府治理能力在具体的政策执行中不断提高。

(二) 公共服务力

国家与公民间的联系是通过政府这个纽带维系的。随着现代政府理念的转变，政府职能由统治、管理逐渐转向服务。政府在具体社会生活中的服务职能不断凸显，主要体现在公共设施、教育、科技、文化、卫生、体育、就业、住房、医疗、安全等基本公共生活服务上。在具体的领域分类上又划分为基础公共服务、经济公共服务、公共安全服务与社会公共服务。

政府治理能力在国家平稳发展的过程中，集中体现在公共服务力上。具体而言，主要是由以下两个方面决定的。

一方面是由人们的具体生活需求决定的。人民对公共服务的需求，已不再是简单的基本生活层面的需求，而是向着更高层面、更高质量发展。由简单的吃饱穿暖到吃好穿好再到吃出健康、穿出美感，这不但是对公共服务需求"量"的提升，更是对公共服务"质"的提升。"中国特色社会主义进入新时代，我国社会主要矛盾已经转化为人民日益增长的美好生活需要和不平衡不充分的发展之间的矛盾。"[①]这些不足之处正是人民群众在生活之中迫切需要解决的。在广泛关注的住房问题上，虽然提出了"房子是用来住的"的治理理念，但要真正"落地"，还必须有具体的实践。政府公共服务力不但要体现在提供公共服务的量的能力上，还必须将这些公共服务提供给真正需要的人民群众。

另一方面是由国家发展的具体实际决定的。我国改革开放40多年取得了巨大成就，特别是经济上的成就异常突出。但也应当看到，部分改革的红利因特权、腐败等原因而集聚在少数利益集团手中，形成了特定的利益阶层。辛勤劳作的广大人民群众在改革开放的过程中

---

① 习近平：《决胜全面建成小康社会 夺取新时代中国特色社会主义伟大胜利——在中国共产党第十九次全国代表大会上的报告》，人民出版社2017年版，第11页。

没有很高的获得感,甚至产生了相对剥夺感。仇富心理及现象偶有发生,给社会增加了极大的不稳定因素。这些情况如果不认真解决,可能会给政府治理带来更大难题。因而,在全面深化改革的关键时刻,政府一定要具备超强的公共服务力,特别是体现在民众最关心的如教育、就业、医疗、住房等基本生活服务上。只有解决好了人民群众的基本公共服务需求,才能为解决更高层面的公共服务难题换来治理的时间和空间。

(三)自由裁量力

自由裁量力是国家赋予政府在法律法规的幅度、范围内有一定选择余地的处置权力。政府治理能力的自由裁量力实质就是政府在制度空间内如何行使权力的选择过程。由于我国行政区划的层级性与特殊性,以及历史原因、现实原因、民族风俗原因的不同,各行政区域存在不同特征。在确保我国宪法与基本法统一的前提下,各行政区域可以设定符合自身区域特点的法规。

在具体的自由裁量力表达中,存在两个方面的主体。一是自由裁量力的组织表达。在重大问题的自由裁量上,往往是由组织作出自由裁量,即组织会根据以往的经验、具体事实、制度依据而作出合理裁定。二是自由裁量力的个体表达。在具体的政府政策执行过程中,往往在处罚类别、处罚费用范畴、处罚的时间范畴上给予具体实施者一定空间。自由裁量空间不但受被裁量对象的具体表现影响,还会受自由裁量实施者个体水平的影响。

在具体的自由裁量过程中,如果自由裁量权没有发挥好,自由裁量力得不到正向表达,就会影响政府治理能力的效果。如果自由裁量权是负向表达,则造成裁量空间内的生态破坏。如某一区域内的交通警察通过加班等形式对相关货运车辆进行检查,在正常的情况下故意设置司机"寻租空间",从而中饱私囊。因而,在行使自由裁量权的过程中,必须有一个可以遵循的逻辑,使得实施者与承受者之间寻求平衡。如果自由裁量权是正向表达，则会使民众对政府更加认可，支持和配合政府的治理。

要有效运用自由裁量力，需要从两个方面努力。一方面，注重自由裁量的弹性空间的可控化。自由裁量的空间往往是有幅度的，具体执行中要根据实际的情况来判定事实，而不能实行"一刀切"的做法。要在自由裁量过程中，使被治理者感受到治理温度。另一方面，提升自由裁量单位及具体操作人员的素质。自由裁量不能进行运动式的规范，必须要建立长效机制，形成一整套可遵、可循、可操作的标准，使单位与人员遵守。同时，直接治理者的个人素养也需要不断提升与强化，使其在具体操作过程中以"理性人"的姿态运用自由裁量权。

三、第三方组织治理能力

第三方组织治理能力是政党及政府以外的第三方组织利用各种资源参与国家治理，以实现国家治理目标的过程。从主体看，这类组织治理的主体是除政府组织之外的一切组织的统称。从要素看，这类组织治理能力体现治理的过程是对各种资源的使用。从目的看，是为了实现国家治理的善治目标。这类组织在国家治理过程中的能力主要体现在参与与监督上。在参与能力上，这类组织会以主动或被动的方式参与国家事务管理，对国家事务的方方面面提出建设性的建议，以更好地促进国家治理的推进。在监督能力上，则是针对国家治理中国家治理主体所体现的越位、缺位或不到位问题进行的相应表达，从而推进政党或政府更好地提高其治理能力。

第三章

中国国家治理能力的核心：政党治理能力

在中国国家治理能力结构构成中，中国共产党的治理能力处于核心地位。中国共产党是中国特色社会主义事业的核心领导力量，也是国家治理能力的核心领导力量。对中国共产党治理能力进行全方位的认识，能充分了解我国国家治理能力的内在逻辑。

第一节 政党治理能力概述

马克思主义者非常重视政党在政治革命中的地位和作用。马克思指出："无产阶级在反对有产阶级联合力量的斗争中，只有把自身组织成为与有产阶级建立的一切政党不同的、相对立的政党，才能作为一个阶级来行动。"[1] 由此可知，马克思关于政党理论的论述包含两个意义：一是政党的阶级性，即任何政党都是特定阶级利益的代表；二是作为无产阶级政党的共产党的阶级特性。政党治理能力是政党理念、宗旨、制度、目标的最直观的体现。

---

[1] 《马克思恩格斯选集》（第2卷），人民出版社1995年版，第611页。

一、政党的历史考察

在世界近代历史中,政党扮演着极为重要的角色。某种程度上,政党治理水平决定着国家发展程度与政权稳定状况。

(一) 政党概况

作为社会组织或政治派别的"党",古已有之。世界上 224 个国家和地区[①]中,除约 20 个国家没有政党之外,大多国家都有政党组织。有的国家只有一个政党,有的有两个甚至多个政党,还有的国家存在几十个、上百个政党。其中有的政党已存在几十年甚至上百年,有一些政党是新建的,也有一些是由原来的大党、老党演化来的。近代以来的世界历史表明,政党在政治舞台上极为活跃,以不同方式不同程度地参与国家政治、经济和社会生活,参与国际事务交流、合作与管理。特别是围绕国家政权进行着此起彼伏的斗争,纵横捭阖,对国家的发展产生着深刻影响,成为世界近现代史上活跃的重要力量。从世界各国大党的发展来看,主要有英国、法国、德国、美国、日本、中国等国家的政党制度。

在政党的分类上,学者梁琴、钟德涛以阶级属性为主要依据,分析各种政党在实际政治生活中的态度与立场,将世界各国的政党划分为四类。

第一类是发达资本主义国家的政党。这些国家的政党主要包括:传统的保守的政党;两次世界大战后执政的改良性质的政党;共产党,虽然有一定的实力,但是作为体制外政党,发展与活动都受到限制。这三类政党虽然本质上不同,但都是为了维护其所代表的阶级的利益。

第二类是一般资本主义国家和发展中的民族独立国家的政党。综

---

① 截止到 2017 年 11 月,世界上有 224 个国家和地区,其中 193 个国家、31 个地区。

合来看,这些国家的政党存在四类:一是保守性的资产阶级政党,此类为主体,大多在执政,掌握着国家的政治大权;二是民族主义性质的政党;三是共产党;四是民族分立主义性质的政党。

第三类是某些社会主义制度解体、演变后的国家的政党。这些国家的政党大体有五个类型:一是复活或重组的保守的资产阶级政党;二是打着民主改革旗帜活动的自由派政党;三是由原来共产党易帜而成的民主社会主义党、社会党、民主党;四是共产主义的政党;五是极端右翼的民族主义政党。由于处在社会转型之中,目前各派政治势力之间的较量不断,各种政治精英之间明争暗斗,各种政治主张之间激烈争论,政局充满许多变数。

第四类是社会主义国家的政党。这些国家政党结构比较简单,一是执政的共产党;二是支持共产党的若干民主政党。持不同政见者或势力,没有组成政党。①

(二)政党发展

从政党的发展史看,政党的产生和发展与当时的政治、经济、社会条件相契合,从世界主要国家的政党发展看,英国、美国、法国、德国、日本及中国等国的政党的发展情况有较强的代表性。

1. 英国政党的演变

1640 年,英国资产阶级革命开始后,围绕复辟与反复辟、王权与反王权的斗争,议会中形成了两个不同的政治派别。1679 年,新议会在讨论《排斥法案》和随后的长期争论过程中,坚决支持法案的沙夫茨·伯里派被人称为"辉格党"(Whig,原意为"强盗",是苏格兰人的责骂语);丹比派则坚决反对,被称为"托利党"(Tory,愿意"歹徒",是爱尔兰人的责骂语)。辉格党代表资产阶级和资产阶级化了的新贵族利益,托利党则是旧贵族利益的代言人。英国工业革命时期,

---

① 梁琴、钟德涛:《中外政党制度比较》,商务印书馆 2013 年版,第 4—5 页。

托利党于1833年改组为保守党,成为土地占有者、金融贵族及大商人的政治代表;辉格党于1839年改称自由党,代表工业资产阶级的利益。保守党与自由党在全国竞相发展自己的组织,建立各自的选区协会等机构。至19世纪中叶,具有近代意义的英国两大政党正式形成。19世纪末20世纪初,自由党的自由贸易已不适应形势发展的需要,大批工业资本家转向保守党;加之自由党内部政见不同而导致分裂①,大批党员加入保守党组织。同时,英国工党②崛起,不久便在政治舞台上取代了自由党的地位。"一战"后,工党威信进一步提高,终成英国政治舞台上的重要力量。20世纪末期,工党人数达660万人以上,成为英国政坛上的第二大党。

英国除保守党和工党两大党外,还有几个小党,如自由党、社会民主党(1981年成立)、英国共产党(1920年成立)、社会自由民主党(1988年成立)和绿党(1973年成立)等。其中,英国共产党是马克思主义工人阶级政党,在20世纪三四十年代反法西斯斗争期间呈上升趋势,队伍达到5.5万余人,在1945年大选中获下议院两个议席。20世纪50年代以后,受国际共产主义运动内部斗争的影响而分裂,特别是80年代末受东欧剧变和苏联解体的影响,出现党员退党现象,此后党员队伍所剩无几。

2. 美国政党的演变

美国近代意义上的政党源于18世纪中叶美国独立战争胜利初期在资产阶级议会中相互争斗的两个政治派别,正式形成于19世纪二

---

① 关于爱尔兰自治的立场问题。

② 19世纪八九十年代,英国工人阶级先后出现了不少带有政党形式的政治组织,其中影响较大的是"社会民主同盟"(1881年成立)、"费边社"(1884年成立)、"苏格兰工党"(1888年成立)和"独立工党"(1893年成立)等。这些组织的出现为建立统一的工人阶级政党奠定了组织基础。1900年,独立工党、社会民主同盟、费边社以及著名的职工联合会的代表在伦敦开会,宣告成立名为"劳工代表委员会"的政党,决定以参选下议院议员为斗争的主要目标,组织上吸收各种工会组织参加。1906年的议会大选中,劳工代表委员会获下议院29个席位,遂组成了自己的党团,并在斗争中促使下议院通过了"劳资争议法案",为工人争得了罢工自由的合法权利。1906年底,劳工委员会改称工党。

三十年代。1787年在费城召开制宪会议，修订宪法。新宪法草案在交由各州批准的过程中引起激烈争论。其中，以汉密尔顿为首的政党，主要代表亲英的富豪及南部奴隶主的利益与愿望，是资产阶级中较保守的派别，被称为"联邦党"；以杰斐逊为首的政党，主要代表北部中小资产阶级的利益，是自由资产阶级民主派的政治派别，被称为"反联邦党"。随着资本主义的发展，两党力量此起彼伏。1792年，"反联邦党"组成"共和党"，1794年改称民主共和党，于1800年上台执政。19世纪20年代后，民主共和党几经分化，以约翰逊·昆西·亚当斯为首的一派于1834年改称为辉格党；以安德鲁·杰克逊为首的另一派于1828年改称民主党。

19世纪50年代，随着美国资本主义的迅速发展，资产阶级与无产阶级之间、资产阶级内部的利益集团之间的斗争日益激烈。已经沦为南部奴隶主阶级政治代表的民主党同辉格党中的南部一些人联合起来，仍以民主党的名义活动；代表北方工业资产阶级利益的北方辉格党也联合北方的一部分民主党人士，于1854年组成共和党。自此，美国两个传统大党成为政治舞台上的主角。

此外，美国还存在若干小党，其中有社会党（1901年成立）、民主社会主义者组织（1982年成立）、美国共产党（1919年成立）、美国共产党马列派（1977年成立）。这些政党一般没有多大力量，在政坛上影响力较弱。

3. 法国政党的演变

早在14世纪初，法国"等级会议"的组织形式孕育着政治派别。立宪君主制时期，1789年的制宪议会期间，出现了贵族特权派、温和王政派和国民爱国派。立法议会期间，有左派（代表工商业资产阶级的利益，主要是雅各宾派俱乐部和哥德利埃俱乐部的成员）、右派（代表自由主义贵族和大资产阶级利益的斐扬派人物）、中派（代表自由资产阶级和共和主义者）三个派别相互争斗。"国民公会"期间，又出现了新左派（"山岳派"，主要是雅各宾派和哥德利埃的革命民主派)、右派(吉伦特派)、中间派(平原党或称沼泽党)新三派。第二共和国时期,议会中建立了新山岳党(主要代表小资产阶级革命民主派的利益)和秩序党(主要是金融贵族、大资产阶级、大土地占有者和一些高级僧侣利益的代表),基本具备了近现代政党的形态。第二帝国时期,主要是激进党(其前身是激进派,1901年正式成立,主要由坚持共和以及反对教权人士组成,是中小资产阶级、部分自由派知识分子和商人的代言人)与法国工人党。第四共和国时期,除了社会党、共产党、激进党,还建立了人民共和党(1944年建立)、法兰西人民联盟(1947年成立)、独立党(1949年建立)、国际共产主义组织(1952年建立)和无政府主义联合会(1952年建立)等。代表当代法国资产阶级的主要政党,多是在第五共和国时期建立的。1958年,保卫新共和国联盟成为法国第一大党。1976年实行改组后,更名为保卫共和联盟。20世纪60~80年代,又先后出现了民主社会党、统一社会党、独立共和党、马列主义共产党、左翼激进党、国民阵线、社会民主党、新势力党、团结自由党、绿党等政党组织。

当今法国,有40多个政党活跃在政治舞台上,其中最大的4个党为社会党、共产党、保卫共和联盟和法国民主联盟。

4. 德国政党的演变

19世纪六七十年代,是德国政党产生的开端。1861年普鲁士建立主张统一德国的进步党,1884年改称自由思想党,1910年同人民党合称进步人民党,1918年又同民族自由党合为德国民主党。1865年南部地区建立德国人民党;1869年成立德国社会民主工党;1870~1871年成立具有教派性质的中央党。"一战"后,又涌现出一批新的政党,如1918年成立的德意志人民党、德意志民族人民党和德国共产党;1919年成立的法西斯的德国国家社会主义工人党。"二战"后,德国东部地区,1945年成立基督教民主联盟和德国自由民主党,1946年成立德国统一社会党,1948年成立德国民主农民党和德国国家民主党;在西部地区,战后初期建立了150多个政党,主要有1946年成立的基督教社会联盟、1948年成立的自由民主党、1950年成立的基督教民主联盟。20世纪60年代后，德国国家民主党、德国共产党和德国共产党（马列）、左倾的德国共产党、德国共产主义联盟、绿党等相继成立。

德国统一后，东西地区政党进行重组与改组，仍有150多个政党活跃在德国政坛，其中较大的有左翼的社会民主党、德国共产党和德国民主社会主义党，右翼的基社盟—基民盟，中派的自由民主党。

5. 日本政党的演变

1854年，《日美亲善条约》打开了日本对外开放的大门。1868年明治维新后，日本资本主义迅速发展起来，西方自由民权思想在日本传播开来。日本最早建立的政党是自由党①和立宪改进党②，后经过分裂、重组后，分别改称宪政党和宪政本党。1900年，两党与帝国宪政会等合并成立的立宪政友会，是代表土地占有者、工商业和金融业资产阶级利益的政党。20世纪20年代，日本政党日益活跃，先后建立许多政党，如1922年成立的日本共产党、1927年成立的立宪民政党和1932年成立的社会大众党。1940年，日本政府实行"一国一党制"，建立法西斯政治组织，使不成型的政党政治遭到严重挫折。"二战"后，日本共产党得到恢复，原立宪政友会改为自由党，原立宪民政党改称民主党，社会党、进步党、国民协同党等活跃在政党舞台上，日本进入多党竞争的新时期。1950年后，日本政坛发生变化，代表资产阶级利益的自由党与民主党合并成为自由民主党（即自民党）并执掌国家政权；1960年成立了民社党；1964年成立了公明党。1993年自民党分化，建立了"新生党""日本新党""先驱新党"等。至此，日本政坛上活跃着几十个政党，但以自民党、社会党、公明

---

① 自由党的前身是1874年坂垣退助建立的"爱国社"，后改为"国会开设促进同盟"，并于1881年建立了自由党。

② 1882年，日本政府参议大隈重信等人成立"立宪改进党"，要求实行英国式的立宪君主制度。

党、民社党和共产党为主。

6. 中国政党的演变

在西方资产阶级政党及政党制度学说的影响下，19世纪90年代，"强学会""南学会""保国会"代表资产阶级上层利益的改良性质的政治团体成为中国政党组织的最初萌芽。1894年，孙中山在美国檀香山组建兴中会，是中国近代首个资产阶级革命团体。1905年，孙中山把兴中会、华兴会、光复会、科学补习所等组织联合起来，在日本东京秘密建立中国同盟会，成为中国历史上第一个资产阶级革命政党。同时，康有为等于20世纪初组建了形形色色的立宪派团体。1910年，康有为把"帝国宪政会"改称"帝国统一党"，并以政党的名义注册成为合法政党，谓中国政党之始。经过一定时期的发展，全国形成了30多个有一定力量的政党，其中，较大的有统一党、共和党、国民党和民主党。

辛亥革命后，同盟会历经几次改组，1919年10月中华革命党改组为"中国国民党"。1927年，蒋介石、汪精卫先后叛变革命，国民党蜕变为代表大地主、大资产阶级利益的政党。中国共产党成立于1921年7月，是代表最广大人民群众的无产阶级政党，是马克思列宁主义与中国工人运动相结合的产物，经过28年的艰苦奋斗，最终取得在中国的执政地位。总体上看，自20世纪20年代后，中国较有代表性的民主党派有20多个。新中国成立后，绝大多数民主派作为民主党派参加了新政协，成为新中国的参政党。

二、政党治理状态

马克思主义哲学认为，任何一种事物的存在皆有其存在的价值与空间。政党存在的价值在于在国家治理中发挥重要作用。总的来说，政党发挥作用主要体现为执政、参政、在野三种状态，也就是说政党治理能力主要通过这三种方式表达出来。

（一）执政

政党治理状态的第一种状态就是执政。执政党是指通过制度性选举或暴力革命而执掌一国政权的政党。执政党在一国的执政情况因执政的方式或范围而区分为全面执政、轮流执政、合作执政、部分执政。在我国，中国共产党是执政党，民主党派是参政党。中国共产党执政的实质是代表人民掌握国家政权，体现在以下三个方面。

首先，坚持党管一切。无论是国家政治生活，还是社会领域的治理，都确立了中国共产党不可动摇的执政地位。从历史发展看，中国共产党的执政地位是历史选择的结果。近代以来的中国，不是没有给其他政党提供机会，而是在机会面前他们没有能力或是丧失了主动承担发展中国的历史使命。从现实的需求看，中国共产党的执政地位是新时代中国发展的必然选择。从新民主主义革命到社会主义建设，再到改革开放，每个重要历史时期都是中国共产党带领中国人民作出重要的历史选择，走向正确的道路。新时代，在实现中华民族伟大复兴的中国梦的历史关头，只有坚持党的领导，才能实现这一伟大梦想。从国际形势看，随着世界各国的不断发展，资本主义国家不甘心也不愿意看到中国强大，他们企图扼制中国的迅猛发展。在国际舞台上，从政治到经济贸易，从外交到邻海邻陆的摩擦，不断给中国提出新问题，制造新麻烦。要应对世界强国对中国的制约，就必须在党的统一筹划下，打破现有状态，获取更大发展空间。

其次，培养高素质的执政干部队伍。马克思主义认为，要实现最终的无产阶级专政，就必然要依靠无产阶级，特别是无产阶级中的优秀成员。在我国，要实现中国共产党的长期执政，必须培养自己专门的执政干部队伍，将中国共产党的执政理念、路线方针政策在具体的执政过程中传播开来。党的路线确立之后，干部是关键。而在党的执政干部队伍建设上，又必须重视高中级领导干部的培养，特别是党内重要岗位上的高级干部，一定要以身作则，以上率下，做执政榜样与典范。

最后，提升中国共产党执政地位的微消化能力。此处所讲的微消化能力，是指针对某一微小事件发生后的处理与后续解决能力。社会发展的临界点总是在微小的事物之中进行转换。这就充分说明，党在执政过程中，无论面对何种问题、何种麻烦，都必须考虑政策实施之后的效果，且能及时消减或者化解政策实施所带来的不利效应。

（二）参政

政党治理的第二种状态是参政，专属于我国的参政党。参政党特指在中国共产党领导的多党合作和政治协商制度中，以参政议政为首要职能的各民主党派。它们既不是执政党，也不是在野党。

首先，参政党在中国共产党的领导下发挥作用。中国共产党对国家经济社会发展各方面的路线方针政策实行全面领导，各民主党派对国家政权没有主导性。民主党派与中国共产党是亲密友党，在中国共产党的领导下参与国家大政方针和国家领导人选的协商。中国共产党对参政党的领导主要体现在政治领导上。即在国家政治生活中，中国共产党居于领导地位，民主党派及其他各种力量都要服从中国共产党的领导，维护中国共产党的领导。中国共产党在民主党派的运行过程中，并不干涉其内部事务，只就国家发展和有利于促进中国共产党更好地领导国家事业等进行沟通。同时，参政党成员是中国特色社会主义事业的劳动者、建设者、爱国者。在我国，参政党所联系和代表的多是居于社会中上层者，他们以知识分子、工商业者、医药卫生代表、科技人才及台港澳同胞和海外华侨等特殊人群为主，具有精英型政党的特征。因而，他们在参政过程中，更易发现国家治理中存在的问题，找出解决问题的有效方法，为推进国家治理现代化提供有益的建议。

其次，参政党在中国共产党的领导下积极参政议政。在我国，参政党在参政内容上，针对政治、经济、文化、社会和生态领域的重要问题及人民群众普遍关心的问题，形成可供参照的可行性提案、建议，向中国共产党和国家机关提出。在参与方式上，参政党主要是通过座谈会、协商会，以书面或口头的方式就国家大事与重大问题表明态度、提出意见和建议。在参与机构上，参政党成员在人民代表大会、人民政协及政府相关部门担任职务、代表、委员、参事等。人民政协，是参政议政的主要平台。在参政效率上，参政党定期或不定期地通过政协会议或其他方式向各级政府提出提案，作为政府决策过程中的有益参考。

最后，参政党发挥着民主监督作用。政党之间互相监督，参政党发挥民主监督作用主要体现在参政党对中国共产党的监督上。在目的上，参政党对中国共产党的监督是为了提高中国共产党决策的科学性，是善意的、建设性的。在方式上，参政党对中国共产党的监督主要为批评、提意见的方式，是柔性的监督。在内容上，参政党的民主监督体现在中国特色社会主义建设的各个方面，主要体现在民生问题上。因而，参政党在社会主义协商民主建设、爱国统一战线、人民政协协商民主建设、人民政协民主监督工作中发挥着重要且积极的作用，必须围绕团结和民主两大主题，围绕中国共产党这个中心，服务国家发展大局，把坚持和发展中国特色社会主义视为共同努力的方向。

（三）在野

政党治理的第三种状态是在野。在野党是指政党政治国家内未执政的政党，和执政党是互斥的集合，通常也称反对党，包括实力型在野党和边缘型在野党。实力型在野党是指处于反对党位置，能够影响足够多的民众、有执政可能、在国际上有较大影响的政党。这样的在野党有过执政经历，如在英国、日本，一些具有较强实力的在野党就有可能会再次执政，他们能够对执政党的执政政策提出看法或是反对声音。边缘型在野党，是指在多党制国家中，虽然起到参与国家事务的作用，但是其影响力小、人数少、关注度低，起不到关键作用，在国家政党中处于边缘地带。

虽然在野党的情况存在不同的状态，但是在野党作为政党在参与国家治理时表现出的作用多是相通的。其一，在野党具有利益表达功能。在野党代表着特定阶层群体的利益诉求，反映一定的社会利益，并努力保护和实现这种利益诉求。① 其二，在野党发挥政治监督作用。在西方民主国家，在野党依法对执政党及政府的各项活动和政策进行监督批评，对政府人员的违法违纪行为通过各种渠道进行揭露，并依据宪法对议会等机构进行调查、质询、弹劾。其三，在野党还起到补充协助作用。一般情况下，最大在野党与执政党之间的力量不相上下，往往被赋予"影子内阁"的责任，随时可能上升为执政党，组织政府，实现政权更替。其四，在野党还具有政治稳定的职能。国家治理的状态就是要在稳定的前提下进行，在野党的有力监督会促使执政党不断改进政策和工作，促进政治秩序的良性发展。即使因在野党的反对导致执政党的垮台，也不会导致国家政治秩序的崩溃，只会使国家秩序朝着更好的方向发展。

三、政党治理能力与国家治理能力的关系

从哲学的角度看，政党状态与政党治理能力息息相关，不可分割。处于执政地位的政党，如果没有与之相适应的执政能力，其结果必将是失去执政机会。政党治理能力与国家治理能力之间又有着特定规律与内在逻辑。对于执政党来说，要使执政理念和政策及时推行，就要不断改进执政程序。

（一）政党治理能力是国家治理能力的核心

政党治理能力是国家治理能力的核心内容。在国家治理能力中，政党治理能力不仅能从治理理念、治理方式及治理效果等方面来决定

---

① 余科杰：《政党学概论》，世界知识出版社 2015 年版，第 412 页。

国家治理能力的状态，更能影响国家治理能力的方方面面。可以说，在国家治理能力中，政党治理能力处于领导地位。任何组织的治理必然要有核心与灵魂，也必然要有异于他人的独到之处。在中国大国治理的过程中，国家治理能力是由政党治理能力所影响与决定的。中国共产党只有不断提升自己的治理能力，国家治理能力才会得到不断提升，国家治理也才能朝着"善治"的目标迈进。这是因为，一方面，在我国，党是领导一切的。所有的政策、措施、方案，皆由中国共产党最终决定。另一方面，国家各项领域的具体执行者都来自中国共产党。上至中央，下到基层，每个政策执行过程都有共产党员发挥着核心与灵魂作用，带动千千万万的民众朝着中国梦的目标不懈努力奋进。

同时，世界上任何国家的繁荣与发展必须与其本国的制度相关联，也必须通过其关联性来带动。近代以来，政党政治成为各国发展的主要内容，政党治理程度决定了国家治理程度，政党治理能力决定了国家治理能力，甚至一国政党的现状、生态、能力的表现直接决定了国家的发展与未来。从西方政党国家的发展实践看，日本、印度、俄罗斯等国家政党的例子，证明了政党治理的重要性。

（二）执政党治理水平决定国家治理能力

政党治理现代化是国家治理现代化的先决条件，党的执政水平是国家治理整体效能的决定性因素。中国共产党从成立之初就作为现代性政党站在时代前列，引领中国发展。中国所进行的国家治理现代化就是在中国共产党的领导下实施的，是政党治理现代化在国家治理过程中的实践。因而，政党治理能力的提升不仅是政党自身治理的不断完善，更是国家治理的完善。

一方面，中国共产党是国家治理能力的坚强后盾。中国共产党的领导是中国特色社会主义最本质的特征。在实践上，中国共产党的执政地位，是在百年来为实现中华民族伟大复兴的历史实践中确立的。中国共产党带领人民取得新民主主义革命的胜利，实现民族独立和人民解放。新中国成立后,中国共产党带领中国人民进行社会主义建设、改革,朝着国家富强和人民富裕的目标不断迈进。党的十八大以来,中国共产党人站在对新时代正确判断的基础上,提出要建设更加富强民主文明和谐美丽的社会主义现代化强国。历史实践的发展表明,我国国家治理能力的根源来自中国共产党的治理能力,只有中国共产党立足于人民,根植于人民,我国国家治理能力才会源源不断,绵绵不绝。

另一方面,中国共产党治理能力体现在国家治理的各个环节和领域。中国共产党通过党的各级组织领导国家立法、行政、司法、监察等权力体系的整体运行以实现治国理政。党在国家权力架构中居于核心地位,在国家治理中总揽全局、协调各方。其一,党的组织内嵌于各种机构团体之中。在我国,党组织内嵌到国家机关、企事业单位、群团组织的治理结构之中,形成党委领导、党政分工的治理机制。中国共产党对各级各类组织实行政治领导、思想领导和组织领导。其二,党员遍布于国家各类组织与单位之中。中国共产党善于把优秀先进分子吸收到自己的队伍中来,这些在社会各阶层、各领域、各类单位的优秀成员成为党发挥领导作用的骨干力量,不但在干事创业的过程中始终走在前头,在政治风向的引领上也总能起到先锋模范作用。其三,中国共产党的领导作用贯穿建设中国特色社会主义事业全过程。在经济、政治、文化、社会与生态文明建设中,党总是起着总指挥、总协调的统筹作用。

第二节 中国共产党治理能力的优势和范畴

中国共产党作为马克思主义执政党,作为中国特色社会主义建设事业的领导核心,在发展过程中不断焕发蓬勃生机与活力,这与中国共产党的特点密不可分。

一、中国共产党治理能力的独特优势

中国共产党长期执政所取得的成就说明,中国共产党是负责任、有担当,能够实现国家和平发展的大党。从成立到夺取全国政权,再到领导中国人民进行社会主义建设、改革的历程,充分说明中国共产党具有强大的治理能力,这种治理能力不但可以将中国治理好,还可以为世界各国作出榜样,引领世界潮流。这主要源于以下三个方面的优势。

(一) 善于汇聚民意的政党制度

政党制度指的是一个国家通过政党进行政治活动的方式或状态。中国实行中国共产党领导的多党合作和政治协商制度,是由我国国情与历史发展所决定的。我国政党制度是获取民意、整合民意、表达民意的最终渠道。

首先,中国共产党对国家事务进行全面领导。中国共产党对国家实行包括政治领导、思想领导和组织领导等在内的领导。这种领导,一方面,体现在党对国家制度、路线、方针、政策的顶层设计与决策上;另一方面,体现在党对国家事务实行政治领导,经过法定程序将党的意志变为国家意志,通过党组织和党员带动广大人民群众,践行党的路线、方针、政策。

其次,各民主党派在中国共产党的领导下参与国家政权治理。在我国,中国共产党与民主党派"长期共存、互相监督、肝胆相照、荣辱与共"。充分发挥民主党派的作用,是发扬人民民主、在国家重大决策上广泛吸收社会各界的意见、防止执政党和国家政权发生腐败现象的重要途径。民主党派通过政治协商会议参与国家政权的治理。人民政协是政治组织,不是权力机关,需要通过建议、提案参与国家治理。人民政协是人民民主专政的重要制度支撑,必须以人民为中心履职尽责。人民政协是专门协商机构,也必须求真务实提高协商能力与水平。① 民主党派参加国家政权,参与国家大政方针和国家领导人选的协商,参与国家事务的管理,参与国家方针政策、法律法规的制定执行。中国共产党尊重各民主党派的民主权利,重视它们的参政议政作用,在中共中央和国家作出重大决策时,一般都要同各民主党派进行协商。

最后,中国共产党同各民主党派结成广泛的爱国统一战线。统一战线是中国共产党的制胜法宝。在党的发展历程中,统一战线运用得好、作用发挥得好,就能实现党与各阶级、各群体之间的联合,就能实现党所设定的预期目标。党的十八大以来,不断加强党的制度、法规、体系能力建设,确立中华民族伟大复兴的中国梦目标,朝着为人民创造美好生活的未来迈进。人民政协要以共同目标寻求最大公约数,以大团结大联合画出最大同心圆,以协商民主凝聚强大正能量,以改革创新激发工作新活力,努力把不同党派、不同民族、不同阶层、不同信仰的海内外中华儿女凝聚起来,形成致力于实现祖国统一和中华民族伟大复兴中国梦的最广泛的爱国统一战线。②

(二) 自我提升的持续净化能力

中国共产党治理能力实现的过程中,由于理想信念缺失、制度弱化与虚设、组织软弱无力、腐败等问题,遇到过挫折与困难。但是,历经数次重大的历史考验,中国共产党又义无反顾地与人民群众走在一起,更加强化了与人民群众的血肉联系。这是因为中国共产党具有自我革新的能力。自我革新,实质是否定之否定的过程。政党的发展与成熟是长期的历史过程,是在此过程中不断提升其执政水平与执政

---

① 汪洋:《在全国政协十三届一次会议闭幕会上的讲话》,《人民日报》2018年3月16日。
② 同上。

能力的。不断进行否定之否定的自我改进与完善是中国共产党治理能力的特点与优势。

党的自我革新体现在党的路线问题上。党的基本路线是党在一定的历史时期指导全局的总任务、总方针、总政策的集中概括。新民主主义革命时期，中共一大对反帝反封建的民主革命的重要性没有认清，中共二大没有分清新民主主义革命与旧民主主义革命的区别，中共三大在与国民党建立革命统一战线问题上没有提出争夺革命领导权的问题，中国四大对政权和武装斗争问题的重要性缺乏足够认识。在对这些错误认识的不断纠正下，党制定出了新民主主义革命时期的正确路线：无产阶级领导的，人民大众的，反对帝国主义、封建主义和官僚资本主义的革命。[①] 新中国成立后，党提出了过渡时期"一化三改"的总路线，促进了中国由新民主主义社会向社会主义社会过渡。之后，党的八大虽然提出了正确的路线，但是并没有得到真正的执行。1962年，由于受"左"倾思想的影响，党逐渐确立了"以阶级斗争为纲"的路线，给党和人民的事业造成极大损失。党的十一届三中全会后，党立足于新的实践，形成了在社会主义初级阶段建设有中国特色的社会主义的基本路线。党的十三大报告明确阐发了"一个中心、两个基本点"的基本路线，为中国特色社会主义事业的发展指明了方向。随着我国经济社会的发展，党对总路线的认识不断深化，"和谐""美丽"的社会主义强国在总路线中不断得到补充与体现。

党的自我革新体现在反腐倡廉行动上。改革开放初期，由于发展处于"摸着石头过河"阶段，出现了"唯经济中心"的发展思路，经济发展在取得巨大成就的同时，也带来了腐败问题，直接影响了党群、干群关系，威胁着党的执政地位。"腐败是社会毒瘤。如果任凭腐败问题愈演愈烈，最终必然亡党亡国。"[②] 为此，中国共产党与腐败

[①] 《毛泽东选集》(第4卷)，人民出版社1991年版，第1316—1317页。
[②] 中共中央纪律检查委员会、中共中央文献研究室编：《习近平关于党风廉政建设和反腐败斗争论述摘编》，中国方正出版社、中央文献出版社2015年版，第5页。

行为进行了坚决斗争。党的十八大以来，习近平总书记指出："以猛药去疴、重典治乱的决心，以刮骨疗毒、壮士断腕的勇气，坚决把党风廉政建设和反腐败斗争进行到底。"① 在多年的反腐败斗争中，党中央采取了一系列措施，取得了巨大成效，给违规、违纪、违法者以有效的震慑，取得了良好的社会效果，赢得了党心民心。

党的自我革新体现在党内制度的完善上。这是因为中国共产党的发展是随着世情、国情、党情的变化而发展的。在这个过程中，由于客观环境的变化，中国共产党必然要不断完善自身制度以适应外界需要。2013年6月28日，习近平总书记在全国组织工作会议上指出："党要管党，才能管好党；从严治党，才能治好党。"这是对中国共产党治理能力与治理规律的深刻认识与阐述，是在中国共产党治理能力体现的客观实践中得出的。中国共产党成立以来，对党的组织、党的中央领导、党的干部、普通党员进行了全方面的要求与具体的规定。特别是党的十八大以来，通过《中国共产党廉洁自律准则》《关于新形势下党内政治生活的若干准则》《中国共产党党内监督条例》，修订《中国共产党纪律处分条例》《党政领导干部选拔任用工作条例》《干部教育培训工作条例》《党委（党组）讨论决定干部任免事项守则》，印发《关于防止干部"带病提拔"的意见》《关于加强基层服务型党组织建设的意见》《中国共产党发展党员工作细则》《党政机关厉行节约反对浪费条例》等文件，细化和强化了党内政治生活，设定了党的高级干部的生活、工作、交友等纪律高线，为净化党的队伍、提升党的执政能力、强化党群关系开创了新局面。

（三）与时代同频共振的历史自觉

中国共产党作为执政党，其执政能力就是治理能力。这种能力还体现在带领中国人民实现中华民族伟大复兴的历史自觉上。

---

① 《习近平谈治国理政》，外文出版社2014年版，第394页。

一是对历史发展规律的把握。中国共产党由弱小到强大经历了一个长期的自我蜕变过程。1921年，中国共产党在上海成立时仅是全国诸多政党中的一员；1949年，缔造了中华人民共和国，使中国人民站立起来了；1978年，带领中国人民开启了改革开放的新篇章，使中国跃居为世界第二大经济体及军事大国；2012年，提出实现中华民族伟大复兴中国梦、打造人类命运共同体，不但实现了对中国人民的承诺，更将中国发展的成果造福于世界各国人民。但我们也应看到，这些成就是在历次失败的经验中获得的。1927年，大革命失败，中国共产党惨遭屠杀，使中国共产党人明白要走"中国人自己的路"；1935年，中央苏区被攻陷，被迫进行战略转移，使中国共产党人认识到要有"自己正确的坚强的领导核心"；1959年，苏联陆续撤走专家时，中国共产党人更加清醒地意识到"要想强大必须依靠自己"；1978年，实行改革开放，打破西方长久以来的经济封锁，使中国共产党人再次清醒地认识到发展才是硬道理，"要发展只能靠自己"；21世纪，世界格局改变，地区冲突不断，保护国民、撤侨护民中使中国人民认识到"唯有国家强大，个人才有尊严"。回顾历史，更能说明中国共产党在历史发展中，总是自觉地投入历史发展的潮流之中，与人民群众站在一起，坚守历史初心与理想，为救中国与发展中国而不懈努力。

二是推动历史发展的进程。历史发展的进程是由人民群众推动的，中国共产党具有引领人民群众的领导能力。这种能力在夺取政权时，表现在发动人民、团结人民、带动人民上，表现为管理国家、优化资源配置以实现国家的发展，从军事到经济再到文化，从基础设施建设到物质层面富裕再到精神层面满足，渐次实现着。在实现中华民族伟大复兴中国梦之时，就表现为"服务于民、取政于民"的治理能力，这种能力是一种真正地遵从于契约精神的重在"公民参与"及"获得感"的增强的能力。唯有如此，我们才能看到，这是一种历史自觉的主观能动性与尊重客观规律的有机结合，更凸显出马克思主义指导中国事业的正确性。

三是对历史发展过程的实践。历史是历史合力推动事件发展的画卷的延伸，中国近代的发展是与世界发展相融合的，这种融合在交流上体现在物质的交流、人员的流通、文化与思想的碰撞上。国与国的交流与融合并不都是一种你情我愿、一厢情愿的表达，多是"实力"的表征，随着力量的变化，强弱之间，高下立判。从中国共产党成立到中华人民共和国建立，再到社会主义现代化建设的完善及全面小康社会的建成，从学习模仿他国、四处求经到成为他国学习的对象，从没有话语权到新规则的制定者，从"取之于民、用之于民"到"用之于民、为之于民"，这不但是中国共产党自身强大肌体的成长见证，更是中国共产党在中国执政所取得成果的具体反映与直接体现。

四是对历史使命的担当。中国共产党的历史使命就是实现现代化。这对近代处于半殖民地半封建社会的中国来说，遥不可及，不可能一蹴而就，而要分步骤进行，先是实现国家独立和民族解放，再是实现国家富强、民族振兴和人民富裕，实现社会主义现代化和中华民族伟大复兴。现代化的标准与目标随着时代的发展而不断变化，这种变化是一种动态的平衡。"不忘初心，砥砺前行"是中国共产党的自我激励与奋斗宣言。从国家综合国力发展来看，军事上，由军事弱国到军事大国再到军事强国；经济上，由经济小国到第二大经济体；社会建设上，由大政府小社会到橄榄型社会的构建；文化发展上，注重文化建设，增强文化自信；生态上，注重打造生态共同体。每项政策的背后体现的不但是大国综合智力，更是大国综合实力。中国不再是一个四分五裂的旧邦，而是一个有着科学详尽的顶层设计与发展规划的新域。

二、中国共产党治理能力的层级范畴

中国共产党的治理能力具有层级性，在纵向上通过党的各级组织和各级党员干部的治理能力体现出来。各级组织和各级党员干部治理能力的要求是不同的，具有明显的层级性。

（一）中央层面：顶层设计力

中央层面治理在国家治理中占据着核心位置，因为中央治理水平直接影响着区域与基层治理水平。中央治理能力决定着区域与基层治理能力的水平，"上行下效"说的正是这个意思。

一要注重调查研究。科学的顶层设计必须是建立在充分的调查研究基础之上的。只有充分调研，得出科学的结论，才有发言权，才能为顶层设计打好基础。注重调查研究是党的优良传统，党的历届领导人都注重调查研究，将调查研究作为决策的根本立足点。从党的高层看，任何一项事关全局的政策的制定，都必须是基于充分的调查研究基础之上的。要立足于高位，高瞻远瞩，制定一份较完善的设计图案，没有充分的调查研究是不行的。

二要确立领导核心。"政在四方，要在中央。"顶层设计必须要有一个坚强的领导核心。从领导人角度来看，领导者特别是领袖人物的素养水平直接决定着整个中央机关的水平。从毛泽东到习近平总书记，他们都是卓越的国家领导人，对中央治理水平的提升起到至关重要的作用。以习近平总书记为例，从农村到县、市、省级层面的执政实践，从理工出身到文科博士的提升，成就了其丰富的治理经验与不同于常人的执政感悟。知识程度、经历阅历、个人胸怀、思维方式、善于取势等几个方面都说明习近平总书记具有这样的能力，他的能力也决定了中央治理的水平。

三要完成顶层设计。顶层设计在国家治理的指导思想上要体现前瞻性，价值理性上以德治为主，方案设计上更加体现顶层设计。制度设计尤其是涉及中长期规则、战略性目标的制度设计要注重前瞻性。从中央机构的治理水平看，国家面临大部制改革，简政放权不断精简，使政府做到不越位、不出位，真正为人民服务。从党的十八大以来所取得的成就看，这不但受到人民群众的支持，更为中央机构的工作人员减了负。任何一项制度的推行都必然涉及庞大的群体、资源，占用较大的空间。顶层设计不但是政党治理能力得以正常实现的基础与前提，更是政党治理能力体现的路径设计。改革开放的顶层设计、全面深化改革的顶层设计，都充分地反映了顶层设计的重要性。从国家治理现代化的进程来看，党的十八大以来提出的"两个一百年"奋斗目标，实现中华民族伟大复兴的中国梦正是基于这一特点而适时提出的发展规划。实现中华民族伟大复兴中国梦必须立足于中国的现实条件而不断推进。反之，如果在中央层面的顶层设计缺乏前瞻思维，国家治理必然会陷入"碎片化"的状况，更有可能陷入"人亡政息"的制度陷阱。

四要政策稳定与渐进调适。任何一项制度的推进，都是基于合理的制度要求，并从当时的社会问题出发，考虑其存在的社会条件。在推行的过程中必须坚持政策执行的有效性与时效性，兼顾政策终结时的效应。国家治理的各项内容具有时代感，政党治理能力也充满了时代感。这就说明政党治理能力所依存的各项制度都有其存在的时间与空间背景，负有时代使命。一项制度出台之后，并不是万世皆准、永不改变，而是要随所处时代治理的需要和客观的具体条件的变化而变化。那些认为一项"好"的制度变化就会造成"某种"影响的论调更应止语，因为这个所谓的"好"也是受客观条件限制的。

（二）区域层面：政策协调力

政策设计完成后，要想将政策落地，必须经过政策具体化的过程。我国政党组织的多层级特征，要求我们必须在总体的治理设计上体现渐进性。顶层设计完成后，必然要分化成若干具体化的目标、通过若干系列的"政策包"进行推进，而这个过程是一个中长期的过程，是一个政策分解与操作性分解的过程。在区域层面的政策就必须体现出渐进性的特点，从而保障政策的"落地"。这一方面是由政策推进的特点决定的，任何一项政策都必须通过具体的操作手段来完成,而不是在纸面上或是报告上完成;另一方面是由于政策时效及政策周期安排,如果不是渐进式的推进,在政策的操作层面必然会遇到"政策堵车"的现象,从而导致政策失败。

区域层面治理包含的内容较多,也是国家治理中最为复杂与烦琐的环节。从当前学术研究的范围看,对区域治理进行了不同层面的划分,如大都市治理、社区治理、县域治理等。区域治理主要存在四个方面的特点:一是区域治理异质化程度高。2021 年,我国城镇化率为 64.72%。人口的流动具有趋向性特点,具有较高知识文化水平、有干事创业追求的人不断地涌入城市,城市发展的异质化程度不断增高。二是区域治理群体文化水平高、法治意识强。区域人群的文化水平远远高于基层治理,人们之间的交往更遵从于规则。区域治理之中更侧重于采用法治,这是由区域中人群的特点所决定的。三是区域治理遵循渐进性原则。区域的特征决定了政策的推进过程是一个渐进式的由小到大的过程,既注重事物过程中的递进,又注重政策推行过程中的衔接。四是区域治理更注重程序。在社会发展过程中,政策的推行、法律的实施、制度的惩戒,都必须以看得见的方式来实现,且这种方式必须以遵守现行的制度安排为前提,如在司法过程中越过司法既定程序而采取非法方式推行政策,或以个人意志为转移而采取非法手段都是非法的。

(三)基层层面:具体实践力

"上面千条线,下面一根针。"基层治理是国家治理体系和治理能力现代化的重要组成部分,是社会和谐稳定的重要基础。中央及区域层面所有政策的落实都必须在基层的具体实践中体现。一项政策在经历了宣传、策划、铺垫等环节后,在实践环节上必然是立竿见影的。基层治理主要涉及社区、乡村、单位治理。基层治理的政策推进,往往是政策落地的"最后一公里"。

我国乡村治理现代化面临的最大问题是乡村人口素质问题。现阶段我国乡村人口受教育程度还比较低，乡村文盲、半文盲人口还占有较大比例。农村利益格局的调整、农村社会结构的深刻变动、农民思想观念的深刻变化，都给国家治理能力现代化提出了新的挑战。农村发展面临着经济衰退、空心化、社会管理主体严重缺位、苍蝇式腐败等问题的挑战。乡村治理的特点主要有：第一，以礼治为主。费孝通先生曾对我国乡村进行过详细考察，他所考察的情况在今天看来仍然适用。因为当下乡村的特征较之于费孝通先生所言并没有太大变化，人们生活遵从于礼，礼还是乡村人民最重要的规则与制度，婚丧葬及日常行为都有一定的礼仪与规定，人们生活中的重要节点是对这些礼的重复与演练。第二，注重政策执行性。政策的执行在中央治理中注重前瞻性、在区域治理中注重渐进性，而在基层的乡村治理中，则必须注重政策执行性。乡村治理是上面政策最为具体的落实，也是最能直接反映政策效果的试验田，任何一项政策在乡村区域都必须以看得见的形式真切地表现出来。第三，以血缘地缘关系为主。我国乡村居住的特点决定了农村地区治理是以血缘或地缘为主的，姓氏宗族在乡村治理中的作用不容忽视，必须有效利用，发挥其积极作用。第四，注重新乡贤作用的发挥。除了血缘关系，随着我国乡村地区开放程度的增大，很多村民走出农门又回归农门，成为农村中的杰出代表。他们通过自己的努力，实现了财富的积累，成为农村的经济精英，再与固守在乡村的知识精英结合成为新乡贤的代表，成为乡民效仿的对象，成为推动乡村治理现代化的一支重要力量。

社区是社会治理的基本单元。在社区治理上，随着社会利益结构和组织形式的变化、经济社会结构的加速转型，街道和社区（居委会）管理体制无论在机构设置、人员构成还是职能权限上都发生了变化。党的十八大以来，中央多次提出统筹城乡基础设施建设和社区建设，增强社区服务功能，实现政府治理和社会调节、居民自治良性互动的重大任务。《关于加强和完善城乡社区治理的意见》的出台为我国全面提升城乡社区治理的法治化、科学化、精细化和组织化提供了基本遵循。党的十九大报告明确提出，要"打造共建共治共享的社会治理格局"，同时强调加强社区治理体系建设，推动社会治理重心向基层下移，进一步指明社区治理是实现治理现代化的基本着力点。近年来，我国城市社区治理面临制度规范、权力结构、社区资源、社会组织、居民个体的"碎片化"困境，严重阻碍了城市社区建设和发展。与此同时，居民群众的参与意识逐渐加强，企业、社会组织也有着参与社区治理的强烈愿望，如何划分各个行动主体治理界限，并以协商、合作的方式承担治理责任，是当前城市社区治理亟待解决的问题。

基层治理还体现在单位治理上。在单位治理中，制度是管长远、管根本、管全局的，具有牵头抓总、标本兼治的重要作用。然而，从具体实践看，一些单位的制度建设不仅没有发挥应有作用，反而给单位治理带来了负面影响。领导者容易陷入一个思想误区：只要制定一个好的制度，一切问题就能够迎刃而解。很多时候制度成为一种形式，用"上墙"装点门面，用"成册"粉饰政绩。在单位治理中，政随人走、人亡政息成为一股风气，守正笃实拼不过喜新厌旧、久久为功远不及立竿见影。因此，要注重衔接，防止制度碎片化；注重监督，防止制度私有化；注重实效，防止制度程序化；注重把脉，防止制度万能化；注重约束，防止制度软弱化；注重公开，防止制度神秘化。

第三节　中国共产党治理能力的保障

中国共产党治理能力不但需要中国共产党保障内在能力，还要从外部加强中国共产党治理能力的有效运转，以使中国共产党治理能力在预设的轨道上实现。精神动力是中国共产党治理能力的力量源泉，执政本领是其内在能力的外化，而内外监督则对中国共产党治理能力的发挥起到保障作用。

一、激发党的精神动力

"志不立，天下无可成之事。"中国共产党之所以能够成为"始终走在时代前列、人民衷心拥护、勇于自我革命、经得起各种风浪考验、朝气蓬勃的马克思主义执政党"①，是因为它是以坚定的理想信念、宗旨和党性修养为根基的。有了坚定的理想信念、宗旨和党性修养，党才能永葆生机与活力，永远立于不败之地。

（一）理想信念

习近平总书记指出："对马克思主义的信仰，对社会主义和共产主义的信念，是共产党人的政治灵魂，是共产党人经受住任何考验的精神支柱。形象地说，理想信念就是共产党人精神上的'钙'，没有理想信念，理想信念不坚定，精神上就会'缺钙'，就会得'软骨病'。"② 因而，只有理想信念坚定的人，才能始终不渝、百折不挠，不怕风吹雨打，不怕千难万险，坚定不移地为实现既定目标而奋斗。

坚持共产主义理想不动摇。共产主义不单是理想、结果，更是运动过程。"95年来，共产主义远大理想激励了一代又一代共产党人英勇奋斗，成千上万的烈士为了这个理想献出了宝贵生命。'砍头不要紧，只要主义真'，'敌人只能砍下我们的头颅，决不能动摇我们的信仰'，这些视死如归、大义凛然的誓言生动表达了共产党人对远大理想的坚贞。理想之光不灭，信念之光不灭。"③ 共产主义理想是中国共产党人的最高理想，它是人类历史上最美好、最科学、最崇高的理想。中国共产党将共产主义理想作为自己的最高理想和最终奋斗目标

---

① 习近平：《决胜全面建成小康社会 夺取新时代中国特色社会主义伟大胜利——在中国共产党第十九次全国代表大会上的报告》，人民出版社2017年版，第62页。
② 《习近平谈治国理政》，外文出版社2014年版，第15页。
③ 习近平：《在庆祝中国共产党成立95周年大会上的讲话》，《人民日报》2016年7月2日。

是由中国共产党的品质、能力、行动的先进性所决定的。只有坚定共产主义理想，才能始终指引我们在干事创业的过程中前行，才能克服中国特色社会主义事业建设过程中的各种困难，不断取得新胜利，铸就新辉煌。

坚持中国特色社会主义共同理想不动摇。中国特色社会主义共同理想就是坚定对中国共产党的信任，坚定走中国特色社会主义道路，坚定实现中华民族的伟大复兴。它是综合性的社会理想，既有个人理想，也有社会理想，更有国家理想。它也是阶段性的理想，是对共产主义远大理想在中国现阶段实践的现实阐释，是更具体更现实的理想。新时代，我国仍处于社会主义初级阶段，发展过程中还存在着诸多"不充分不平衡"的问题，实现"人民对美好生活的向往"还有很长的路要走。摆在全国人民面前的任务，就是加快中国特色社会主义事业建设，早日实现中国特色社会主义共同理想，建成"富强民主文明和谐美丽"的社会主义现代化强国。

坚持人的自由而全面发展的基石不动摇。《共产党宣言》说："每个人的自由发展是一切人的自由发展的条件。"① 中国共产党人实现自身自由而充分的发展，必须建立在一定的基础之上。正如马克思所说："人以一种全面的方式，就是说，作为一个完整的人，占有自己的全面的本质"②，全面发展的个人应当是"用那种把不同社会职能当做互相交替的活动方式的全面发展的个人，来代替只是承担一种社会局部职能的局部个人"③。而有着崇高远大理想的中国共产党人在实现共产主义目标的过程中，虽然受制于当时的条件，但仍然需要努力使自身朝着"自由而全面"的方向发展。这里的"自由而全面"，应当是每个人都有实现"自由而全面"的条件。但是在具体的选择之中，每个人又都只能选择某些方面，也就是，选择自己的生产、生活、交

---

① 《马克思恩格斯选集》（第 4 卷），人民出版社 2012 年版，第 647 页。
② 《马克思恩格斯文集》（第 1 卷），人民出版社 2009 年版，第 189 页。
③ 《马克思恩格斯选集》（第 3 卷），人民出版社 2012 年版，第 683 页。

往方式。因而,"人的自由而全面的发展"就成为理想信念最基础的基石,也成为个体特别是异于普通个体的中国共产党人必须具有的基本条件。

(二) 宗旨意识

中国共产党的宗旨是全心全意为人民服务,强调的是为最广大人民群众的根本利益服务而不是为少数人服务,体现了党的价值取向和执政理念。

党的宗旨意识是中国共产党治理能力的力量之源。"始终坚持全心全意为人民服务的根本宗旨,是我们党始终得到人民拥护和爱戴的根本原因,对于充分发挥党密切联系群众的优势至关重要。"① "群众路线""为人民服务""以人民为中心"的思想是党的宗旨意识的体现,也是党获取力量的方法。"密切党群、干群关系,保持同人民群众的血肉联系,始终是我们党立于不败之地的根基。"② 党的最大危害就是脱离群众、远离群众,说到底,就是淡化了党的宗旨意识。"一个政党,一个政权,其前途命运最终取决于人心向背……如果脱离群众、失去人民拥护和支持,最终也会走向失败。"③ 中国共产党治理的政治基础源于人民群众的信任与支持。无论中国共产党理想多高、梦想多远、道路多曲折,只要有最广大人民群众的支持,任何难事、任何挫折都不会阻止中国共产党成就历史伟业。因而,无论何时何地,都必须时刻强化党的宗旨意识、践行党的群众路线、时刻与人民群众在一起。

(三) 党性修养

党性是政党固有的本性,是阶级性最高、最集中的体现,具有鲜明的时代特征。党性修养是党员的自我教育、自我改造、自我完善,

---

① 《十七大以来重要文献选编》(下),中央文献出版社 2013 年版,第 1025 页。
② 《习近平谈治国理政》,外文出版社 2014 年版,第 15 页。
③ 《十八大以来重要文献选编》(中),中央文献出版社 2016 年版,第 75 页。

是对共产党本质属性的内化。它主要包含党员的理论、政治、思想道德、文化、组织纪律修养。

党性修养内在的体现在中国共产党治理能力上，主要包括两个方面：一方面，中国共产党的各项方针、政策、举措的推行与落实都必须由具体的党员来推动。在此过程中，党对国家政治生活的全面领导需要方方面面的人才，也对党员干部提出了较高要求。如果党员党性修养不过关、不合格、不达标，就有可能让党的各项方针政策举措在落实过程中大打折扣，甚至走样变形。另一方面，党性修养的高低影响着党的工作执行效果。党的各项事业并不仅仅是通过文本方式或是格式化方式就能够落实好，要想达到预期的目标，还必须注重过程中的"情感因素"，也就是要懂得如何做好党的工作，拉进与人民群众的关系，使人民群众能够有获得感。"要面对面、心贴心、实打实做好群众工作，把人民群众安危冷暖放在心上，雪中送炭，纾难解困，扎扎实实解决好群众最关心最直接最现实的利益问题、最困难最忧虑最急迫的实际问题。"① 就是要党员干部在具体的工作中不但把工作落实好，还要拉进与人民群众的距离，增进与人民群众的友谊，把人民群众当自己的亲人。

二、强化党的执政本领

中国共产党治理能力主要体现在各种执政本领上。党的十九大指出："我们党既要政治过硬，也要本领高强。"② 政治过硬，就是无论在何种情况下，都必须坚持党的政治路线方针政策，始终围绕党的宗旨、奋斗目标前行；本领高强，就是党在治国理政中始终做到掌控全局，驾驭风险，把握时代脉搏，与时代同呼吸共命运。增强党的执政

---

① 习近平：《在庆祝"五一"国际劳动节暨表彰全国劳动模范和先进工作者大会上的讲话》，《人民日报》2015 年 4 月 29 日。
② 习近平：《决胜全面建成小康社会 夺取新时代中国特色社会主义伟大胜利——在中国共产党第十九次全国代表大会上的报告》，人民出版社 2017 年版，第 68 页。

本领，必须从增强"学习、政治领导、改革创新、科学发展、依法执政、群体工作、狠抓落实、驾驭风险、斗争"九个方面本领上下真功夫、下苦功夫。

（一）学习本领

"治天下者先治己，治己者先治心。"要全面提升党的治理能力，必须练就超强学习本领。党的十九大报告指出："要增强学习本领，在全党营造善于学习、勇于实践的浓厚氛围，建设马克思主义学习型政党，推动建设学习大国。"① 增强学习本领，是党治理能力的基础与前提，唯有学习，才能走向未来。

增强学习本领是党走向未来的制胜法宝。中国共产党之所以能够走向胜利，从建立之初仅有50多名党员的小党发展成为拥有9500多万党员的大党，是因为党善于学习，善于在学习中把握人类历史的发展规律，不断增强自身本领。自成立以来，中国共产党总能与时代的发展需求相一致，总能在具体的干事创业过程中使其领导与决策体现时代性、把握规律性、富于创造性，避免陷入少知而迷、不知而盲、无知而乱的困境，不断克服本领不足、本领恐慌、本领落后的问题。新时代下，中国共产党人在新的时代课题下，要想实现中华民族伟大复兴的中国梦，还须继续把学习这个制胜法宝用好、用活。

增强学习本领必须善于学习。中国共产党的学习本领是在历史与实践的发展过程中不断增强的。中国共产党的诞生，就是中国先进分子学习马克思主义的结果。中国共产党发展、壮大、成熟的过程，也是学习并不断运用马克思主义理论解决中国实际问题的过程。中华人民共和国成立后，在社会主义革命和建设时期、改革开放和社会主义现代化建设新时期、中国特色社会主义新时代的各个历史时期，党始

---

① 习近平：《决胜全面建成小康社会　夺取新时代中国特色社会主义伟大胜利——在中国共产党第十九次全国代表大会上的报告》，人民出版社2017年版，第68页。

终把学习放在重要位置。党的十六届四中全会通过的《中共中央关于加强党的执政能力建设的决定》明确提出了建设学习型政党的要求。党的十八大提出了建设学习型、服务型、创新型马克思主义执政党的重大任务。把学习放在第一位，是因为学习是前提，学习好才能服务好，学习好才有可能进行创新。因此，全党同志一定要善于学习，善于重新学习。①

增强学习本领必须注重学习的系统性、全面性、灵活性。系统性是指既要抓住学习重点，也要注意拓展学习领域；既要向书本学习，也要向实践学习；既要向人民群众学习，也要向专家学者学习；既要向国内有益经验学习，也要向国外有益经验学习。全面性是指学习的知识与范围要全面。首先要认真学习马克思主义理论，特别是习近平新时代中国特色社会主义思想，这是我们做好一切工作的看家本领，也是领导干部必须普遍掌握的工作制胜的看家本领；其次要学习党的路线方针政策和国家法律法规，这是领导干部开展工作要做的基本准备，也是重要的政治素养；最后要学习经济、政治、历史、文化、社会、科技、军事、外交等方面的知识，要结合工作需要来学习，不断提高自己的知识化、专业化水平。灵活性是指要学以致用。学习的目的在于运用所学的知识增强工作本领、提高解决实际问题的水平。"纸上谈兵""虚谈废务"是要引以为戒的。因而只有依靠学习才能面向未来、走向未来、引领未来，我们的国家要进步、我们的党要进步、我们的事业要进步，我们的党员就必须进步，就必须学习、学习、再学习，实践、实践、再实践。②

（二）政治领导本领

党的十九大指出："增强政治领导本领，坚持战略思维、创新思

---

① 《习近平谈治国理政》，外文出版社2014年版，第401页。
② 马彦涛：《全面从严治党要做到"六个必须"》，《党政论坛》2016年第12期。

维、辩证思维、法治思维、底线思维，科学制定和坚决执行党的路线方针政策，把党总揽全局、协调各方落到实处。"① 说到底，政治领导本领的核心在于将人民群众团结在党的旗帜下。政治领导本领不但高超还要强大，只有这样才能始终引领政治前进方向。

增强政治领导本领，必须树立哲学思维。党的政治领导本领体现在中国共产党领导国家事务的方方面面上，它是系统的、全面的、发展的。坚持战略思维，就是要善于站在战略制高点上掌控形势、分析问题、谋划未来、掌握全局、掌握主动权。坚持创新思维，就是要善于打破定势思维、走出路径依赖、冲破思想束缚，在解决问题中创新工作方法。坚持辩证思维，就是要运用马克思主义哲学基本原理认识、分析、解决问题，坚持具体问题具体分析，辩证思考，从容应对。坚持法治思维，就是要善于在干事创业的过程中用法治方式、法治手段、法治理念深化改革、推动发展、化解矛盾、维护权威。坚持底线思维，就是要做到无论何时何地何人，都不能触犯纪律高线、法律红线、道德底线，要清清白白做人、干干净净做事、本本分分创业。

增强政治领导本领，必须始终维护党的核心地位。"党政军民学，东西南北中，党是领导一切的。"② 新时代，党必须站在全局高度把握发展方向、制定发展战略、统筹各方力量、协调各方利益、理顺各种重大关系，形成全国一盘棋。各级领导班子和领导干部一定要按照中央要求，不断加强对党规党纪的学习、理解、领会与落实，要有"钉钉子"的精神、"功成不必在我"的精神，增强"四个意识"，维护党的领导核心，树立正确政绩观，求真务实，真抓实干，勇于担当，真正做到对历史和人民负责。

增强政治领导本领，必须科学决策部署。决策部署能力决定了国

---

① 习近平：《决胜全面建成小康社会　夺取新时代中国特色社会主义伟大胜利——在中国共产党第十九次全国代表大会上的报告》，人民出版社2017年版，第68页。
② 同上书，第20页。

家人力、财力、物力资源的消耗状况、运转状态。中国共产党作为中国特色社会主义事业的领导核心,更要在决策部署上抢占先机,主要体现在三个方面。一是临机决断能力。在突发公共事件、自然灾害、思潮争论等重大事件面前,需要保持坚定的政治定力,立足于中华民族、中国人民、中国共产党的根本利益,第一时间作出决断以保护人民群众的生命与财产安全、维护党和国家的利益、发挥共产党员在群众中的先锋模范作用。二是有效决策的能力。正确决策是各项工作成功的重要前提。决策正确与否,直接关系到国家、地区、部门、单位的发展方向和前途命运。在有效决策时,必须排除私利驱动、关系至上、方法不当与情感失控的因素,树立正确的价值观、利益观、政绩观,坚持科学方法的指导,不断加强专业知识学习,善于借助新型智库、专家学者等力量,作出科学合理的决断。三是合理配置资源能力。资源配置的合理与否决定了资源功效发挥的状况。领导干部手中的权力、人力、财力、物力资源的配置情况决定了资源功效的发挥情况,也反映了领导能力的水平、层次。①

增强政治领导本领,必须言文互符。政治领导本领是自上而下,一以贯之的。如果缺乏执行意识,朝令夕改,"有令不行、有禁不止""上有政策、下有对策""说一套做一套""讲价钱、打折扣、搞变通",是不可能提高政治领导本领的,更不可能做到对党忠诚。言文互符,就是要党成为"一诺千金,说到做到,不打折扣、不搞变通、不要花样,做到言必行,行必果"的政党,做到事事时时处处为了党的理想、宗旨、目标而努力奋斗。唯有如此,才能在干事创业的过程中夯实党的发展基础,才能不负人民重托。

(三)改革创新本领

改革创新是事业发展的动力源泉。党的十九大报告指出:"增强

---

① 马彦涛:《党员干部不可或缺的六大治理能力》,《人民论坛》2017年第19期。

改革创新本领,保持锐意进取的精神风貌,善于结合实际创造性推动工作,善于运用互联网技术和信息化手段开展工作。"①

改革创新是中华民族源远流长的精神财富,是时代精神的核心,是一个国家和地区发展进步的不竭动力。当前,我国处于全面深化改革的关键时期,各种利益主体的新的价值诉求不断涌现,这需要领导干部具有敏锐的政治嗅觉并及时捕捉改革先机,不失时机地促成新的发展。一是要具备改革创新意识。领导干部的风格各不相同,具有开拓进取精神的领导干部要善于打破定式思维,破除定向思路,以更宽广的眼界、思路、胸襟来谋创新,以昂扬向上、锐意进取的心态奋力争先。二是要注重改革创新团队的培养。领导干部的力量、智慧、精力是有限的,我们党的事业需要社会多元主体共同参与治理来完成。要时刻注重改革创新团队的培养、注重改革创新领军人物的塑造、注重改革创新思路的推广、注重改革创新经验的分享,把更多的人吸引到改革创新这个阵地中来。②

增强改革创新本领,要坚持以人民为中心。推进改革创新,必须坚持以人民为中心的价值取向,把人民对美好生活的向往作为奋斗目标,把人民拥护不拥护、赞成不赞成、高兴不高兴、答应不答应作为制定方针政策和作出决断的出发点和归宿,③ 让改革发展成果更多更公平地惠及全体人民。要在人民群众最关心最直接最现实的利益问题上做文章、下功夫,着力破解民生难题,补齐民生短板,多谋民生之利、多解民生之忧。切实解决群众关心的具体问题,不断促进社会公平正义,使人民群众的各种合理需求不断得到满足,使人民的获得感、幸福感、安全感更加充实、更有保障、更可持续。

---

① 习近平:《决胜全面建成小康社会 夺取新时代中国特色社会主义伟大胜利——在中国共产党第十九次全国代表大会上的报告》,人民出版社 2017 年版,第 68 页。
② 马彦涛:《党员干部不可或缺的六大治理能力》,《人民论坛》2017 年第 19 期。
③ 习近平:《在纪念邓小平同志诞辰 110 周年座谈会上的讲话》,人民出版社 2014 年版,第 12 页。

增强改革创新本领，要永葆锐意进取的精神风貌。干事创业，没有良好的"精神风貌"，终将无所作为、一事无成。始终保持锐意进取的精神风貌，才能做到解放思想、与时俱进，做到登高望远、居安思危，自觉地投身到改革创新的时代潮流之中，坚决破除阻碍发展的一切障碍。

增强改革创新本领，要善于结合实际创造性地开展工作。改革创新就要坚持结合各自的实际情况"创造性"地推进，各显神通，作出实绩。要紧密结合地方、部门、行业、岗位实际，在干中学、在学中干，切实把学习的成果转化为推进改革发展的强大动力。要坚持问题导向，紧密联系改革发展中的重大理论与现实问题、干部群众关心的热点难点问题进行深入学习思考。

增强改革创新本领，要善于运用互联网技术和信息化手段。信息社会使我们的生产、生活、交往方式发生了变化，网络技术在社会治理中扮演着日益重要的角色。"群众在哪儿，我们的领导干部就要到哪儿去。"① 面对时代发展的新变化、新要求，要增强改革创新本领，党员干部就必须学网、懂网、用网，强化互联网思维，提升网络治理能力，推进政府决策科学化、社会治理精准化、公共服务高效化，用信息化手段更好感知社会态势、畅通沟通渠道、辅助决策施政。

（四）科学发展本领

发展是解决我国一切问题的关键。党的十九大报告指出："增强科学发展本领，善于贯彻新发展理念，不断开创发展新局面。"② 就是要将五大发展理念贯穿到中国特色社会主义事业发展的全过程。

增强科学发展本领，要贯彻新发展理念。党的十八届五中全会提出："必须牢固树立并切实贯彻创新、协调、绿色、开放、共享的发

---

① 习近平：《在网络安全和信息化工作座谈会上的讲话》，《人民日报》2016年4月26日。
② 习近平：《决胜全面建成小康社会　夺取新时代中国特色社会主义伟大胜利——在中国共产党第十九次全国代表大会上的报告》，人民出版社2017年版，第68页。

展理念。"① 在新发展理念的指引下，我国的发展更具动力。新发展理念是针对中国特色社会主义进入新时代、经济发展进入新常态提出的治本之策，集中体现了新形势下我国的发展思路、发展方向，为我们破解发展难题、增强发展动力、厚植发展优势提供了战略指引。

增强科学发展本领，要熟练运用统筹兼顾的工作方法。无论是推动发展方式转变、保障和改善民生，还是调整利益分配格局、化解社会矛盾和问题，发展中的难题无不牵涉到局部和整体利益、当前和长远利益、个人和集体利益的整合与协调。领导干部只有运用统筹兼顾这个根本方法，才能理顺各种利益关系，避免顾此失彼、挂一漏万。发展要有重点，抓主要矛盾，抓关键事物，不断促进中国特色社会主义事业的新飞跃。

增强科学发展本领，要主动探索创新发展新路径。"发展起来以后的问题"，很难在已有文献中找到现成答案，也不可能照搬他国经验而一劳永逸地解决，需要在探索和实践中创新发展理念、优化发展路径、破解发展难题。科学发展本领，归根结底是用新的发展理念实现更好更快发展，最终体现为破解发展难题的能力和本领，在上情与下情、宏观与微观、内部与外部等多重约束条件下，探索最优发展路径。

（五）依法执政本领

"立善法于天下，则天下治；立善法于一国，则一国治。"党的十九大指出："增强依法执政本领，加快形成覆盖党的领导和党的建设各方面的党内法规制度体系，加强和改善对国家政权机关的领导。"② 增强依法执政本领，既是现代化进程中的自我完善、自我超越，也是时代要求、使命所在。

---

① 《十八大以来重要文献选编》（中），中央文献出版社2016年版，第792页。
② 习近平：《决胜全面建成小康社会 夺取新时代中国特色社会主义伟大胜利——在中国共产党第十九次全国代表大会上的报告》，人民出版社2017年版，第68—69页。

增强依法执政本领，重在制度治党。"法令既行，纪律自正，则无不治之国，无不化之民。"办好中国的事情，关键是党要管党、从严治党。党的各级领导干部要自觉将自己的一言一行纳入法律和党规党纪的约束之中。习近平总书记在党的十九大报告中再次告诫我们，人民群众最痛恨腐败现象，腐败是我们党面临的最大威胁。①"没有监督的权力必然导致腐败，这是一条铁律。"② 制度治党就是要用制度管党治党，扎牢制度的笼子。要坚持依法治国与依规治党相结合，针对存在的突出问题，查漏补缺，建章立制，完善党规党纪，推进长效机制建设。严格执行党内各项制度规定，决不能有令不行、有禁不止，决不能走形式、搞变通。"保证和支持人民当家作主不是一句口号、不是一句空话，必须落实到国家政治生活和社会生活之中，保证人民依法有效行使管理国家事务、管理经济和文化事业、管理社会事务的权力。"③

增强依法执政本领，要坚守法治底线。只有法治，才能为党和国家事业发展提供根本性、全局性、长期性的制度保障。各级领导干部要把党纪国法内化于心、外化于行，带头尊法学法守法用法，自觉筑牢拒腐防变的堤坝。要知敬畏、存戒惧、守底线，习惯在受监督和约束的环境中工作生活。防止权力滥用的最好方法就是把权力关进制度的笼子里，严以用权、依法用权。各级领导干部既要自己当好"关键少数"，又要切实履行好从严治党主体责任。只有层层传导压力、压实责任，才能形成风清气正的良好政治生态。同时，还必须强化示范能力，"子帅以正，孰敢不正"，党的意志贯彻的要点在于以上率下。如果不能起到模范带头榜样示范作用，再严密的法律也等同于废纸一张，绝不允许存在法外之地、法外之人。

---

① 习近平：《决胜全面建成小康社会　夺取新时代中国特色社会主义伟大胜利——在中国共产党第十九次全国代表大会上的报告》，人民出版社2017年版，第66—67页。
② 《习近平谈治国理政》，外文出版社2014年版，第418页。
③ 《十八大以来重要文献选编》（中），中央文献出版社2016年版，第72页。

（六）群众工作本领

群众的支持与拥护是党干事创业的政治基础。党的十九大报告指出："增强群众工作本领，创新群众工作体制机制和方式方法，推动工会、共青团、妇联等群团组织增强政治性、先进性、群众性，发挥联系群众的桥梁纽带作用，组织动员广大人民群众坚定不移跟党走。"①

一是提高树立自身权威的能力。党员干部的素质与水平对开展工作、树立威信有较大影响。党员干部要在群众中树立威信，成为人民群众的主心骨，必须在思想、品德、能力上不断拓展，丰富学习。在创造业绩方面，狠下功夫，多行修炼，增强个人魅力，适应新形势下群众工作的要求。自觉加强党性修养，以优秀的品德修养、过硬的工作作风、良好的公仆形象来感召和带动广大干部群众。要加强自我改造，切实维护团结，带头执行民主集中制，既充分发挥领导核心作用，又广泛集中群众智慧，形成精诚团结、合力干事的工作氛围。

二是提高群众动态预判能力。"不谋万世者，不足谋一时；不谋全局者，不足谋一域。"党员干部必须以宽广的视野观察形势，科学把握发展趋势，善于在普遍联系中总揽大局。从政治上、政策上、战略上认识和思考重大问题，掌握群众工作的内在规律，从纷繁变幻的现象中看透本质。对涉及群众切身利益的问题要及时找到解决方案，为群众排忧解难。

三要提高群众沟通交流能力。在工作中既要贯彻落实上级的相关政策，又要保证群众的利益不受损失，关键在于党员干部要具备较强的群众工作沟通交流能力。"对下"，党员干部要畅通民意渠道，通过

---

① 习近平：《决胜全面建成小康社会　夺取新时代中国特色社会主义伟大胜利——在中国共产党第十九次全国代表大会上的报告》，人民出版社2017年版，第69页。

各种有效途径，如采取群众评议干部、问卷调查、个别走访、个别谈话等方式，保证群众有说话的地方。将集中反映的问题认真解决，不能解决的要做好解释工作。"对上"，党员干部要具备一定的胆略和勇气，具备提建议的技巧、方法，将基层的情况、群众的想法及时向上级反映，为领导做好参谋，使上级在制定政策时更切合实际，避免群众不理解、不拥护、不支持，避免发生严重损害党群干群关系的现象。

（七）狠抓落实本领

党的十九大报告指出："增强狠抓落实本领，坚持说实话、谋实事、出实招、求实效，把雷厉风行和久久为功有机结合起来，勇于攻坚克难，以钉钉子精神做实做细做好各项工作。"[1] 这是站在新时代推进中国特色社会主义伟大事业高度，对提高党的执政能力和领导水平提出的新要求。

要有"狠抓落实"的本领，重在四个方面。一要做到"四实"。坚持说实话、谋实事、出实招、求实效。这里的"四实"很好理解，但真正做到又不易。二要把雷厉风行和久久为功有机结合起来。"狠抓落实"，要"雷厉风行"，遇事拖拖沓沓不行。但光有"雷厉风行"也不行，还要特别强调"久久为功"。三要勇于攻坚克难。世界上的事情，不可能一点"坚"与"难"没有。我们共产党人生活、工作的基本内容就是直面困难、分析困难，与各种各样的困难作斗争，最终克服困难，取得胜利。四要以钉钉子精神做实做细做好各项工作。这里有两个要点：一要集中力量来做，而不是东一榔头西一棒子，不是十个手指头按十只跳蚤——一个也按不住；二要坚持不懈地往深里扎，总能够把钉子钉牢的。

---

[1] 习近平：《决胜全面建成小康社会　夺取新时代中国特色社会主义伟大胜利——在中国共产党第十九次全国代表大会上的报告》，人民出版社 2017 年版，第 69 页。

(八) 驾驭风险本领

党的十九大报告指出，党要"增强驾驭风险本领，健全各方面风险防控机制，善于处理各种复杂矛盾，勇于战胜前进道路上的各种艰难险阻，牢牢把握工作主动权"①。

增强驾驭风险本领是对历史经验的总结。中国历史上，因安于现状、安于享乐而改朝换代的教训并不鲜见。若抱着得过且过的"鸵鸟"心态，对党的事业应付了事，对即将降临的危险浑然不觉，最终给党和人民的事业带来危害。德国社会学家贝克曾郑重告诫：中国已经进入了一个"风险社会"。我国在前进道路上面临着不少风险与挑战，发展不平衡不充分的突出问题尚未解决，民生领域还有不少短板、社会矛盾和问题交织叠加、意识形态领域斗争依然复杂、党的建设方面还存在不少薄弱环节，等等，哪一项都不可掉以轻心。"生于忧患，死于安乐。"唯牢记忧患意识，自觉肩负共产党人忧党、忧国、忧民的责任担当，居安思危、知危图安，方可"见之于未萌、识之于未发"。

增强驾驭风险的本领，必须强化领导干部的责任担当。"全党要清醒认识到，我们党面临的执政环境是复杂的，影响党的先进性、弱化党的纯洁性的因素也是复杂的，党内存在的思想不纯、组织不纯、作风不纯等突出问题尚未得到根本解决。"②党员干部唯有自觉增强忧患意识，始终保持清醒头脑，健全风险防控机制，切实增强本领，在不期而至的各种风险与挑战面前才会临危不乱。我们越是接近实现中华民族伟大复兴的目标，越是走近世界舞台中央，就越要增强忧患意识，居安思危、知危图安。面对各类风险，要直面问题，敢于较真碰硬担责。要有"乱云飞渡仍从容"的战略定力和"不到长城非好汉"

---

① 习近平：《决胜全面建成小康社会 夺取新时代中国特色社会主义伟大胜利——在中国共产党第十九次全国代表大会上的报告》，人民出版社 2017 年版，第 69 页。

② 同上书，第 61 页。

的进取精神,才能把掣肘经济社会发展的"硬骨头"啃掉,把阻碍振兴步伐的"暗礁"搬开。

(九) 斗争本领

习近平总书记指出:"敢于斗争、敢于胜利,是党和人民不可战胜的强大精神力量。"① 只有不断增强斗争本领,才能克服第二个百年奋斗目标中的各种艰难险阻,取得更大胜利。

增强斗争本领是党百年来历史经验的内在要求。党和人民取得的一切成就,不是天上掉下来的,不是别人恩赐的,而是通过不断斗争取得的。中国共产党百年的奋斗历史,就是一部"在斗争中诞生、在斗争中发展、在斗争中壮大"的恢宏斗争实践史。党在内忧外患中诞生、在历经磨难中成长、在攻坚克难中壮大,为了人民、国家、民族,为了理想信念,无论敌人如何强大、道路如何艰险、挑战如何严峻,党总是绝不畏惧、绝不退缩,不怕牺牲、百折不挠。只要我们把握新的伟大斗争的历史特点,抓住和用好历史机遇,下好先手棋、打好主动仗,发扬斗争精神,增强斗争本领,凝聚起全党全国人民的意志和力量,就一定能够战胜一切可以预见和难以预见的风险挑战。②

增强斗争本领必须围绕斗争的基本内涵展开。一要明确斗争的主体。中国共产党作为执政党是斗争的主体。新发展阶段,中国共产党的斗争本领是否高强,不仅决定着中国共产党的执政水平,也决定着中国特色社会主义事业的发展程度,决定着中华民族的兴衰。全党同志都要有斗争本领不足的危机感,努力提高斗争本领,做到守土有责、守土尽责,召之即来、来之能战、战之必胜。二要明确斗争的方向。共产党人的斗争是有方向的,大方向就是坚持中国共产党领导和

---

① 《中共中央关于党的百年奋斗重大成就和历史经验的决议》,人民出版社2021年版,第69页。

② 同上书,第69—70页。

中国特色社会主义不动摇。凡是危害中国共产党领导和我国社会主义制度的各种风险挑战，凡是危害我国主权、安全、发展利益的各种风险挑战，凡是危害我国核心利益和重大原则的各种风险挑战，凡是危害我国人民根本利益的各种风险挑战，凡是危害我国实现"两个一百年"奋斗目标、实现中华民族伟大复兴的各种风险挑战，只要来了，我们就必须进行坚决斗争，而且必须取得斗争胜利。三要明确斗争的问题意识。这就是要有草摇叶响知鹿过、松风一起知虎来、一叶易色而知天下秋的见微知著能力，对潜在风险有科学预判，知道风险在哪里、表现形式是什么、发展趋势会怎样，该斗争的就要斗争。四要具备斗争的艺术。要注重斗争的策略方法，讲求斗争艺术。要抓主要矛盾、抓矛盾的主要方面，坚持有理有利有节，合理选择斗争方式、把握斗争火候，在原则问题上寸步不让，在策略问题上灵活机动。要根据形势需要，把握时、度、效，及时调整斗争策略。五要把握斗争的规律。在遵循客观规律的基础上高度发挥人的能动性，改造主观世界和客观世界。这就必须正确认识社会发展规律和伟大斗争的关系，防止经验主义和教条主义的干扰，把中国特色社会主义伟大事业推向新境界。

三、完善党的监督能力

党的监督能力是指党对自我不足的监督与自我提升的能力。完善党的监督能力主要体现在两个方面：一是在治理过程中不断弥补党自身存在的不足与缺陷；二是党通过吸收借鉴采纳外部监督所反馈的建议而进行自省。

（一）提升党内监督能力

完善党内法规规章。党的十九大报告强调："加快形成覆盖党的领导和党的建设各个方面的党内法规制度体系。"① 党内法规是中国特色社会主义法治体系的重要组成部分，加强党内法规制度建设，不断完善党内法规体系，既是全面从严治党、依规治党的必然要求，也是全面推进依法治国的应有之义。一是要健全基础主干党内法规。需要继续加强党内法规制定工作，着眼于基本框架的完善，进一步健全基础主干党内法规。二是要制定完备的配套党内法规。党的十八大以来，党中央以党章为根本遵循，制定和修订了140多部中央党内法规，② 党内法规制度建设取得重大进展，但还没有形成上下贯通的体系，影响了党内法规体系的可操作性和执行力。因此，必须重视基础主干党内法规的配套法规、配套机制、统筹规划机制、动态清理机制、备案审查机制建设，形成系统完备、行之有效、上下贯通的党内法规体系。

完善党内监察体系。党在长期的历史实践中，逐步形成党内监督的有效机制，对监督制约权力行使、保证党员干部队伍的先进性和纯洁性、实现党的执政意图和目标起到保障作用。但随着经济社会的快速发展及人们交往方式的深刻变革，执政党监督机制的滞后性日益凸显。监督意识弱、重点不突出、信息不对称、效能不足等问题成为制约党内监督的重要因素。因而，要完善党的监督能力，一要强化党内监督。习近平总书记指出："对我们党来说，外部监督是必要的，但从根本上讲，还在于强化自身监督。"③ 必须坚持、完善、落实民主集中制，把民主基础上的集中和集中指导下的民主有机结合起来，把上级对下级、同级之间以及下级对上级的监督充分调动起来。二要理顺各监督主体的关系。党内监督主体的监督任务、方式、内容、程序、

---

① 习近平:《决胜全面建成小康社会　夺取新时代中国特色社会主义伟大胜利——在中国共产党第十九次全国代表大会上的报告》，人民出版社2017年版，第68页。
② 习近平:《加强党对全面依法治国的领导》，《求是》2019年第4期。
③ 习近平:《在第十八届中央纪律检查委员会第六次全体会议上的讲话》，人民出版社2016年版，第21页。

流程不尽相同，要使党内监督主体充分发挥作用，需要建立权力清单与责任清单，使权责利能对等，做到有权必有责、权责要对等、履责须到位、失责受追究。三要健全监督法规制度体系。任何人不论职务高低、能力大小，在党纪国法面前一视同仁，只要触犯，就要承担相应的责任与后果。四要提升监督机制的科技含量。科技水平的提升、信息技术的发达，对党的监督治理能力提出新要求。这就需要党借助科技手段，在各种监督主体与对象之间形成新的监督状态，形成威慑，实现无形监督。

探索党内防控机制。唯物辩证法告诉我们，事物发展存在两面性，有积极作用，也有消极作用。毛泽东曾说："不论任何工作，我们都要从最坏的可能性来想，来部署。"① 党的风险主体不但来自那些不愿看到中国强大的国家，也来自在中国强大过程中利益受损的团体与个人，还来自党内某些个人或利益集团。"天下之患，最不可为者，名为治平无事，而其实有不测之忧。坐观其变而不为之所，则恐至于不可救。"② 因此，一方面，必须强化风险防控机制。党在执政过程中，会有因历史、政治或是政策不当而存在的执政隐患问题，这些隐患经过一段时间的积累会越来越多，随时可能成为威胁党执政地位的不安定因素。同时，党也会面临来自其他国家针对中国的战略风险与战术风险而采取的战略行动。为此，必须增强风险识别能力，强化风险应对机制。面对风险，无论是内部风险，还是外部风险，无论是系统性风险，还是临时性风险，都必须做到冷静观察、沉着应对、妥善化解。另一方面，要打造高效灵活的党内风险防控机构与队伍。风险隐患或明或暗，但最终是由人来操作完成的。党的执政地位与执政能力是经历血与火的洗礼，最终由历史和人民选择的。要维护党的执政地位与执政能力，必须打造一支属于自己的预防风险隐患的专业专属

---

① 中共中央文献研究室编：《毛泽东文集》（第6卷），人民出版社1999年版，第404页。
② ［北宋］苏轼《晁错论》，载人民日报评论部编，《习近平用典》，人民日报出版社2015年版，第32页。

队伍，设立高效隐蔽的专门机构及附属机构，不但要应对国内各领域、各阶层、各群体的风险，更要从容应对来自国际与其他国家的挑战，确保中国共产党的执政地位牢不可破，永远立于不败之地。

（二）充分发挥参政监督作用

参政监督其实就是通过政协制度发挥政协作用，调动政协代表的主动性、积极性、创造性，对中国共产党治理过程中存在的问题、不足及没有考虑到的事项提出建议，从而提升中国共产党治理能力的过程。我国多党合作政治制度的主旋律是合作，执政党与参政党的关系是合作关系、友党关系，不是竞争关系、对立关系。民主监督主要是通过提意见、建议和批评的方式进行。

当然，参政监督的实践表明，参政党在民主监督的过程中能否充分发挥监督的有效性，与执政党的机制息息相关。我国参政监督中存在监督环境乏力、机制不完善、程序不健全等问题。要解决这些问题，就要主动开展人民政协民主监督，加强和改进参政监督的制度和机制，发挥参政监督在社会主义民主政治建设中的巨大作用。一要加强党对参政监督工作的领导，落实人民政协知情明政、统筹协调、办理反馈机制。二要保障参政主体的权益，维护其建议和批评权。三要拓宽人民政协的建言献策渠道，使之适应新形势，适应互联网和信息化的发展。四要关注社情民意信息、来信来访、举报、民主评议，多倾听对主要干部的批评意见，提高参政监督的质量。

第四章

中国国家治理能力的实现机制

上文通过对国家治理能力的内容,特别是国家治理能力的核心——政党治理能力进行了相关的论述,旨在说明国家治理能力是推进国家治理的关键点。而要充分理解国家治理能力,还需要对国家治理能力的评价原则、实现路径及保障机制有一个系统的认识,才能更好地推进国家治理能力现代化。

第一节　中国国家治理能力的评价原则

国家治理能力体现在国家治理的方方面面。国家治理能力在推行过程中,必须坚持一定的原则。这些原则的具体内容主要有以下几个方面。

一、以人民为中心原则

党的十八届五中全会上,习近平总书记提出"着力践行以人民为中心的发展思想",是对唯物史观的准确把握和对人民主体地位认识的进一步深化。以人民为中心的原则是我国国家治理能力根本评价原则。坚持以人民为中心的原则,解决了我国国家治理能力"为了谁"

的问题。

（一）国家治理能力的价值取向是为了人民

党的十九大报告强调："人民是历史的创造者，是决定党和国家前途命运的根本力量。"① 把为了人民作为国家治理能力的价值取向，是指国家治理能力的实施必须以人民利益为中心、以人民需求为取向、以人民满意为标准。一是把人民的期待与追求作为国家治理能力的未来取向。国家治理能力的目标就是要让人民在国家治理过程中过上幸福生活，体会到国家治理所带来的获得感。二是把增进人民福祉、促进人的发展作为立足点。我们党实行改革开放、全面深化改革的历史变革，其目标就是要实现中华民族伟大复兴的中国梦，这个梦想是由每一个具体的中国人的个人梦所组成的。国家治理能力正是实现中国梦的具体表现，国家治理能力的目的就在于使人民群众感受到国家治理所带来的制度安排与人文关怀，在国家治理过程中实现个人价值与社会价值的统一。三是国家治理能力应积极回应人民关切，不断满足人民利益诉求。国家治理能力的实现需要回应人民群众关心关注的现实问题，就要利用各种资源平台、通过多种形式深入了解民情、充分反映民意，着力解决好事关人民群众切身利益的问题。在基本生活保障与发展需求上满足人民群众的多元需求，在人民的发展问题上提供良性的人才流动机制与良好的制度安排，为人民群众自我价值与社会价值的实现提供充足的发展平台，让人民群众在历史发展中发挥主人翁地位，在中华民族伟大复兴过程中发挥主体作用。

（二）国家治理能力的提升要依靠人民

国家治理的服务对象是人民，国家治理能力的提升也必将在为人

---

① 习近平：《决胜全面建成小康社会 夺取新时代中国特色社会主义伟大胜利——在中国共产党第十九次全国代表大会上的报告》，人民出版社 2017 年版，第 21 页。

民提供服务的过程中实现。其一，要尊重人民主体地位，发挥人民创造性。国家治理过程中，总会遇到许多新问题，需要新的方式来解决。而人民群众是实践的主体、历史的创造者，不但创造着物质财富，还创造着精神财富。同样，人民群众也是国家治理能力提升的重要力量。我国国家治理过程中许多具有开创性的尝试多是从人民群众自发地改造世界的活动中学习而来的。如在农村生产活动过程、在市场经济发展过程、在国家扶贫攻坚过程，一些创新创意多是在人民群众自发活动取得良好效果后，对之加以吸收借鉴，最后成为国家治理能力的主要内容。其二，国家治理能力要接受人民评判。人民群众的客观感受与态度是衡量国家治理能力效果的标准。一方面，应把人民群众的感性认识作为检验国家治理能力的间接标准。人民群众的评判是客观公正的，国家治理能力的"好"与"坏"与人民群众的"哭"与"笑"密切相关。这是因为，人民的第一反应体现出人民对国家治理能力的总体效应，人民通过自己的方式，诸如舆论、认同、反感、讥骂等一些感性的方式反映出来。人民也会根据对国家治理能力的感受，提出建议、意见与参考。另一方面，应把人民群众对国家治理能力的理性认识作为直接标准。人民群众对国家治理的感性认识会经过一个更加深入的认识过程，进而上升为理性认识，从而直观地反映出国家治理能力的最终效果，也对国家政策进行评判。因此，对人民群众理性认识的及时掌握有助于提升国家治理能力。其三，要善于从人民中吸取国家治理的智慧与力量。以人民为师，向人民学习，是我们党群众工作的基本经验。国家治理过程必须有人民参与，发挥人民智慧，调动人民积极性。大众创业、万众创新的新时代背景下，人民群众生产生活交往方式的转变，意味着国家治理能力的转变，为国家治理能力提供了治理依据与治理平台。

（三）国家治理的成果由人民享有

中国特色社会主义事业的成果由人民共享是中国特色社会主义的

本质要求，国家治理的成果也理应由人民共享。习近平总书记指出："以人民为中心的发展思想，不是一个抽象的、玄奥的概念，不能只停留在口头上、止步于思想环节，而要体现在经济社会发展各个环节。"① 一方面，国家治理的成果要惠及全体人民。要不断健全国家建设现代化经济体系，提高发展中国特色社会主义经济的能力，使人民更充分感受国家经济发展的成果；要不断健全人民当家作主的制度体系，提升发展社会主义民主政治的能力，使人民充分享受社会主义民主，巩固主人翁的主体地位；要提高国家坚定文化自信、推动社会主义文化繁荣兴盛的能力，使人民群众充分享受丰富的精神文化生活；要保障和改善民生水平，提高社会治理的能力，使人民群众更好享受和谐社会带来的繁荣稳定；要注重生态文明建设，建设美丽中国，使人民群众健康地从事社会实践活动。另一方面，国家治理的成果要体现差异性。国家治理的成果由人民享有，并不是单纯简单的平均主义的享有，要按照人民群体为国家发展所作的贡献对治理成果进行合理分配，就是要使人民享有的国家治理成果体现出公平性、合理性，减少享有成果的差距。这就需要在注重普遍性的同时，对有突出贡献的个体给予相匹配的成果，可以通过物质、精神、荣誉、晋升、社会照顾等方面的措施来保障国家治理成果享有的合理性。

二、公平正义原则

公平正义原则是国家治理能力的底线。我国国家治理能力体现的是中国特色社会主义制度优越性，体现的是全心全意为人民服务的宗旨、以人民为中心的原则，体现的是维护国家治理秩序与保障国家安全的根本底线。国家治理能力公平正义原则就是要使国家治理的主客

---

① 中共中央文献研究室编：《习近平关于社会主义社会建设论述摘编》，中央文献出版社2017年版，第13页。

体在治理过程中感受到治理的公平正义。

罗尔斯认为，正义是社会制度的首要价值。每个人都拥有一种基于正义的以社会整体之名也不能逾越的不可侵犯性。在正义的社会中，平等的公民自由是确定不变的，由正义所保障的权利决不受制于政治的交易或社会利益的权衡。正义的第一原则是自由原则，以保证人们享有平等的自由权利，正义即公平。正义的第二原则是差别原则，要求国家应对社会成员的社会经济地位予以调节，最大限度地改善最差者的地位。[①] 因而，本书认为国家治理能力的公平正义原则即是公平性的体现，这种公平性不但体现在自由权利上，还体现在保护弱者权利上。

（一）国家治理能力公平正义原则的规定性

我国国家治理能力公平正义原则主要体现在制度正义、形式正义、程序正义与行为正义四个方面。制度正义即社会制度的正义，具体是指社会财富、资源、责任、义务的分配公平和正当，体现了公平正义原则的价值性。国家治理能力所体现的制度正义是将国家范围内的财富、各类资源、责任和义务进行合理配置的制度能力。形式正义是对已存在的法律制度进行始终如一的执行，以实现法律制度效力，也就是国家治理能力对现有制度的遵从能力，且只能对现有制度进行形式上合理合规则性的执行。程序正义是保证制度正义和形式正义的具体步骤与方法，它不能逾越每个程序设计，而必须在程序化的方式内进行，以保证司法公正。而行为正义则是指国家治理能力实施过程中，对被治理者实施的各种行为必须是正当的、合法的、有效的，而非非法的、暴力的。故而，国家治理能力的公平正义原则体现在能力的赋予过程与实施过程之中。

[①] ［英］布莱恩·巴里：《正义诸理论》，孙晓春、曹海军译，吉林人民出版社2004年版，第276—291页。

(二)国家治理能力公平正义原则的时效性

国家治理能力公平正义原则还必须注重时效性。公平正义原则的时效性是从国家治理能力的时空性上来考虑的,是因为国家治理能力体现在某一时间、空间与具体的人身上。而国家治理能力在这个时空范围内则会显示出一定的时空效果。一方面,公平正义要适时。国家治理能力实施后会产生"善"与"恶"的后果,"恶"的后果则会成为社会不稳定因素。特别是在司法过程中存在的以合法手段行不法之事而种下的种种苦果,已经向治理主体证明了公平正义的重要性。在诸多国家治理能力的实践之中,一些事后的重审重判、国家复议、国家赔偿案件多是由于某些行政手段的干预而早早作出结论。对于这些已经错的案件或事件,应当适时以恰当的方式向社会公示,让人民感受到迟到的正义亦是正义。另一方面,正义必须看得见。新时代背景下,人民交流沟通方式的网络化,使人民扮演"网络人"的社会角色。人民通过多种渠道与方式把社会不公现象或是制度缺陷通过网络平台表达出来,形成具有一定影响力的舆论场,成为较有影响力的网络意见代表。特别是对显失公平的国家治理能力的表达,更会成为人们舆论的集中地,也可能会成为映射国家治理弊端的场所。因而无论是网上还是网下,都必须让正义及时得以彰显,且要以看得见的形式表达,及时使公众熟知。

(三)国家治理能力公平正义原则的秩序性

国家治理能力公平正义原则还体现在国家秩序的维护上。社会发展的根本前提是处于稳定的发展状态。社会稳定是国家治理的基础,如果国家处于动乱或是不稳定状态,国家治理就无从谈起。因为治理首先是基于"善"的考察而进行的,统治与管理则是维护政权的前提,是在政权合法性得以维护与推行之下而考虑的。从我国社会主义建设的经验看,社会稳定状态是国家治理状态的基础,对国家治理能力的运用起到影响作用。从基本满足到满意到很满意再到非常满意，既反映了治理者对治理水平的追求度，也体现了被治理者对治理水平的反映度，这不但是双方对于治理供需的共鸣，更是社会稳定状态的心理表达。社会稳定程度还反映出国家治理能力的幅度。社会稳定与进步的程度低，国家治理能力一般只会反映在经济领域上，因而满足人民的低层次需要远比满足那些"没有"的高层次重要；而当社会稳定与进步程度高时，国家治理能力不仅反映在经济领域上，更反映在政治领域、文化领域乃至社会及生态领域上，中国特色社会主义事业从"两位一体"到"三位一体"再到"五位一体"总体布局的发展演进正是这一思想的集中体现。

三、法治原则

国家治理能力法治原则体现了依法治国的根本要求，是依法治国在国家治理能力中的具体贯彻与应用，也是国家治理过程中要遵循的基本原则。

（一）国家治理能力的合法性原则

合法性原则是指国家治理能力的存在与实施必须有法律依据、合乎法律要求，任何违法的能力都应予以撤销，并由相关人员承担相应的法律责任。一方面，要在法的范围内实施。有人认为国家治理能力当然地在治理国家中拥有一切的权力，这是对合法性原则的无限放大。国家治理能力是法律所赋予的，任何治理能力的实施必须以法律为依据。要依照我国宪法、基本法律、行政法规、部门规章、地方性法规规章制度中的规定，合法地行使国家治理能力，而不能超越法律规定，凭部门、个人的喜好从事治理活动。另一方面，在国家治理能力实施中，若具体治理事务超越法的规范或是没有具体法律规定，必须通过合理的渠道弥补国家治理能力存在的空白，以确保国家治理能力实施的合法性。这不仅是更好实施国家治理能力的需要,更是由保障人民切身利益的立足点所决定的。

(二)国家治理能力的合理性原则

国家治理能力合理性原则是指国家治理能力的内容要客观、适度、理性。唯物辩证法认为,事物的发展要掌握一个"度",要避免"过"与"不及"。国家治理能力合理性原则具体体现为在国家立法、行政、司法、监察权力的实施过程中把握好尺度,以使国家治理能力在实施的程度、方式、手段、方法上实现合理性,避免任意性。在具体治理过程中,往往会存在合法的不一定合理、合理的不一定合情,也就是"法、情、理"之间的冲突。这种冲突其实是法律与习俗间的价值冲突,也是考验国家治理能力的重要标准。现实生活中,可能存在国家治理能力的行政或司法惩罚与民众的期待与要求相背离,民众向行政或司法机关请求给予减轻或免于处罚的情况,这就必须要在合法与合情之间寻求合理的平衡点。

(三)国家治理能力的公开性原则

国家治理能力公开性原则是指国家治理能力的实施及过程除涉及国家机密、个人隐私或按规定不予以公开的情形外,一律公开。这里有两个方面的问题需要注意。一是一般情况下的公开。国家治理能力的实施必须在一定的条件下进行,在立法、行政、司法、监察过程中体现的治理能力,都是按一定的程序在合理的时间内将治理事项的进展予以公示,主要体现在事项的依据、条件、程序、结果的公开上,以便人民更好地了解国家治理能力的实施情况与国家治理事项的进展。二是特殊情况下的不公开,也就是保密公开。国家治理中涉及较多与国家利益相关、与公民个人隐私相关、其他不宜公开事项的内容,或必须在一定的限度内予以公开的事项,必须进行保密处理。但是,这种国家治理能力的实施也是由一定范围内的人所掌握,就需要这部分人遵循对外保密原则。

（四）国家治理能力的责任性原则

权、责、利对等才会使国家治理能力的功效真正发挥出来。没有无权利之义务，也没有无义务之权利，国家必须为国家治理能力实施的结果承担相应的责任。如在公平正义原则中所述，国家治理过程中非公平正义能力的实施势必会造成对实施对象某种程度的影响，这种影响可能是暂时的，也可能是长远的。但是，造成这种非正义行为的原因是由于国家治理能力的非正当实施，也就是要由国家治理能力的实施主体承担相应的后果，以弥补其过失。"能力越大，责任就越大。"故而，无论国家治理能力以何种方式体现，也无论国家治理能力实施的结果如何，国家都必须要为其结果承担相应的责任。

四、精简、统一、高效原则

精简、统一、高效原则是党和国家对机构设置的一贯要求。党的十九大报告指出："统筹考虑各类机构设置，科学配置党政部门及内设机构权力、明确职责。"[①] 这指出了我国国家治理能力未来发展的走向。

（一）精简原则

精简原则是指对具有国家治理能力的国家机关依法设置，严格控制机构编制，定员定岗，明确职责权限、实施范围。国家治理能力的精简原则主要体现在机构精简上。早在延安时期，毛泽东就提出，精兵简政"必须是严格的、彻底的、普遍的，而不是敷衍的、不痛不痒的、局部的。在这次精兵简政中，必须达到精简、统一、效能、节约

---

① 习近平：《决胜全面建成小康社会　夺取新时代中国特色社会主义伟大胜利——在中国共产党第十九次全国代表大会上的报告》，人民出版社 2017 年版，第 39 页。

和反对官僚主义五项目的"①。邓小平也指出："精简机构是一场革命。"② 其核心不是数量上的减少，而是职能转变、效能提升。改革开放40多年，特别是在2018年党的十九届三中全会审议通过《中共中央关于深化党和国家机构改革的决定》和《深化党和国家机构改革方案》后，我国已经进行了8次机构改革。每次的机构改革，都是围绕当时发展的需要而进行的。1982年改革重心在精简机构，加快干部队伍年轻化；1988年改革围绕经济改革转变政府职能，淡化经济管理部门的微观管理职能；1993年改革以政企分开为中心，构建社会主义市场经济基本框架；1998年改革精简机关行政编制过半，进行内部调整；2003年改革为促进改革开放和现代化建设提供组织保障；2008年和2013年改革围绕转变职能、理顺职责，实行有机统一的大部制。2018年通过的机构改革方案则是为了完全适应新时代新要求，同实现国家治理体系和治理能力现代化相适应。以此观之，精简不是以裁减为目的，而是围绕国家治理能力的具体需要进行的能力整合。

（二）统一原则

统一原则包括两层含义：一是国家治理能力机构编制管理工作的高度统一。二是国家治理能力职责体系和机构设置的有机统一。这两方面的统一，为国家治理能力自上而下的实行提供了一个顺畅的通道。一方面，有利于形成自上而下的国家治理体系。国家统一领导下的机构设置就蕴含着国家治理能力的实施，从中央到地方再到基层，每项国家治理能力都能够实现上下通达，一以贯之。党中央、国务院统一领导下的国家治理，必然要在整体上考虑国家治理能力的实施系统，对某一治理事项的治理必然要求在最短时间、最少成本、最大收益的范畴内运行，从而实现国家、民众、资源之间的协调，达成国家

---

① 《毛泽东选集》（第3卷），人民出版社1991年版，第895页。
② 《邓小平文选》（第2卷），人民出版社1994年版，第396页。

意志，实现个人、组织、国家利益的统一。另一方面，有利于形成统一的国家治理机构。"政在四方，要在中央。"国家治理元目标下的诸多分目标的实现由具体的国家治理能力而完成，这些具体的国家治理能力又有与之相对应的国家治理机构。在国家治理实践中，国家治理机构依据国家治理环境的变化不断进行调整、优化、组合，最后达到最佳结合点，以发挥灵活性与创造性。为适应未来我国发展的实际需要，中央开展的国家机构的调整与改革就是要使国家治理能力实现自上而下的统一畅通。

（三）高效原则

国家治理能力高效原则是指通过科学规范部门职能、合理设置机构、优化人员编制，不断改善机构编制资源的配置效率，以实现国家治理能力的分工合理、决策科学、执行顺畅、监督有力、权责一致。

国家治理能力的强弱最终体现在效能上。高效的国家治理能力，必须能够提高国家治理效率，赢得广大人民群众支持，增强党与人民之间的凝聚力、向心力，强化党的领导核心地位。而低效的国家治理能力，不但达不到国家治理的初步目标，还会使国家与人民之间的距离越拉越远、误会越积越深，党的合法性与政府的公信力会受到质疑，甚至陷入"塔西佗陷阱"。是故，以效能原则为国家治理能力评价的最终原则，是对国家治理能力最好的评判，也是提升国家治理能力的有效途径。

第二节　中国国家治理能力的实现路径

国家治理能力是主体通过要素作用于客体的能力过程，这一过程就是国家治理能力的实施与表达。而要使国家治理能力充分体现国家治理的目标，发挥更加有效的作用，取得预期的成果，就必然要注重从哲学角度探讨国家治理能力的实现路径。

一、理论与实践的统一

我国国家治理能力理论是在原有国家管理的基础上发展而来的,国家治理能力理论的发展应该从范式转换的角度来理解。恩格斯曾说:"任何一门理论科学中的每一个新发现——即使它的实际应用甚至还无法预见——都使马克思感到衷心的喜悦,而当他看到那种对工业、对一般历史发展产生革命影响的发现的时候,他的喜悦就完全不同了。"① 因而,我国国家治理能力的实现也必然要在理论与实践的不断丰富与完善之中,实现理论与实践的统一。

(一)国家治理能力实践的不断丰富

马克思主义认识论认为,实践是认识的基础。我国国家治理能力的实践是与我国社会主义事业的发展同步的,是与中国特色社会主义制度同步的。国家治理能力实践的发展对国家治理能力理论的丰富与完善起到了基础性作用。

国家治理能力的对象与要素随着事物的发展而不断发展,根据客观事实不断演进。如经济改革、政治改革过程中存在的问题都是发展中必然遇到的问题,对于这种客观必然的认识是长期过程。再如国家在放开"二胎"政策之后,遇到了与预期相反的效果,国家出生人口数量并没有像预想的那样实现增长,反而出现了下降。对这种情况的理解,政策实施之初,出现这种情况是正常的缓冲效应,也是人们对政策的调适过程。如果此后仍然遇到与政策初衷相悖的情况,就需要反思和调适政策。

在政党治理能力的发展上,我们党从成立之初到现在一百多年的历史中,党的客观地位经历了三个阶段。第一个阶段,是普通政党。

---

① 《马克思恩格斯选集》(第3卷),人民出版社2012年版,第1003页。

中国共产党成立之初，仅仅是全国诸多政党组织中的普通一员。在政党地位、政党发展、党员数量等方面并不占优势。第二个阶段，是自1927年以后，成为具有合法地位的国民党所排挤打压的第一对象，与其他民主党派、国民党形成三股政党力量鼎立的局面。第三个阶段，是中华人民共和国成立后，成为执政党。这一阶段，党面临着两个任务，第一个任务是由革命党向执政党转变，第二个任务是领导国家建设。在这两方面，中国共产党都取得了举世瞩目的成就，也积累了丰富的经验教训。

在政府治理能力上，中华人民共和国成立之初，面对的是一穷二白、满目疮痍的旧中国。在内部，要维护新生政权，打压旧社会残余势力；在外部，要克服资本主义国家对我国经济、外交、军事上的封锁。政府治理主要采用的是"管制""统治"，以维护新生政权为首要目的。改革开放初期，国家各项事业快速发展，人民生活水平不断提高，但仍然不能满足人民群众的需要，中国社会的主要矛盾是"人民日益增长的物质文化需要和落后的社会生产之间的矛盾"①。这一阶段，国家治理理念开始转向管理，服务型政府、学习型政府、管理型政府、企业型政府、有限型政府、创新型政府、法治型政府、职能型政府等理念的提出与实践的推进，说明国家治理进入了一个新阶段。党的十八大以来，面对新情况、新形势，特别是国家综合实力的增强、人民群众的新需求增长不断向政府提出新诉求，期待政府提升治理水平与能力的呼声越来越高，特别是党的十九大对当前社会主义社会主要矛盾作出了新判断。这些都说明，国家治理能力实践的过程是与中国特色社会主义国家的发展相一致的。

（二）国家治理能力理论的完善

恩格斯说："理论在一个国家实现的程度，总是取决于理论满足

---

① 《十一届三中全会以来重要文献选读》（下），人民出版社1987年版，第1156页。

这个国家的需要的程度。"① 自封建社会以来，关于中国之治的探讨从未中断过，国家治理从统治到管理再到治理，这种理念上的变化，是在国家治理的实践中逐步发展的。

国家治理能力理论经历了长期的发展过程。国家治理能力的认识、实践、再认识、再实践是人们认识不断提升的过程。在这个过程中，人的主观认识不可能停在原来的阶段、原有的水平上，而会随时间的推进、空间的拓展、实践的演进而不断变化。新中国成立之初，对国家治理能力的实施还没有充分的认识，还存在着对未知的不可预测性。在进驻北京时毛泽东同志就比喻我们是去"赶考"，希望能考得一个好成绩。新民主主义向社会主义过渡时期，我国国家治理能力主要体现在巩固政权上，通过军事手段消除国内敌对势力，通过抗美援朝打出国威军威，维护了国家的主权与尊严。但是，在处理人民内部矛盾及发展经济能力上并不成熟，走了不少弯路。改革开放40多年的国家治理能力理论发展同样是一个长期的过程。改革开放初期，经济、政治、文化领域的治理能力体现在微观治理能力上，管得过宽、过多、过死，而在宏观治理能力与水平上仍有较多欠缺。随着我国市场经济理论的深入发展，国家治理能力各方面的理论也在不断完善，如从"两个文明"到"三位一体"，从"四位一体"再到"五位一体"总体布局的发展，从改革开放再到全面深化改革，从迎来中华民族富起来再到强起来。因而，国家治理能力的理论是一个发展的过程，是一个不断丰富、完善、与时俱进的过程，没有单一不变的放之四海而皆准的国家治理能力理论。

国家治理能力理论的发展涉及国家治理的各个方面。如上可知，国家治理能力理论实质是一系列关于国家治理能力理论的集合体，它不但包括"五位一体"总体布局中的"五位"，还包括党的建设、外交等领域。每一个领域中国家治理能力理论的发展都充实着国家治理

---

① 《马克思恩格斯选集》（第1卷），人民出版社2012年版，第11页。

能力理论的集合，也为国家治理能力理论提供着强有力的支撑。在经济领域，经济治理能力中关于中国特色社会主义经济问题，涉及中国经济发展的基本性质、基本方向、基本宗旨以及由此决定所必须采取的基本经济制度、经济体制、分配方式、发展方略等一系列问题。在关于中国特色社会主义经济理论中市场经济的地位上，进行了不断变化与调整，从而在不同的时期决定了我国经济治理能力的实施。在传统观念上，计划经济是社会主义的基本特征，市场经济是资本主义的基本特征。要真正实现改革开放就必须打破这种传统观念，才能开启中国特色社会主义经济的征程，最终确立市场经济的主体地位。此过程大致经历是：改革初期先提出"以计划经济为主、市场经济为辅"的发展理念；而后，认为社会主义经济是有计划的商品经济，提出"应该是计划与市场内在统一的体制"[1]，突破了计划经济和市场经济是社会制度属性的束缚，认为社会主义可以实行市场经济；1992年，党的十四大确立了"建立社会主义市场经济体制，就是要使市场在国家宏观调控下对资源配置起基础性作用"[2]；1993年，党的十四届三中全会，明确了"我们已经确定了建立社会主义市场经济体制的基本框架"[3]；20世纪末，社会主义市场经济体制在我国初步建立；2003年，党的十六届三中全会，进一步完善社会主义市场经济体制的目标和任务；2007年，党的十七大提出"从制度上更好地发挥市场在资源配置中的基础性作用"[4]；2012年，党的十八大进一步提出"更大程度更广范围发挥市场在资源配置中的基础性作用"[5]；2013年，党的十八届三中全会明确了"使市场在资源配置中起决定性作用和更好发挥政府作用"[6]。至此，关于中国特色社会主义市场经济理论最终确

---

[1]《十三大以来重要文献选编》(上)，人民出版社1991年版，第26页。
[2]《十四大以来重要文献选编》(上)，人民出版社1996年版，第520页。
[3]《十四大以来重要文献选编》(中)，人民出版社1997年版，第1542页。
[4]《十七大以来重要文献选编》(上)，中央文献出版社2009年版，第163页。
[5]《十八大以来重要文献选编》(上)，中央文献出版社2014年版，第15页。
[6] 同上书，第513页。

立。市场作用是由理论决定的,能力的发挥也是由理论上的成熟决定的。没有理论上的定格定调,就不会有能力实施上的自由,也不会有能力的创造性发挥。

(三)国家治理能力理论与实践的统一

坚持理论与实践的统一,就是在坚持认识客观世界、改造客观世界的同时,改造主观世界。恩格斯说:"社会一旦有技术上的需要,这种需要就会比十所大学更能把科学推向前进。"① 毛泽东在论述理论与实践的关系时也说:"不入虎穴,焉得虎子。"这句话对于人们的实践是真理,对于认识论也是真理。离开实践的认识是不可能的。② 同样,国家治理一旦有理论上的需要,这种需要就能把国家治理实践推向更高的层面。从我国国家治理的具体实践与国家治理理论的发展看,国家治理能力的实践与理论是统一的。

从时间维度上看,国家治理是长期实践的过程,国家治理能力的提升更是长期实践的过程。国家治理能力增长是随着国家治理的实践而不断丰富发展的。比如,国家网信办的成立就是因为现代信息技术的发展,而对国家治理职能提出的新要求,即要求国家在网络信息安全方面提供保障,以防止个人、组织、国家的网络安全受到侵害。从空间上看,国家治理能力的提升是对国家治理能力实践的补充。国家内部的不同区域、不同省份之间在发展上会不同;具有不同资源优势的县级城市在具体的治理能力上也会有所区别。在国家治理的具体过程中,国家治理能力总是根据具体实践的发展而不断提升。

理论与实践的统一就在于不断通过对客观必然的把握与认识而充分发挥人的主观能动性,从而更加合理地认识国家治理能力所要呈现的方式与路径,并最终找到提升国家治理能力的路径。主观上,对国

---

① 《马克思恩格斯选集》(第4卷),人民出版社2012年版,第648页。
② 《毛泽东选集》(第1卷),人民出版社1991年版,第288页。

家治理能力的认知应该是要设定较为理想的目标，即认为所有的国家治理能力都能够取得"良"且趋"善"的结果。但是客观上，国家治理能力由于受到各方因素的制约，这种制约不但包括资源、环境、制度等方面的制约，还包括治理者——个体的内在制约，所以不能达到预设的目标。但国家治理能力仍然实现了理论与实践的统一，这是由于人的主观能动性与客观规律性之间有一个可以实现的平衡点，也就是在"知"与"行"上的统一。

二、历史与现实的统一

历史是昨日的现实，现实又是明日的历史，历史与现实是"此时"与"彼时"的不同写照。国家治理能力的呈现方式虽然不同，但其内在的逻辑是统一的，是一种历史规律的根本遵循与发展。

（一）国家治理能力是国家治理历史发展的结果

马克思主义哲学告诉我们，事物不是一成不变的，而是过程的集合体。一切事物，只有经过一定的过程才能实现自身的发展。《共产党宣言》中的"全世界无产者，联合起来！"的口号就是由正义者同盟①"人人皆兄弟"的旧口号发展而来的。国家治理能力同样是国家治理历史发展的结果。

"历史发展具有一定的惯性，在人没有创造出强于历史惯性的力量之前，历史将沿着既有的轨道发展。"② 我们应当看到的是，现实是历史合力发展的结果，而今天的现实情况又会成为未来发展的起点。国家治理能力是发展的，任何一项国家治理能力都不是凭空产生的，而是有着厚重的历史感与历史痕迹。正如国家暴力机关所具有的职能一样，在现代化、民主化的进程中不断朝着更为合理、人

---

① 1836年，正义者同盟在巴黎成立，是共产主义者同盟的前身。
② 阎学通：《历史的惯性：未来十年的中国和世界》，中信出版社2013年版，扉页。

性、程序化的一面发展,并不断剔除原始暴力的成分。中国近代的发展,经历了一个落后挨打—独立自主—提供中国方案的过程,如果按这个历史的逻辑,中国必将成为输出中国模式、中国方案的发源地。国家治理能力的实现既要立足于历史的视角审视现代发展的逻辑,又要根植于国家治理现实土壤之中,不断开创国家治理的新局面。

(二) 国家治理能力是国家治理历史经验的总结

国家治理能力源于中国古代国家治理的经验。习近平总书记强调:"历史是人民创造的,文明也是人民创造的……对古代的成功经验,我们要本着择其善者而从之、其不善者而去之的科学态度,牢记历史经验、牢记历史教训、牢记历史警示,为推进国家治理体系和治理能力现代化提供有益借鉴。"① 要实现国家治理能力现代化,不但要对我国历史和传统文化有深入了解,还要对我国古代治国理政的智慧进行积极总结。古代国家治理经验既包括升平之世社会发展进步的成功经验,也有衰乱之世社会动荡的深刻教训。如我国古代主张"民惟邦本""德主刑辅""为政之要,莫先于得人""治国先治吏""正己修身""居安思危"等,都能给人们以重要启示,都是中国古代治理的有效经验。

国家治理能力源于中国共产党治国理政的经验。党在革命、建设、改革的进程中,一贯重视学习和总结历史经验,重视借鉴历史经验。中国共产党执政过程中所形成的有关政党制度、群众路线、统一战线、民族治理、区域治理、基层治理等方面的经验为国家治理能力提供了现实的依据与参考。同时,中国共产党在执政过程中的教训也为我们走好今天的道路提供了经验。

---

① 《牢记历史经验历史教训历史警示 为国家治理能力现代化提供有益借鉴》,《人民日报》2014年10月14日。

国家治理能力还吸收国外先进的国家治理成果。推进国家治理体系和治理能力现代化，当然要学习和借鉴人类文明的一切优秀成果，但不是照搬其他国家的政治理念和制度模式，而是要从我国的现实条件出发进行创造性提升。同时，我们不是历史虚无主义者，也不是文化虚无主义者，不能数典忘祖、妄自菲薄。

（三）国家治理能力是新时代国家治理的关键要素

建设富强民主文明和谐美丽的社会主义现代化强国的号角已经吹响，为保证这一伟大目标的实现，保证伟大斗争、伟大工程、伟大事业顺利开展并进行到底，自觉提升国家治理体系和治理能力的现代化水平就成为关键。

国家治理能力本质上体现在"中国将继续发挥负责任大国作用，积极参与全球治理体系改革和建设"[①] 上，也体现在"中国人民愿同各国人民一道，推动人类命运共同体建设，共同创造人类的美好未来"[②] 上。在过去的实践中，国家治理在落实政府责任、民生关怀与基层自治等方面进行了积极探索，并在形成体制格局上取得了阶段性成果。党的十九大描绘了国家治理的新图景，当下的国家治理站在了新时代的新起点，这一新的使命就是要能够有效回应和解决社会发展中存在的不平衡不充分问题。现在，我国迎来了"强起来"的伟大飞跃。实践证明，中国的站起来、富起来、强起来离不开国家治理的现代化，而"强起来"的中国必须成为"治理强国"，努力推进现代化的"强国治理"。

（四）国家治理能力亟须改革国家机构

推进国家治理能力现代化是一项复杂的系统工程。必须着眼新时

---

① 习近平：《决胜全面建成小康社会 夺取新时代中国特色社会主义伟大胜利——在中国共产党第十九次全国代表大会上的报告》，人民出版社2017年版，第60页。

② 同上。

代，有效治理国家和社会，完善社会主义市场经济体制，落实以人民为中心的发展思想，坚持和加强党的全面领导。所有这些，都需要通过深化党和国家机构改革来实现。党的十九届三中全会通过的《中共中央关于深化党和国家机构改革的决定》指出，深化党和国家机构改革是推进国家治理体系和治理能力现代化的一场深刻变革。深化党和国家机构改革，不断推进国家治理体系和治理能力现代化，具有历史和现实必然性。目前，党和国家机构设置和职能配置同统筹推进"五位一体"总体布局、协调推进"四个全面"战略布局的要求，同实现"国家治理体系和治理能力现代化"的要求还不完全适应，必须按照坚持和发展中国特色社会主义的要求，深化党和国家机构改革。

还要看到：我国机构设置和职能配置还不适应实现"两个一百年"奋斗目标的要求，特别是基层机构设置和权力配置有待完善，组织群众、服务群众能力需要进一步提高；群团组织政治性、先进性、群众性需要增强等。一些领域党的机构设置和职能配置还不够健全有力；一些领域党政机构重叠、职责交叉、权责脱节问题比较突出；一些政府机构设置和职责划分不够科学，职责缺位和低效问题凸显，政府职能转变还不到位；一些领域中央和地方机构职能上下一般粗，权责划分不尽合理。因而，必须深化党和国家机构改革，科学配置机构职能，为全面建设社会主义现代化国家、实现中华民族伟大复兴的中国梦提供有力的制度保障。

三、真理与价值的统一

真理原则和价值原则是人类活动的两个基本原则。国家治理能力是立足于中国特色社会主义事业之上，总结我国发展实践，为适应新时代的发展要求而提出的。真理原则和价值原则既是以习近平同志为主要代表的中国共产党人坚持中国特色社会主义的理论结晶，又是指导我们实现国家治理体系和治理能力现代化的重要价值准则。

(一) 国家治理能力是国家治理发展方向的体现

马克思揭示了人类活动的两个尺度,即真理的尺度与价值的尺度。在具体的生产劳动中,人类不仅懂得按照自己的"尺度和需要来建造",即按照主体的尺度来行动,还"懂得按照任何一个种的尺度来进行生产"①,即按照客体的尺度来行动。这个客体的尺度即真理的尺度,是对象本身所固有的本性、规定性和规律的表现。此外,人的生存和发展过程就是通过改造自然界和社会以及自己的能力来满足自己需要的过程。人作为主体的内在规定性和活动规律性构成了主体内在尺度的基础,这些规定性不仅内在地制约着主体本身,还制约着主体作用的发挥。这个作用过程所体现的正是价值关系的内容,主体的尺度即价值的尺度。

国家治理能力是马克思主义国家学说中国化的重要理论成果。国家治理能力是中国共产党人在建设中国特色社会主义事业的过程中,在马克思主义理论的指导下,立足于中国具体的治理实践,提出的实现"中国之治"的重要依托。坚持真理,就是坚持中国特色社会主义事业全面深化改革,继续推进国家治理体系和治理能力现代化的过程;就是坚持在建成富强民主文明和谐美丽的社会主义现代化强国的进程中不断深化国家治理能力的认识过程;就是坚持在完成中华民族伟大复兴中国梦的征途上不断提升国家治理能力的过程。而坚持价值原则,则是解决国家治理能力"为了谁"的问题。国家治理能力坚持以人民为中心的价值原则,把全心全意为人民服务当成自己的努力方向。故而,国家治理能力是建立在真理与价值统一的基础之上的。

(二) 国家治理能力是国家治理理念的体现

唯物辩证法认为,世界上的一切事物都是不断发展的。国家治理

---

① 《马克思恩格斯全集》(第42卷),人民出版社1979年版,第97页。

能力不是一成不变的，而应随着实践的发展而不断发展。中国特色社会主义事业建设过程中的发展战略、发展阶段、理论要求、阶段目标等都不是一成不变的，而是分阶段、分目标渐进调整的。在每一个阶段性的发展过程中，对国家治理能力的具体要求当然不同，其侧重点也会因发展的重点而不同。如党的十九大报告指出，"我国社会主要矛盾已经转化为人民日益增长的美好生活需要和不平衡不充分的发展之间的矛盾"①。因此，国家治理能力侧重于在经济发展之后的公平正义上，即逐渐缩小人们在发展过程中产生的差距，缓解社会矛盾与冲突。因而，每个历史时期、历史发展阶段中的国家治理能力有其自己的特殊性。一方面它体现在时代性上，也就是说国家治理能力"工具箱"中的诸多能力虽然都平等地存在，但在具体发展时期的要求不同，有时会侧重于经济领域，有时会侧重于政治领域，有时还会侧重于生态领域。另一方面，它深层次地反映出国家治理的走向。国家治理应该朝何种方向发展，不是由哪一个人或是集团的意志决定的。它往往是历史发展的选择，这种选择会是侧重于适合历史发展的最有效的方案。

（三）国家治理能力的最高境界是实现真理与价值的统一

国家治理能力是建立在真理与价值统一的基础上的，但并不是国家治理能力处处体现出真理与价值的统一。在某些时候，国家治理能力往往会出现不一致、不统一、不协调的状态。我国国家治理的历史中，并不总是按着真理与价值相统一的路径而进行的，在国家治理的具体实践中，也有过失误。在具体的国家治理能力的实施中，也会因为治理环境、治理条件、治理者认知水平、治理对象等因素而使治理能力出现偏差。

---

① 习近平：《决胜全面建成小康社会　夺取新时代中国特色社会主义伟大胜利——在中国共产党第十九次全国代表大会上的报告》，人民出版社 2017 年版，第 11 页。

总体来看，国家治理能力体现真理与价值的统一是国家治理能力追求的最高境界。只有这样，才能更加有效地推动国家治理的进程，提升国家治理水平。党的十九大报告指出，"全面深化改革总目标是完善和发展中国特色社会主义制度、推进国家治理体系和治理能力现代化"①，就是为了更好地将国家治理体系和治理能力现代化的真理性与价值性统一到习近平新时代中国特色社会主义思想之中，统一到中华民族伟大复兴的实践之中。故而，国家治理能力的真理性与价值性的统一是蕴于国家治理体系和治理能力现代化之中的。也只有与国家治理现代化相统一，才能更鲜明地体现出国家治理能力真理与价值的统一。

第三节　中国国家治理能力的保障机制

国家治理能力保障机制是指在一定的制度机制的框架下，将国家治理能力有效发挥出来的一系列制度安排。这些制度机制不但包括国家治理能力的制度保障，还包括国家治理能力制度保障间的衔接机制。

一、实现国家治理能力的制度保障

我国的制度体系是中国特色社会主义制度体系，制度优势是一个国家的最大优势。建立健全国家治理的制度体系，从而真正实现国家治理制度化，推进国家治理现代化进程。"中国特色社会主义制度，坚持把根本政治制度、基本政治制度同基本经济制度以及各方面体制机制等具体制度有机结合起来，坚持把国家层面民主制度同基层民主制度有机结合起来，坚持把党的领导、人民当家作主、依法治国有机结合起来，符合我国国情，集中体现了中国特色社会主义的特点和优

---

① 习近平：《决胜全面建成小康社会　夺取新时代中国特色社会主义伟大胜利——在中国共产党第十九次全国代表大会上的报告》，人民出版社2017年版，第19页。

势,是中国发展进步的根本制度保障。"① 国家治理能力在这些制度体系下实施,既保障了国家治理能力实施的制度基础,又提升了国家治理能力实施的平台。

(一) 政治治理能力的制度保障

1. 人民代表大会制度是我国国家治理能力的根本制度保障

人民代表大会制度是我国的根本政治制度,也是国家治理能力的根本制度保障。人民代表大会制度的鲜明特征体现在两个方面:一是人民代表大会制度与我国国家政权的本质直接联系在一起;二是中国国家政权人民性的集中体现。作为有中国特色的、符合中国国情、适合中国人民民主专政和社会主义现代化建设需要的政权组织形式,人民代表大会制度便于吸引人民群众参加国家管理,便于实行议行合一,又便于发挥人民当家作主的统一性、积极性、创造性。其保障作用体现在以下几个方面。

一是为国家治理能力提供立法保障。国家治理能力的合法性基础与来源是我国宪法及各项法律法规。任何新环境下国家治理能力的拓展及合法性的确认都必然要通过全国人民代表大会,按照全国人民代表大会立法程序赋予的法律地位付诸实施。在我国,法律、行政法规、部门规章、地方性法规及各种具有法律性质的规章制度成为国家治理能力实施的法律基础,也决定了我国任何一项国家治理能力都是有法可依、有章可循的。

二是为国家治理能力提供政治保障。我国国体与政体决定了国家治理能力最终服务的对象是人民。因为人民是国家的主人,国家治理能力必须在维护国体与政体的基础与前提下实施。任何违背这一原则、打着合法的名义行非法之事的行为或损害这一根本目的的行为都是非法的。

---

① 《十八大以来重要文献选编》(上),中央文献出版社 2014 年版,第 75 页。

三是为国家治理能力提供群众支撑。国家治理能力实施的保障是人民群众的支持与拥护。只有符合民意，以各种合法方式，如政协、民主团体向各级人民代表大会提交具有法律性质的提案并获准通过后，才能推动国家治理能力的实施。

2. 民族区域自治制度是国家区域治理能力的制度保障

民族区域自治制度是中国特色社会主义制度的有机组成部分，是我国处理民族问题的一项基本政治制度，是国家民族区域治理能力实施的制度保障。我国实行民族区域自治制度，坚持建设团结、互助、合作的新型民族关系，为社会主义建设和改革事业的发展奠定了坚实的基础。一个多民族国家的制度是否合理，国家治理能力的实施是否到位，关键要看它是否符合多民族国家的国情，是否有利于促进多民族国家经济社会朝着更好更快方向发展，是否有利于维护好各民族人民的最根本利益。我国民族区域自治制度的实践表明，民族区域自治制度有利于我国国家治理能力在民族区域的实施，有利于维护和巩固我国各民族间的团结统一。

第一，民族区域自治制度是我国民族区域治理实践的产物。多民族国家实施什么样的国家治理模式，采用何种国家治理能力，并不是随意产生的，而是在历史发展的过程中，结合具体的民族区域特征选择的。我国几千年的历史发展中，虽然有短暂的民族分裂时期，但是最终的结果都是朝着民族大团结大融合的方向发展。民族区域的治理中形成"许许多多分散存在的民族单元，经过接触、混杂、联结和融合，同时也有分裂和消亡，形成一个你来我去、我来你去，我中有你、你中有我，而又各具个性的多元统一体。……形成为一个自在的民族实体"[1]。正是因为这样一种客观事实，我国各民族区域的治理急需一种适应民族区域特征的制度安排以与民族区域的治理相配套，从

---

[1] 费孝通：《中华民族的多元一体格局》，《北京大学学报》（哲学社会科学版）1989 年第 4 期。

而为实现民族区域治理的良性状态打下基础。因而，民族区域国家治理的现实需求与实践经验都充分说明，民族区域治理必须在国家治理现代化的框架下，坚持民族区域特征，走出一条适应民族区域的治理之路。

第二，民族区域自治制度是国家治理能力特殊性的表达。国家治理能力具有普遍性与特殊性，国家治理能力的特殊性体现在民族区域治理能力要结合各民族区域自身的特点而实施。我国共有5个自治区、30个自治州、120个自治县（旗）。每一个自治区域又有其自身的特点，或以单一民族为主，或以两个或几个民族为主，又或以多个不同特征的民族为主。在每个自治区域中，要想使民族区域治理能力充分发挥出来，取得治理效果，就必须要掌握民族区域的历史、自然、人文、风俗特征，结合民族区域治理的实践而进行。民族区域治理能力的特殊性还体现在民族区域与宗教极端势力、民族分裂势力、暴力恐怖势力结合起来，成为破坏民族团结、制约民族区域治理的难点。因而，对民族区域进行自治，而非对民族进行自治是我国民族区域治理的一大特点与优势，也为我国民族区域治理提供了良好的制度基础。

第三，民族区域自治制度是民族区域实现国家治理现代化的制度保证。《中华人民共和国民族区域自治法》明确规定："各民族自治地方都是中华人民共和国不可分离的部分"，"自治机关是国家的一级地方政权机关"。全面深化改革、推进国家治理体系和治理能力现代化的目标当然也适用于民族区域，也要使民族区域的治理实现制度化、规范化、法制化，使民族区域治理能力在解决民族区域经济发展、政治稳定、文化繁荣、社会和谐、生态美丽等各个方面充分发挥积极作用。历史上，有的少数民族在中华民族这个统一体中曾产生离心力，也曾受到分裂势力的引诱与驱使，因而对民族区域治理不但体现在发展民族区域的各项事业上，还必须注重民族凝聚力、民族向心力、中华民族一体观念的培育。以此，才能在精神层面与物质层面实现民族区域治理的统一，实现民族区域治理现代化。

3. 基层群众自治制度是基层治理能力的制度保障

基层群众自治制度是依照宪法和法律，由居民（村民）选举的成员组成居民（村民）委员会，实行自我管理、自我教育、自我服务、自我监督的制度。在全面深化改革的关键时期，提升国家治理能力，不但体现在中央层面的引领、地方层面的协调上，更体现在基层治理的示范效应上，因而基层治理能力的强弱，在一定程度上决定了国家治理现代化实现的程度。

一方面，基层治理能力决定了国家治理能力的实现程度。国家必将回归社会，社会的发展是一个长期的历史过程，特别是基层社会的发展更需要一个长期的改造过程。实现基层治理能力现代化是国家治理能力现代化的重要内容。基层治理能力的实现程度不但取决于基层治理主体的能力，还取决于基层治理对象的能力。基层治理对象的能力不但由历史、传统、自然、人文及个体自身的素质决定，还受基层治理环境、治理机制及治理效果的影响。实施乡村振兴战略的核心就在于"加强农村基层基础工作，健全自治、法治、德治相结合的乡村治理体系"[①]。这就为强化基层治理能力奠定了强大的制度基础与体系框架。健全自治、法治、德治相结合的乡村治理体系，不但可以将基层治理中的国家、社会、个人的力量调动起来，还可以形成国家、社会、个人三者之间的协调机制，以自治为主导、以法治为保障、以德治为提升的乡村治理体系的实现必将有效推动国家治理能力的提升。

另一方面，基层群众自治制度的完善是基层治理能力完善的前提。在我国基层发展的过程中，除了基层群众自治制度，还有与之相关的经营制度、土地制度、集体产权制度，以及农村（居民）工作队

---

① 习近平：《决胜全面建成小康社会 夺取新时代中国特色社会主义伟大胜利——在中国共产党第十九次全国代表大会上的报告》，人民出版社2017年版，第32页。

伍，农村（居民）服务体系，等等。但基层群众自治制度在基层社会发挥着政治保障作用，可以使基层民众在充分享有自主权的前提下开展自治。在我国，基层治理以自治为主，以自然秩序为常态，在正常的基层生活生产交往过程中，政府基本上不参与具体活动，而只是在制度上进行规范。因而，完善基层群众自治制度，要充分发挥好党的领导作用。在基层组织中，党组织是基层治理的领导核心，是基层治理能力实现的政治保证。基层群众自治制度不但有利于保证党的执政理念在基层得到贯彻执行，有利于统筹解决基层各种重大问题，还有利于党的宏观政策及重大利民政策的推进。因而，只有基层群众自治制度不断完善，才能更有利于推进基层治理能力的实施，更有利于将基层治理现代化与国家治理现代化统一起来。

4. 特别行政区制度是特别行政区治理能力的制度保障

特别行政区制度是我国为以和平方式解决历史遗留下来的台湾、香港、澳门问题而设立的特殊的地方行政区域制度的总称。特别行政区是国家的一级行政单位，隶属于中央人民政府。中央人民政府领导特别行政区，特别行政区服从和接受中央人民政府的管理。

其一，为特别行政区提供了治理保障。特别行政区实行的是异于社会主义的特殊社会制度，既不采用人民代表大会制度，也不搞社会主义的公有制、按劳分配和计划经济的经济制度。特别行政区享有高度的自治权，在立法、行政、司法等方面有较为独立的处理各项事务的能力，在外事方面也享有部分参与权力。当特别行政区在区域治理中遇到不能解决的问题或是较为棘手的问题时，中央人民政府会在必要之时予以保障，以保持特别行政区的繁荣稳定。

其二，行政长官任免权有利于中央治理意图的实现。特别行政区由当地人组成政府，中央人民政府任命特别行政区的行政长官、主要职务的官员。同时，中央人民政府负责管理特别行政区的防务，但派驻的军队并不干预其地方性事务。这些设计，从根本上决定了特别行政区的长官意志由中央人民政府所决定,也保证了中央治理意图的贯彻与实施。当特别行政区与中央意图相悖时,可以通过特别程序予以调整。

其三,特别行政区治理是国家治理能力特殊性的体现。我国是社会主义制度的国家,但由于历史的特殊性,为解决台湾、香港、澳门问题而采用了特别行政区制度,在特别行政区实行资本主义性质的制度体系。一方面,资本主义制度体系仍然需要国家治理,需要国家治理体系和治理能力现代化,仍然需要实现"善治"的目标。另一方面,实行的特殊制度并不影响国家治理能力在特别行政区的实施与推行,反而为国家治理能力在不同区域治理提供了多样化模板,为解决更多特殊性问题提供了现实参考。

(二)经济治理能力的制度保障

社会主义基本经济制度为我国经济治理能力提供了制度保障。"必须坚定不移把发展作为党执政兴国的第一要务,坚持解放和发展社会生产力,坚持社会主义市场经济改革方向,推动经济持续健康发展。"[①] 现阶段,"我国经济已由高速增长阶段转向高质量发展阶段,正处在转变发展方式、优化经济结构、转换增长动力的攻关期"[②]。这对经济治理能力提出了更高、更新、更全的要求,要求国家经济治理能力必须与经济发展阶段的要求相适应,必须与建设现代化经济体系相适应,而这些适应必须确立在坚持我国基本经济制度之上。

第一,为我国经济治理能力提供制度支撑。新时代,"我国社会主要矛盾的变化,没有改变我们对我国社会主义所处历史阶段的判断,我国仍处于并将长期处于社会主义初级阶段的基本国情没有变,

---

① 习近平:《决胜全面建成小康社会 夺取新时代中国特色社会主义伟大胜利——在中国共产党第十九次全国代表大会上的报告》,人民出版社 2017 年版,第 29—30 页。

② 同上书,第 30 页。

我国是世界最大发展中国家的国际地位没有变"①。也就是说，对于我国处于并将长期处于社会主义初级阶段的判断没有改变，我国以公有制为主体、多种所有制经济共同发展的基本经济制度没有改变。这一基本经济制度的确立不仅保证了社会主义市场经济体制的建立与运转，更有利于推动国民经济快速健康地发展，这是符合生产关系一定要适应生产力发展的经济制度，更是提升我国经济治理能力的重要制度基础。

第二，为建设现代化经济体系提供治理能力。新时代，实现我国经济的高质量发展，不但要通过多种手段提高各要素生产率，更要不断增强我国经济创新力和竞争力。这不但需要稳固的基本经济制度，更需要高超的经济治理能力与过硬的经济治理素养。特别是在建设现代化经济体系的新要求下，经济治理能力的提升就迫在眉睫。一方面，需要进一步增强解放生产力和发展生产力的能力，激发全社会创造力和发展活力，朝着促进生产力发展和中国特色社会主义市场经济不断完善这一目标努力。另一方面，需要继续夯实经济治理能力的制度基础，不断完善经济治理能力的各项制度、法律法规，使经济治理在合法合规合理的框架内不断取得新成果。

第三，有利于提升经济治理能力，彰显经济制度优越性。中国特色社会主义市场经济体制是实现中华民族伟大复兴中国梦的关键支柱。不但需要时刻关注解放生产力、发展生产力这个关切点，更要注重在解放生产力、发展生产力的过程中提升和完善经济治理能力。必须提升经济创新能力，把经济理论、制度、方式创新贯穿到发展经济的全过程，创新经济发展理念、方式、路径；必须提升经济协调能力，使经济建设的各个领域能够实现平衡发展、充分发展、互补发展；必须提升经济绿色发展能力，创造天蓝水绿人美的经济发展环

---

① 习近平：《决胜全面建成小康社会　夺取新时代中国特色社会主义伟大胜利——在中国共产党第十九次全国代表大会上的报告》，人民出版社 2017 年版，第 12 页。

境；必须提升经济开放能力，形成经济开放新格局，打造新的经济发展秩序与经济发展格局；必须提升经济成果共享能力，让全体人民都能享受到经济发展所带来的福利。因而，提升经济治理能力，就是要把"五大发展理念"贯穿到经济发展的全过程，发挥中国特色社会主义经济制度的优越性。

(三) 文化治理能力的制度保障

"文化兴国运兴，文化强民族强。"[1] 文化治理能力是国家治理能力在文化领域的重要体现。新时代，加快提升文化治理能力既是国家治理能力的新要求，也是面临的新挑战，更是"坚持中国特色社会主义文化发展道路，激发全民族文化创新创造活力，建设社会主义文化强国"[2] 的新课题。

第一，社会主义文化体系是文化治理能力的重要制度基础。文化治理能力就是要在中国特色社会主义建设中、在意识形态工作中牢牢占据主动权的能力，在培育和践行社会主义核心价值观中引领文化风尚的能力，在加强思想道德建设中发挥教育引导作用的能力，在繁荣发展社会主义文艺中推陈出新的能力，在推动文化事业和文化产业发展中发挥行业模范带头作用的能力。上述文化治理能力的发挥必须是在坚持中国特色社会主义文化体系的基础之上，坚持以马克思主义为指导，坚守中华文化立场，立足当代中国现实，结合当今时代条件，发展面向现代化、面向世界、面向未来的，民族的科学的大众的社会主义文化，推动社会主义精神文明和物质文明协调发展。[3]

---

[1] 习近平：《决胜全面建成小康社会 夺取新时代中国特色社会主义伟大胜利——在中国共产党第十九次全国代表大会上的报告》，人民出版社2017年版，第40—41页。
[2] 同上书，第41页。
[3] 同上。

第二，文化治理能力的发挥必须建立在深刻认识我国所处文化环境的前提下。文化是一种精神力量，在改造世界的过程中同样会转化为具体的物质力量。我国文化治理能力的发挥不是无的放矢、毫无目的的，而是必须在清醒认识我国文化发展所面临的客观环境、文化发展所要达到的具体目的、文化提升所要实现的价值追求基础之上实现的。从面临的环境看，改革开放40多年来，我国经济社会在快速发展的大背景下，面临着严峻的文化安全问题。一是社会转型过渡期，人们生活方式、生产方式、交往方式的转变，使得利益诉求、思想观念和价值取向日益多元化；二是随着对外开放的扩大，各种思想、思潮、观念、理论之间相互碰撞交锋激荡，对人们的人生观、世界观、价值观形成了冲击。从我国文化建设所要达到的目的看，推动中国特色社会主义文化的繁荣是当前与今后一个时期要坚持和完成的任务，不但要形成与"四个全面"战略布局相一致的文化体系，还要适应中华民族伟大复兴中国梦的内在要求；不但要在形式上建立与之相契合的文化体系，还要在内容上形成与之相吻合的文化成果。从文化的价值追求看，中国特色社会主义文化所要解决的是"为了什么人"的问题，就是要完成"人要实现什么样的价值"的问题。一是坚定文化自信。文化自信说到底就是要对自己的文化体系有信心，就是要相信中国特色社会主义文化体系，在世界各文明的交汇交流交融过程中能够保持自己特色，不断扩大自身影响力。二是增强文化实力。文化自信依赖于文化实力，有超强的文化实力，才能在未来竞争之中充满底气，赢得一席之地。故而，文化治理能力首先体现在对中国特色社会主义文化的清醒认识能力上，只有这样，才能使中国特色社会主义文化在发展过程中不断得到丰富完善。

第三，培育文化组织，提升文化产品质量与文化服务能力。文化治理能力不是空对空的表达，而是蕴藏在文化载体之上的。这些文化载体多以文化组织的形式表现出来，有国际文化组织、国家文化组织、地方文化组织、乡村社区文化组织等；有以个人为单元的文化载体，如民俗文化传承、非遗文化继承等；也有以文化产品与文化服务的方式表现出来的。

文化组织代表着文化领域和广大文化工作者的愿望和诉求，具有群众组织优势、行业管理优势、专家人才优势，有较为广泛的人才和群众基础，涵盖了行业门类的资源优势和跨部门、跨地域的系统优势，联系和凝聚了一大批高层次、高素质的优秀文化人才。文化组织作为党和政府联系文化工作者的桥梁和纽带，可以在参与社会事务、开展公益活动、帮扶特殊人群等方面发挥文化治理功能，特别是在凝聚社会共识、彰显社会正气方面具有独特优势。

文化产品和文化服务是文化治理的重要载体，也是形成文化吸引力、感召力和影响力的重要因素。文化治理过程中，通过提供不同层面的文化产品、丰富多样的文化服务满足不同层面人民群众的需求。必须切实推进公共文化服务标准化、均等化，分批分层分级推送与人民群众切身利益相关的文化项目，不断满足人民群众对文化产品与文化服务的多样化需要。

（四）社会治理能力的制度保障

社会治理是国家治理的重要组成部分。有学者将国家治理划分为政府治理与社会治理，也有学者将国家治理划分为政党治理、政府治理、社会治理、乡村治理等。不难看出，无论何种划分，社会治理能力都是国家治理能力的重要组成部分，社会治理能力的实施必须有其赖以存在的制度基础与保障。

首先，社会治理格局体系是社会治理能力的制度依托。随着社会转型的加速推进，社会生活方式、利益关系日趋多元化，社会思潮多元多变，社会发展呈现出多元、立体、交互、交融的状态，既充满发展活力，又潜藏着各种风险和挑战。新时代，"加强社会治理基础制度建设，构建全民共建共享的社会治理格局，提高社会治理能力和水平,实现社会充满活力、安定和谐"①的任务显得更加迫切。一要完善社会治理体系,提升社会治理能力。就是要"完善党委领导、政府主导、社会协同、公众参与、法治保障的社会治理体制,实现政府治理和社会调节、居民自治良性互动"②。二要完善社会信用体系,依靠社会信用度提升社会治理能力。"加快推进政务诚信、商务诚信、社会诚信和司法公信等重点领域信用建设,推进信用信息共享,健全激励惩戒机制,提高全社会诚信水平。"③ 三要加强社会心理服务体系建设,培育自尊自信、理性平和、积极向上的社会心态。四要健全公共安全体系,依托公共安全提升社会治理能力。不断"加强全民安全意识教育,健全公共安全体系,为人民安居乐业、社会安定有序、国家长治久安编织全方位、立体化的公共安全网,建设平安中国"④。五要加强社区治理体系建设,提升社区治理能力。发挥社会组织作用,实现政府治理和社会调节、居民自治良性互动。⑤ 六要建立国家安全体系,依靠国家安全提升社会治理能力。要"深入贯彻总体国家安全观,实施国家安全战略,不断提高国家安全能力,切实保障国家安全"⑥。

其次,社会治理格局的构建与社会治理能力的提升相伴而生。我国社会治理格局朝着"共建共治共享"目标发展,必然建立在两个基础之上。一是社会治理格局的不断完善。社会治理格局的完善不但建立在对"社会"的认知程度与社会治理理论上,还建立在社会治理体系的不断丰富与完善上。从社会治理主体上看,党委、政府、社会、公众都是社会治理的重要参与者,在社会治理的过程中扮演着不同的

---

① 《中华人民共和国国民经济和社会发展第十三个五年规划纲要》,人民出版社 2016 年版,第 174 页。
② 同上。
③ 同上书,第 177 页。
④ 同上书,第 178 页。
⑤ 习近平:《决胜全面建成小康社会 夺取新时代中国特色社会主义伟大胜利——在中国共产党第十九次全国代表大会上的报告》,人民出版社 2017 年版,第 49 页。
⑥ 同①书,第 181 页。

角色，承担着不同的责任。二是社会治理领域的不断拓展。社会治理不但要在社会治理的内涵上进行拓展，还要在社会治理的外延上进行拓展。如社会治理体系中涉及的社会心理服务体系、社会信用体系，就是从社会治理的内涵上进行构建，而外在的社会安全体系、社区建设体系、国家安全体系等则是从外延上不断拓展。相信随着社会治理的深入，社会治理领域还将不断拓展。

与社会治理格局发展相一致的是社会治理能力与之同步提升。社会治理能力是国家治理能力在社会治理中的重要体现，它的强弱不但决定着社会治理状态的好坏，也直接关系着国家治理能力的总体状态。从社会治理能力涉及范围上看，它与社会治理格局相伴而生，有什么样的社会治理格局，就需要什么样的社会治理能力，有什么样的社会治理体系，也就需要与之相配套的社会治理能力。因而，新时代需要更好地整合社会力量，加强社会各种力量的合作协调，更好地平衡社会利益、调节社会关系、规范社会行为，进一步凝聚改革共识，形成改革强大合力，增强社会团结水平。①

（五）生态治理能力的制度保障

生态治理是国家治理在生态领域的重要体现，也是建设美丽中国的内在要求。构建生态文明体制就是要为维护生态安全、打造优美生态环境、创建美丽中国奠定良好的制度基础。生态文明体制为生态治理能力提供了源源不断的制度力量，为生态治理能力的发挥提供了制度保障。

第一，生态环境成为建设美丽中国的短板。"生态兴则文明兴，生态衰则文明衰。"党的十八大将生态文明纳入"五位一体"总体布局，党的十八届五中全会将"生态环境质量总体改善"列入全面建成小康社会的新目标。"我们在生态环境方面欠账太多了，如果不从现

---

① 阮青：《中国特色社会主义理论体系建设40年》，人民出版社2018年版，第185—186页。

在起就把这项工作紧紧抓起来,将来会付出更大的代价。"① 这表明,生态文明建设与经济建设、政治建设、文化建设、社会建设的发展还不同步,与富强民主文明和谐美丽的社会主义现代化强国的目标还不相符。如果生态环境问题得不到有效解决与改善,人与自然的关系不能实现和谐相处,即使人们实现了物质层面的富裕、精神层面的富足,仍然不能实现人与自然的和谐统一。

第二,完善生态治理机制的多样化。"既要金山银山,也要绿水青山,绿水青山就是金山银山。"这是对生态治理的总体要求,既富且美是对发展的美好向往。无论是大气治理还是河流湖泊治理,或是森林草原林地等方面关于自然生态的治理,都必须形成与之相关的治理机制,形成一整套可以直接适用且适合当地实际的治理模式。水资源短缺、水体污染严重、耕地受污染、森林生态退化,特别是"雾霾"等,都说明构建多元生态治理机制的迫切性与必要性。当然,我国生态环境矛盾是历史问题累积的结果,治理当然也非一蹴而就。人们更希望看到的是国家治理生态的决心及与之相匹配的治理能力。不但要完善法律政策体系,强化制度刚性约束,还要建立协调联动机制,突破生态治理瓶颈,从整体入手,注重战略谋划,注重生态治理的系统性、整体性和协同性。

第三,生态治理能力是打造美丽中国的内在要求。生态治理能力是指运用多元手段,促进绿色发展和生态和谐的能力。生态文明,关系人民福祉、关乎民族未来。必须树立尊重自然、顺应自然、保护自然的生态文明理念,把生态文明建设融入经济、政治、文化、社会建设的全过程,实现经济、政治、文化、社会发展和生态环境均衡发展,努力建设美丽中国,实现中华民族永续发展。

---

① 中共中央文献研究室编:《习近平关于全面建成小康社会论述摘编》,中央文献出版社2016年版,第164页。

二、国家治理能力实施的衔接机制

国家治理能力在国家各项制度的框架下实施,不但有效规范了国家治理能力实施的边界、权限,更有利于国家治理能力朝着国家治理体系和治理能力现代化的目标迈进。然而,由于我国治理幅度宽、治理范围广、治理难点多,这就需要建立与国家治理能力相配套的一系列衔接机制,使国家治理能力在各领域的运转快速高效畅通。从哲学的角度看,国家治理能力衔接机制就是使国家治理能力所依赖的人、财、物、信息等各种资源的系统运转与高效实施的各种机制的综合。它既是自上而下与自下而上政策间贯通的"结点",又是决策与执行环节的"润滑剂"。

(一)中国共产党的运行机制

中国共产党是中国特色社会主义事业建设的最高政治领导力量。中国共产党的运行机制决定了国家治理能力的实施状况,也决定了国家治理能力能否自上而下表达国家意志、落实国家大政方针政策。总体来看,这主要取决于中国共产党运行机制的三大特点。

第一,中国共产党的组织机制。中国共产党的组织原则、组织机构和组织纪律是以规章制度的形式固定下来并形成的党组织制度。从党的组织机制建设情况看,从中央到基层,从国企到民企,从城市到乡村,从党内到党外,党的组织无处不在,涉及国家政治生活的方方面面,反映了党对国家政治生活领导的全面性。从党的组织原则看,不但对党的中央机构提出全方位的组织规则要求,还对党的地方组织、党的基层组织提出了细分要求;不但对党的领导人提出了全方位的要求还对普遍党员提出了要求;不但对党的政治生活、组织生活提出了要求,还对党的日常行为提出了规范性要求。强调党员不是普通群众,党组织不是普通组织,党的领导不是普通干部领导的组织理念。从党的代表大会看，中国共产党代表大会制度是最完善、最有效的政党运转机制，事关党与国家的重大决策决议多是通过党的代表大会形成并进一步实施的。正因为如此，国家治理能力在党的组织机制运转之下同步实行，不但有利于将党的意志贯穿国家治理的全过程，更有利于国家治理能力的畅通表达。

第二，中国共产党的选用机制。干事创业的决定性因素是人。路线确立之后，关键在于干部。党的干部选拔任用机制，在注重对领导干部"德"的考察时，更加注重对领导干部个人的"才"即"能"的考察。只有将德才兼备的人选到合适的位置上，才能更好地发挥干部的作用，为实现中华民族伟大复兴中国梦而贡献力量。国家治理能力的实施重点在于"关键少数"，在于各单位、机关重要岗位上的关键个人。我国国家治理的鲜明特点是党政一体，党的领导干部同时又是国家治理能力实施中的关键一员。党的干部选拔任用机制是适合我国国情党情民情的，是长期的执政实践证明了的能够推进中国特色社会主义事业发展的有效机制，也是推动国家治理能力实现现代化的有效机制。

第三，中国共产党的动员机制。国家治理能力实施的重点并不是治理者的主动推动，而是治理者通过主动推动调动起人民群众的积极性，提高人民群众的参与度，使亿万民众都投身于中国特色社会主义事业的建设热潮之中。在中国，能够调动最广大人民群众的积极性，集中力量办大事、办实事、办好事的，有且只有中国共产党。中国共产党有9500多万名党员，这些党员不但是国家干事创业的优秀分子，他们也是来自全国每一个家庭家族的优秀分子，能够联络到全国每一个民众。所以，在中国，只要中国共产党决心为人民做好事、干实事，只要愿意为最广大人民的根本利益服务，各项战略任务就一定能实现。

因此，中国共产党的运行机制是国家治理能力衔接机制中的核心，只要将国家治理能力实施的目标蕴藏于中国共产党治理理念与治理实践之中，国家治理能力的目标就一定能够得到全面实现。

（二）集权与分权机制

社会运转的机制并不是通过具体的口号与文件而完成的，必须通过调动资源与配置资源的能力而实现。从权力的角度看，国家治理能力就是国家权力在国家各领域的延伸与表现，国家治理能力能否自上而下地推行，实现预期效果，依赖于权力是否能自上而下地发挥作用。

一方面，集权有利于国家治理能力顶层设计决策的执行。权力的集中即集权，是指决策权在组织系统中较高层次的集中。集权有利于为国家治理能力提供统一的标准，便于统一贯彻执行，也便于有效统筹全局。特别是在国家治理能力实施过程中，有利于统一指挥，集中力量应对治理中的问题。国家治理能力的实施需要集中财权、人事权、决策权。其一，恩格斯指出："为了维持这种公共权力，就需要公民缴纳费用——捐税。"[①] 税收即财政的表达，在我国国家治理的过程中，任何一项国家治理能力的推动，都不可能单独靠人的热情完成，必须投入必要的经济成本，才会取得预期的效果。其二，还必须在人事权上进行有效决策，把具有较高治理能力的人放在合适的岗位上，以完成国家治理事项。中国共产党在历史发展的潮流中，在新时代背景下，更加强调依靠学习走向未来，依靠人才攻坚克难，特别注重对德才兼备的复合型人才的培养。因为在未来的国家发展与国际竞争中，只有复合型人才才能担当起历史重任。其三，对决策权的把握。决策即能力，国家治理能力在很大程度上取决于决策是否科学。"治理就是决策"，科学有效的决策是治理目标实现的前提。特别在事关国家重大事项、重大布局、重大决定的问题上，科学决策就显得至关重要。新时代，中国在转型加速期面临着更加严峻的问题，面临着更大更多充满不可预测性的国际风险与挑战，对中国共产党预判形势与风险的能力、制定科学有效顶层设计的决策能力提出了更高要求。

---

① 《马克思恩格斯选集》（第4卷），人民出版社2012版，第188页。

只有在正确决策的前提下,国家治理能力才能够真正有效地贯彻。

另一方面,分权有利于国家治理能力的高效实施。分权与集权相对应,是权力散聚的两种形态。分权是指国家机构将宪法所赋予的权力进行合理分割,由不同机构执掌,以实现权力的正常运转。国家各领域事项治理的过程中,就存在着权力的合理分割。分权有利于形成国家治理能力网络,有利于各项权力之间的相互制约与监督,也有利于国家治理能力在合法的规则内实施。在国家治理能力实施过程中,如果不赋予与治理主体地位相对应的权力,那么其工作就不能有效开展,其机构就会处于停滞不转的状态,从而影响行政效率,导致国家治理的失效。分权有利于我国国家治理能力的推行,不但可以形成自中央到地方再到基层有效的权力体系构架,有利于自上而下的决策过程及政令的统一,还有利于部门或单位内部决策协调和执行层面能力各司其职、各守其位。在我国治理的历史实践中,央地之间的矛盾历来是调整的焦点与核心,也总是围绕在人事权与财政权的分合上。只有这两项权力有效协调,才能推动国家治理能力的有效表达。因而,集权与分权、中央与地方关系处理得恰当,则国家层级间的衔接就会顺畅。

(三) 法律体系

国家治理能力在国家各项治理事业中的实施,必须有一个可以依靠的法律体系作为支撑。古今中外各国的治理经验告诉我们,"国无常强,无常弱。奉法者强则国强,奉法者弱则国弱"[1]。

第一,中国特色社会主义法治体系与国家治理现代化的目标一致。建设中国特色社会主义法治体系、建设社会主义法治国家是全面推进依法治国的总目标。在我国只有实现依法治国,国家政治、经

---

[1] [战国]韩非子:《韩非子·有度》,载人民日报评论部编:《习近平用典》,人民日报出版社2015年版,第268页。

济、社会、文化各方面的生活才能具有秩序性、规范性，才能使人们在稳定的法律框架内从事各种生产生活活动。"法立，有犯而必施；令出，唯行而不返。"① 法律的生命力在于实施，全面依法治国的重点亦是保证法律严格实施。唯有如此，才能将依法治国真正落到实处。国家治理能力的目标在于国家治理能力现代化，它既是国家治理体系和治理能力现代化，即国家治理现代化的重要组成部分，亦是全面深化改革的目标之一。坚持"四个全面"战略布局是今后我国经济社会发展的科学指导和行动指南，是我们必须坚持和落实的中华民族伟大复兴中国梦的重要组成部分。全面深化改革与全面依法治国统一于"四个全面"战略布局、中国特色社会主义事业、"中国梦"的实践之中。因而，中国特色社会主义法治体系的目标与国家治理现代化的目标是统一的。只有法律体系完备与稳定，国家治理能力才能平稳推进、有效实施。

第二，中国特色社会主义法律体系为国家治理能力提供法律支撑。"法者，天下之准绳也"，法律体系就是部门法体系。党的十五大提出，"到2010年形成有中国特色社会主义法律体系"②。党的十六大提出"到2010年形成中国特色社会主义法律体系的立法任务"③。党的十九大报告指出，必须"坚定不移走中国特色社会主义法治道路，完善以宪法为核心的中国特色社会主义法律体系，建设中国特色社会主义法治体系，建设社会主义法治国家，发展中国特色社会主义法治理论"④。治理国家需要有法可依，治理中国这样的大国必须有一整套完备的符合中国特色社会主义的法律体系，对国家和社会生活的方方面面都进行合理性规范，为国家治理能力的实施提供法律保障，为国

---

① ［唐］王勃：《上刘右相书》，载人民日报评论部编《习近平用典》，人民日报出版社2015年版，第285页。
② 《十五大以来重要文献选编》（中），人民出版社2001年版，第1713页。
③ 《十六大以来重要文献选编》（中），人民出版社2006年版，第256页。
④ 习近平：《决胜全面建成小康社会 夺取新时代中国特色社会主义伟大胜利——在中国共产党第十九次全国代表大会上的报告》，人民出版社2017年版，第22页。

家治理能力的提升提供牢不可破的法律基础。新时代，中国必将以更开放的姿态不断完善法律体系，以适应国家治理体系和治理能力现代化的需要，以与全面深化改革的各项内容相同步、相一致、相协调。

第三，国家治理能力的实施必须在法律体系的框架内进行。"天下之事，不难于立法，而难于法之必行。"① 国家治理能力不是杂乱无章、任意而为的，必须在法的框架内进行。面对国家治理新情况，如何开展国家治理、如何界定法与非法的问题，成为治理的难点。在新的治理领域、新的治理问题面前，应当坚持以宪法为根本大法的原则，在宪法的框架内寻找法律体系的支撑。而无法律规定的事项在通过法律议案后也会上升到法律，这虽然在具体的实践中体现出了法的滞后性，但也是国家治理必须遵守的。国家治理能力在法的框架内实施，还体现在国家治理能力主体必须做到知法、懂法、依法、守法，注重依法治国与以德治国相结合，不断提升治理者的法律素养与道德素养。我国各项具体领域的治理有些已经非常成熟，有些还处于探索阶段，还没有形成成熟的治理体系与治理方法，还有一些新情况需要在具体的实践中去把握。这些对治理者的法律素养提出了更高要求，能否依法治理不仅是对治理者的考验，也是对国家治理能力的检验。

（四）道德规范

道德规范是由一定社会经济关系决定的，以善恶为评价标准的，依靠人们的信念、社会舆论和传统习惯来维系的，调整人与人之间及人与社会之间关系的原则和规范的总和。道德规范随着社会的发展而发展，具有历史性和继承性。

第一，公民道德是国家治理能力实施的民众基础。我国公民道德规范是所有公民必须遵守和履行的道德规范的总和。公民道德规范主

---

① ［明］张居正：《请稽查章奏随事考成以修实政疏》，载人民日报评论部编《习近平用典》，人民日报出版社 2015 年版，第 274 页。

要由基本道德规范和社会公德规范、职业道德规范、家庭美德规范构成。新时代背景下,网络已成为人们的生活与交往的重要方式,这要求人们还必须遵循以"诚信、安全、公开、公平、公正、互助"为原则的网络道德规范。

第二,治理者道德水平是国家治理能力内核。治理者道德水平集中体现在领导者的政治品德、思想品德和个性心理品德上。"无德不以使民"强调的就是德对领导者的重要性。政治品德是治理者必须具备的政治立场、政治观点、政治态度和政治品质等方面的条件。治理者的德决定了治理者会以什么样的政治态度、政治热情、政治动机参与到国家治理的实践中来。思想品德要求治理者必须具有崇高的理想信念、优秀的道德品质和高尚的情操。个性心理品德反映治理者的个人认知水平、知识水平、道德水准等品德层次,决定了其治理能力的温度。治理的温度即治理对象所感受到的治理者能否给予的治理温暖、制度温情与人文关怀。这是由领导者的道德取向所决定的。只有心中装着人民,时刻想着人民的治理者,才会在具体的治理活动中与人民走在一起。

(五)社会流动机制

社会流动机制是指实现社会成员或社会群体在社会阶级或阶层、社会地位、职业间流动过程的制度安排。国家治理能力最终由具体的人来实施,而人的阶层、职业、地位的状态决定了实施国家治理能力的状态。影响社会流动的因素主要体现在以下几个方面。

第一,经济发展水平。马克思主义认为经济基础决定上层建筑,经济因素在人们社会生活过程中发挥着重要作用。一般来说,经济水平高的地方,是人口流向的地方,也是人口聚集的地方。若经济发展水平高,则要求具备与之相适应的国家治理能力,无论是国家治理能力的能力项,还是国家治理能力实施的客观条件,都由这个区域聚集人口中的素质最高的群体所决定。同样,经济水平高的地方的医疗、教育、环境、就业等各方面的条件都相对较好。

第二，人口流动机制。人口流动包括自上而下的流动与自下而上的流动。影响人口流动的因素主要有两个大的方面。一是户籍制度。在宏观上，户籍制度塑造了中国的城市化和人口流动格局；在微观上，户籍制度对个体升学、就业、收入、婚姻、消费和社会融入等各方面都有影响。户籍制度的变革，又为人口中的人才资源流动增添了活力。二是考试晋升制度。考试晋升制度是指通过考试安排实现个体在知识层级、职业选择、职业发展上进步的制度安排。主要体现有三：其一是以"升学"为目的提升个体知识水平层次的考试制度，其二是以"转变身份"为目的的就业考试制度，其三是以实现"职业发展"为目的的晋升考试制度。从个体发展层面来看，考试晋升制度有利于个人通过自身努力达到个人预设的人生目标。

第三，自然与社会因素。自然环境的变化是引起社会流动的另一原因，由此而引起的社会流动多是在空间上的流动，促使人口和资源的重新分配。在自然条件较差的区域，一般人口都会存在大量外流现象。国家治理能力也多集中在防范自然灾害发生上，且以预防为主。在区域治理的过程中，区域政策、区域机构及人员在防灾方面都会较为侧重。政治动荡、战乱、民族压迫、国家面临外来入侵等也会对国家治理能力的实施产生直接的急促性的影响。政治动荡引发人心浮动，社会秩序和资源分配被隔断，而人会选择相对安定的环境生存，因此会出现人口流动，战乱和民族压迫也是基于此。

（六）风俗、禁忌等

国家治理能力自上而下的实施具有普遍性特征，但是，国家治理能力又因实施区域与实施对象的不同，受到实施区域与实施对象特殊性的影响，而产生各自不同的具体差异。不同区域的人民在历史发展过程中，沿袭着不同的区域特征，具体表现为民族性、差异性。在具体的生活中，体现在风俗、禁忌等各个方面。

首先，国家治理能力必须尊重治理区域的风俗。风俗是特定社会文化区域内人们共同遵守的行为模式或规范，主要包括民族风俗、节日习俗、传统礼仪等。我国是多民族国家，每个区域治理在普遍性的前提下，又都有其异于其他区域的特殊性。在大都市治理、小城市治理与城镇治理中体现出差异，在民族区域与特别行政区的治理中体现出差异，在乡村治理与城镇治理中亦体现出差异，这些都需要国家治理结合当地实际因地制宜地进行本土化的改造。同时，地区的差异性又因多种差异的交织显现出更多的复杂性，给国家治理能力提出了更为细致的要求，不但要照顾民族特性，还要考虑区域特性、历史特性。因而，要提升具体区域治理能力，必须做好三个方面的工作。其一，必须熟练掌握国家治理能力的具体内涵，把国家治理的各项能力了然于胸，无论在何种情况下都能够从容应对。其二，必须对治理区域的特征进行全方位的掌握。任何一个区域的主政者，如果不能因地制宜，具体问题具体分析，就会在区域治理的过程中犯常识性的错误。其三，注重区域治理的创新。国家治理的具体应用是从宏观上提出国家治理总的方法、路径及可遵循的原则，在具体的区域治理中，必须创造性地把国家治理的普遍性与区域治理的特殊性结合起来，走出一条适应区域自身特点的治理能力表达之路。

其次，国家治理能力需要尊重区域禁忌。禁忌泛指人们生活中沿袭的因敬畏超自然力量或因为迷信观念而采取的消极思想、行为、规则等的总称。在人们的生产生活交往，特别是重大活动中，禁忌几乎成为不可避免的遵循。这些禁忌在今天仍然被保留下来，影响着人们的日常生活，有些甚至成为国家治理能力需要回避的禁区。在无法消除其影响或者发挥其积极作用之时，必须将禁忌所带来的负面影响降到最低。

最后，国家治理能力最终要超越并改造风俗禁忌。风俗禁忌是人们在实践中产生并传承下来的。许多风俗禁忌是由于人类对自然界认识的有限性，对自然界充满了敬畏，而产生的印刻在人民日常生活中的习惯。随着人类认识层次的提升及科学技术的发展，一些带有迷信色彩的恶俗逐渐成为人们日常生活的负担，但是在一些区域仍然被沿袭，甚至成为一些地方颇有区域特色的亮点。故而，需要有效实施国家治理能力，对这些不再适宜现代社会发展需要的风俗禁忌进行创造性改造，或剔除，或迁移，使其能够朝着成为人们日常行为中具有积极性约束的目标发展。这才是治理目的所在。

第五章

中国国家治理能力的未来走向

通过前文的论述可知，国家治理能力的发展是一个长期的历史过程。从总体看，我国国家治理能力最终会走向国家治理能力现代化，也会更多地参与全球治理。

第一节　中国国家治理能力的目标取向

实现什么样的国家治理，具备什么样的国家治理能力，不但是全面深化改革的核心命题，更是中国未来发展的出发点。新时代，我国国家治理能力的目标必然是国家治理能力现代化。

一、善治——国家治理能力的理想状态

"善治"是一种政治理想，任何国家治理的过程都会为达到一个理想的目标而设定。在奴隶社会，"理想国"是城邦治理的理想追求；在封建时代，人们所追求的理想地是"桃花源"；在资本主义萌芽时期，所设定的是"乌托邦"；资本主义之后，"善治"的目标是实现共产主义理想。这一时期，无论是人们的生产方式、生活方式、交往方式，还是个人发展都达到了自由全面的地步，"善"不但成为人们日

常行事的最高规范，更成为组织特别是国家治理中所要达成的必然目标。因而，国家治理的理想状态就是要实现这种"善"的状态，即实现"善治"。

（一）人的自由全面的发展

马克思主义认为，人只有在掌握客观规律的基础上，充分发挥主观能动性，才能实现认识世界、改造世界的目标。实现共产主义的条件之一就是自由人的联合体和人的自由全面的发展。

首先，实现人的财富自由。作为自然物的个体要实现发展，必须具备一定的物质条件，以满足其基本生存及稳步发展的需要。每个个体的交往过程是在物质交换满足的条件之上，才能谈及精神层面的交流。现代化目标的实现就是要使每个人达到最基本的物质条件。充足的财富足以满足其与社会任何层次的交往，以使其能随心所欲地按其自身地位进行合适的交流。

其次，人的智力与受教育程度的均等化。从总体来看，人的发展除了受生物遗传因素影响，还受到所处环境的影响。因为环境不同，人在发展过程中所呈现出来的思想、意识、行为等表现不同，也就很难按固定的模式来量化。但可以肯定的是，只要个体按国家治理能力现代化的标准行事且符合标准，就说明其达到国家治理能力现代化的标准。而如果是全部个体都达到这一要求，则表明个体的智力与受教育程度之间实现了均等化。

最后，实施统一的教育理念。个体需要通过学习来掌握知识，而学习的过程就是接受教育的过程。恩格斯阐明了人与动物在对待自然界方面的本质区别在于人能够按照自己的目的来利用自然界、支配自然界。[1] 因而，统一的教育理念并不是忽视个体差异性，而是在尊重个体差异性的前提下通过教育实现个体价值与行为规范的统一。

---

[1] 恩格斯：《自然辩证法》，人民出版社2015年版，编者引言部分。

（二）制度安排的合理性

制度泛指以规则或运作模式，规范个体行动的一种社会结构。制度的存在是带有价值判断在内的，从而通过制度规则来影响人们的行为。

第一，制度要及时。在经济社会生活过程中，人们的行为总是超前于制度安排。而制度安排根据人们日常行为作为规定之后还需要不时地根据现实需要进行调整，这是因为制度安排的滞后性需要通过自我调整与自我规范来满足经济社会发展的需要。故而，在现代社会，治理者更应从事物发展的规律及可供借鉴的经验出发制定出具有前瞻性的制度，根据治理需要及时作出相应的制度安排。

第二，制度可调适。在经济社会生活中，社会是朝着前进的方向发展的，制度的出台则是根据当时的具体情况而作出的规则安排，它需要具有一定的灵活性来满足经济社会发展的需要。以计划生育政策为例，我国在制定政策的过程中，充分考虑到我国当时人口发展状况，考虑到政策在具体执行过程中的具体情况，作出制度安排。随着我国经济社会的发展及人口政策实施30多年后面临的人口问题，又进行了适度的调整。

（三）衔接机制的畅通性

前文所说的衔接机制，旨在说明要通过将一系列制度安排这样一个"润滑剂"使之灵活运转起来。但要注意的是，衔接机制必须能够适度调整与同步发展来杜绝其滞后性。自改革开放以来，政府机构已经进行了七次大的改革，机构的设立、合并、撤减并不是随意而为的，而是根据当时的具体情况作出的合理性制度安排。如航天事业在发展过程中，历经多次部门间的设立与合并，集中多方智力共同攻坚克难，在科学技术的难关上不断取得新胜利。但是，也可以看到在一些部门间的合并与撤销上并没有做到真正的实事求是，而是凭个别领导的好恶而设，特别是因人设岗问题的存在使某些官员的心思更多地花在了个人升迁上，而不是为社会主义事业服务上。

一方面，衔接机制需要事前谋划。事物的发展具有规律性，制度建设同样如此。制度的存在是为了解决问题，问题的性质决定了制度的地位，也决定了制度如何影响安排。因而，一要具有问题意识，带着问题进行事前调查研究，找到问题的症结所在。二要充分发挥集体智慧，集思广益，制定出既符合事物发展需要又极易操作并带有较少负面效应的高效政策。三要注重制度执行过程中的变更，时刻注重制度的时效性。因为制度有其周期性与时效性，过时的制度不但发挥不了正向作用，还会起到负向作用。

另一方面，衔接机制要体现畅通性。社会有机体的运转需要制度安排作为前提，而制度中的衔接机制的重要性就在于其可以将诸多固定的制度充分联结起来，并使各制度间的最大效应发挥出来，以形成制度的集成效应。畅通性的发挥是极难把握的，一要掌握畅通性的出发点，制度执行旨在使被治理对象更好地感受治理效应，使自身的切身利益得到保障。因而畅通性的出发点必须是被治理者的切身利益。二要注重畅通性发挥的适度原则。畅通不是完全自由地发挥，在自由裁量权发挥出来之前，还必须注重被治理者的感受，这样在使其切身利益得到保障的前提下，还不能使之破坏制度的合法性，避免制度威信的降低或丧失。三要注重畅通性与原则性的结合。社会风气及社会道德的滑坡、社会底线的突破，多数情况下是由于畅通性的滥用与原则性的丧失。一个好的制度如果只讲原则不讲畅通，则其执行之后的结果肯定是机械的且难以达到预设的目标；而如果只讲畅通不讲原则，则肯定是使政策变形走样。

（四）人与自然的和谐性

人与自然的关系问题是人们认识自己与外部世界关系的最基本问题。纵观这个历程可以把人们对人与自然关系的认识划分为三个阶段：人的依赖性阶段、物的依赖性阶段、人的自由而全面发展阶段。以此可以看出，人类在自然界中要实现充分而自由的发展，就必须实现人与自然界的高度统一与和谐。这种统一与和谐，不是单纯的人与自然关系的协调，而是人与自然关系在客观规律性与主观能动性的发挥上处于一种有机的辩证统一之中，人即自然界，自然界即人类，二者之间你中有我、我中有你，实现双赢。同时，也要看到，人是自然界的重要组成部分，人类社会的发展不但要注重人类与自然界的协调统一，还要注重把握人类与自然界中其他物种、环境间的协调统一。这种状态的前提在于两个方面，一方面是人类的高度自觉即自我意识的觉醒。懂得人为何物，人从哪里来，即只有找到问题的答案，才能真正地把自己视为自然的一方面，把人性中的"恶"彻底改造出去。另一方面是技术的发达。在原始状态，人口数量有限的情况下，人类与自然的和谐完全可以在自然状态下进行平衡，使自然生态系统处于高度的良性循环之中。但是，当人口数量达到自然所承受的限度之后，人类在自然界的活动就会对自然界造成更多压力与负面影响。这就需要通过科学技术的发展来推动人与自然的发展。如人类垃圾的消化就要依靠技术缩短其周期，如果不能进行及时的处理就会使垃圾过多，会给人们的生产与生活带来不便，也对自然生态系统造成破坏。而那些更加具有破坏性的垃圾，则会使自然生态环境受到破坏并将恶果转嫁到人类身上，形成一种互害模式。

二、良治——国家治理能力的现实状态

"善治"状态，是人类对国家治理能力表现的理想追求。但是我们应该看到，在人类社会发展中，所有的追求一般都会呈现出"求上得中，求中得下，求下者败"的境地，也会出现"高开低走"的状况。理想与追求永远不会过时，虽然要实现却要经历一个漫长的过程，甚至这个过程会因种种原因而中断或是改变，但是这种必然状态

的实现总是值得期待。

（一）历史发展的惯性

历史的发展呈现趋势性。黑格尔在《历史哲学》中指出，只有从哲学高度审视历史，才能透过各种偶然性和特殊性的杂多，发现人类各民族发展"何以如此"的真正原因和内在根据，这才是世界历史本身。马克思对黑格尔的世界历史思想进行了根本性改造和创造性转化，他认为："历史向世界历史的转变，不是'自我意识'、世界精神或者某个形而上学幽灵的某种纯粹的抽象行为，而是完全物质的、可以通过经验证明的行动，每一个过着实际生活的、需要吃、喝、穿的个人都可以证明这种行动。"①

但是历史发展的实质是历史合力发展的结果，是历史合力塑造了社会发展的状态。恩格斯这样讲道："无论历史的结局如何，……而这许多按不同方向活动的愿望及其对外部世界的各种各样作用的合力，就是历史。"②从中国共产党发展规模看，1921年中国共产党成立时，仅有50多名党员；1949年中华人民共和国成立，中国共产党带领中国人民站起来了，中国共产党党员有449万人；1978年，改革开放之时，中国共产党党员有3698万人③；2012年，中国共产党已经是一个有8500多万名党员的大党；2018年，中国共产党党员总数达9000多万名④；2021年，中国共产党有9514.8万名党员。在庆祝中国共产党成立100周年大会上，习近平总书记庄严宣告："经过全党全国各族人民持续奋斗，我们实现了第一个百年奋斗目标，在中华大地上全面建成了小康社会，历史性地解决了绝对贫困问题，正在意

---

① 《马克思恩格斯选集》（第1卷），人民出版社2012年版，第169页。
② 《马克思恩格斯选集》（第4卷），人民出版社2012年版，第254页。
③ 中共中央党史研究室编：《中国共产党历史大事记》（1921年7月—2011年6月），人民出版社2011年版，第3页、第66页、第122页。
④ 《2018年中国共产党党内统计公报》，中共中央组织部官网，https://www.12371.cn/2019/06/30/ARTI1561860413392572.shtml。

气风发向着全面建成社会主义现代化强国的第二个百年奋斗目标迈进。"① 按照此目标推进下去,中国发展已经进入新时代,在 2050 年中国将建成富强民主文明和谐美丽的社会主义现代化国家。但我们还应看到,历史的发展并不总会按照我们预设的那样进行,而是由多种力量决定其最后的走向。在发展过程中因为各种力量的相互作用而使之并不能朝着"理想目标"实现,而会达到一个次于或是渐进于"理想目标"的层面,即所说的"良"的状态。

(二) 人类的趋利性

"我是谁,从哪里来,到哪里去?"是哲学家们一直思考并试图回答的问题。当个体融入集体,成为社会化、组织化的人时,由于组织化的限制,个人特点、个体自身所具有的缺陷以及组织所造成的问题,国家治理的具体的操作受到较大影响。

首先,人性具有"恶"的一面。人是受环境影响而发展的,但环境的影响并不能使个体朝着预设的"理想目标"迈进,总会衍生出一系列的个性表现,如人的贪欲、嫉妒、恨等行为。因而在社会生活中,总会产生一系列的问题及难以处理的事端。从发展经济的实证研究看,经济发展过程中伴随着设租、寻租等腐败行为,也存在着破坏环境等重大问题。这并不是说人类没有意识到这类问题,而是因为这些是由人的趋利性所引起的,是难以彻底避免的。

其次,作为社会化的个体会受到组织的影响。马克斯·韦伯曾指出,人类在组织之中的发展总会受制于财富与权力的影响,人的权威及其地位的来源也决定了其在组织中的实质地位。人们对权威的崇拜、对地位的追求、对财富的向往影响着人们的行为。正如马克思在讲到资本主义发展时,也是一针见血地指出资本对人性的驱动。因

---

① 习近平:《在庆祝中国共产党成立 100 周年大会上的讲话》,人民出版社 2021 年版,第 2 页。

而，个体的理想状态总是会与现实状态之间存在一定的差距，不是"善"的状态，而是"良"的状态。

最后，个体会受到组织化人格的影响。人要在组织中社会化，家庭、学校、工作单位、同龄群体或是社会群体，都切实地影响着个体的个性与价值观。家庭、学校、同龄群体是个体社会化的基础，形成了个体的性格及价值观，并影响其在社会中的具体生活。步入社会，个体又受到其所在组织的结构、规则、文化的影响，从而形成其固定的行为方式，即组织化人格的特征。在组织系统中，公务员的工作行为有可能异化为升迁、级别上的增长，而将服务于民众的理念置于脑后。这是因为在组织之中，由于赋予其权力及可支配资源的能力，个体的欲望膨胀，影响其工作的初衷，从而造成如此的偏差。

（三）制度的弊端

制度具有规范人类行为的积极作用。但制度运行中存在着诸多弊端，"制度陷阱"问题就是最大的弊端。一个制度的实施需要诸多制度的保障才能正常运转，而诸多制度也需要更多的制度来进行保障，并且在制度设计过程中容易忽略设计的初衷而形成以"制度保障制度"的怪圈。

制度在完成其所解决的问题之后，仍有一段存续时间，有可能成为制约社会发展的"恶政"。这是因为，制度推行过程中所存在的人员、机构、资源的占有群体没有找到合适的转型机会，也没有得到妥善的安置，从而成为制度推进的阻力。我国政府治理过程中存在的机构臃肿现象就是最好的反映。如人民公社时期的供销社，本来可以划到后成立的商务部，税务部门的职能也可以划归国家税务统一管理，但是却不然，而是在机构之外另设机构，职能重叠、各管一块、互相扯皮，造成了部门之间互相推诿、人浮于事。党的十八大以来推行的简政放权，对一些原本就应裁减的部门进行了裁减撤并，很好地解决了存在的顽疾，使部门间的职能更加清晰。但承载制度功能部门的消亡只是第一步，制度的影响随着时间的推移及新政策的取代而逐渐消失，最后消亡。

（四）人类社会的集体无意识

人在集体活动中会出现某些无意识行为，造成组织低效。勒庞在《乌合之众：大众心理研究》中这样讲道："个人一旦成为群体的一员，他所作所为就不会再承担责任，这时每个人都会暴露出自己不受到的约束的一面。"① 这说明人类要想实现行为的高效就必须在集体生活中避免无意识行为。这就需要从三个方面对集体无意识进行约束。

一是组织核心及权威。人类是群居动物，在社会生活过程中逐渐形成一定的规则，并形成权力的等级划分。处于金字塔顶的人是权力的中心，可以通过权力制约人们的行为，从而达到实现社会活动的目的。纵观历史发展，良性的社会总是伴随着杰出人物的出现而产生。伟人、政治强人、领袖、核心都不过是名词的代称，而真正的领导者可以通过以上率下实现对人类集体无意识的矫正，从而使人类活动朝着有组织的目标化的方向迈进。

二是上下连通的流动机制。人的流动、物的流通是社会有机体活力的展现，如果出现严重的阶层固化及社会流动的梗化，那么将会使人类的发展出现危机，也许战争、冲突、争端就会不时发生。人的流动是实现精英人才从下向上的流动、非精英人员从上到下的流动，也要实现人员上下间的有机流动。这种流动方式其实就是体现社会公平正义的最好方式，让"能者上，庸者下"，让有才华者有更大的舞台发挥其主观能动性，而不是被局限压制在狭小的空间内，走向社会机制的反面，动摇社会稳定的根基。物的流动，也就是财富的相对平均及信息、资源的共享。社会发展中的"马太效应"如此明显以至于在

---

① ［法］古斯塔夫·勒庞：《乌合之众：大众心理研究》，中央编译出版社2004年版，第47页。

社会各领域都出现此种情况:信息的不对称、资源的不对等、物质占有的贫富化,造成了人们对社会发展过程中不公现象的对抗。以收入差距来说,富者愈富、贫者愈贫,高收入者与低收入者之间的差距使得社会心理失衡,特别是"仇富"心理引起的对富裕阶层的极端行为成为不稳定因素。权力分配的不公平,使得掌握权力者本应为民服务,却异化为权力者奴役剥削民众的工具。其直接的后果就是政府公信力下降,民众对政府的不信任程度加深。

三是国家治理的多方人才。国家发展得以延续、国家意志得以体现、国家治理得以推行,需要方方面面的人才。一方面,要培养国家治理的一线工作人员。国家治理体现在社会生活的各个方面,国家治理的一线人员也呈现出不同角色,警察、税务员、教师等都是国家治理队伍中的一员,不但要注重培养国家治理人才队伍,更要注重人才治理能力与素养的提升,让国家治理基层人才能够真正地与被治理对象融合在一起。另一方面,要培养国家治理的核心层人才。国家治理不同于小型组织如家庭、单位那样,国家治理容不得出现迟疑、懈怠、徘徊的情况,因为那样,容易使国家陷入止步不前或是内乱不已的地步。因而,国家意志的推行在某种程度上就体现在国家政权核心领导人物的培养上。这就需要从五个方面来进行考察,一要有正直的道德品格,二要有渊博的知识涵养,三要有丰富的实践阅历,四要有开阔的天下视野,五要有造福苍生的人民情怀。

结合上述论述,可以看出,国家治理能力现代化作为国家治理能力的目标,其理想状态是要实现"善",而应然则是达到"良"的治理目标。这并不是说给国家治理能力现代化打上折扣,而是更好地体现国家治理能力在追求的过程中并不会求全责备,是顺势而行。我们应明白,没有国家治理能力的现代化就不可能有国家治理体系的现代化,因为国家治理能力是国家治理体系状况最为直接的体现。我们更应看到,国家治理现代化不是一蹴而就、一步到位、一气呵成的,而是要随着具体实现国家治理能力群体素质的提升及其实施治理能力水平的提升而实现,这是一个长期的历史过程。

三、现代化——国家治理能力的时代目标

《中共中央关于全面深化改革若干重大问题的决定》提出全面深化改革的总目标,标志着我国国家治理理念进入新阶段。这个新阶段并不是说旧的模式已经突破,而是在总体上迈入了新阶段。目标是既定的,但是现实与目标之间还有着较大的差距,要缩小目标与现实间的差距,确实还需要一定的时间与努力。对于国家治理能力而言,新时代的目标就是要实现国家治理能力的现代化。

(一) 国家治理能力现代化是新时代我国国家治理的新要求

新时代的国家治理有着新的特征与要求,国家治理能力现代化要与解决新时代社会主要矛盾相配套,与完成中华民族伟大复兴中国梦相契合。

1. 国家治理能力现代化是我国国家治理能力水平的新标准、新要求

党的十九大指出,过去五年,中国特色社会主义制度更加完善,国家治理体系和治理能力现代化水平明显提高,全社会发展活力和创新活力明显增强。从 2020 年到 2035 年,基本实现国家治理体系和治理能力现代化,2035 年到本世纪中叶,实现国家治理体系和治理能力现代化。[①] 即到 21 世纪中叶,我国必将实现国家治理体系和治理能力现代化,实现社会主义现代化强国的阶段目标。也就是说,国家治理能力现代化的实现是一个长期的历史过程。因而需要从历史的视角来回顾国家治理能力的进程,从而更好地说明我国国家治理能力现代化的提出是国家治理能力水平的新标志。

---

① 习近平:《决胜全面建成小康社会 夺取新时代中国特色社会主义伟大胜利——在中国共产党第十九次全国代表大会上的报告》,人民出版社 2017 年版,第 4 页。

近代以来,中国在国家治理道路上的历程,经历了三个时期:

一是争取自我治理。从1840年鸦片战争到1949年中华人民共和国成立,中国人民经过百年的奋斗实现了民族独立,人民成为国家的主人。这个过程是充满坎坷与艰辛的,中华民族为此付出了惨重的代价,也积累了丰富的经验。从开眼看世界到新民主主义革命胜利,每一个历史阶段都经历了时代的检验,每个过程又都是一个试错与不断修复的过程。中国自己的事要由中国人自己做主,西方列强对我国领土、主权的践踏使中国人更深一步地认识到:只有独立自主、自身强大才能获得新生,落后的结果只有一个——挨打。

二是夯实国家治理的现实基础。从新中国成立后到党的十九大召开,中国共产党人近70年艰苦卓绝的奋斗,从国家基础设施建设开始到高新尖端武器的创新,逐步将中国的国力基础夯实。从经济基础到经济腾飞、从政治建设到政治文明、从文化落后到文化自信、从社会单级到社会多元、从生态破坏到生态文明,诸多领域的崛起与腾飞使中国国力不断增强,中国逐渐走近世界舞台的中央。

三是推进国家治理能力现代化。"基础不牢,地动山摇。"正是中国百年来发展的历程与新中国成立以来打下的坚实厚重的基础,才使中国在世界舞台上不断创造新的奇迹。国家由统治到管理再到治理理念的转变,其背后实质是大国发展的支撑,也是中国走向强大和更为理性的发展道路的标志。"五位一体"总体布局、"四个全面"战略布局、"五大发展理念"、"一带一路"倡议、世界金融体系等,经济与政治发展的背后是国力的增强,折射的是大国的气魄与担当。推进国家治理现代化使中国进入国家治理的新阶段,但绝不是终止符,中国会随着综合国力的进一步增强逐步成为世界的中心,并进一步推动全球治理走向更加规范、更加科学的阶段。

2. 国家治理能力现代化是中国式现代化目标的重要组成部分

通俗地讲,中国式现代化道路就是使中国走向国富民强的道路。中国式现代化的目标实际上就是超过西方,早在20世纪五六十年代毛泽东就提出要赶英超美，其实质就是要在现代化的发展程度上超过英美，突出的表现就是生产力与生产关系的关系。有学者曾论述国家治理现代化是"四个现代化"之外的第五个现代化①，但从所属层面来看，国家治理现代化与"四个现代化"并不属于同一层面的现代化。如果说四个现代化属于生产力标准层面的，那么国家治理现代化应该属于上层建筑层面。

  理由有二：其一，生产力与生产关系，经济基础与上层建筑之间的关系是历史唯物主义的主要观点。发展工业、农业、国防、科技都是从生产力与经济基础层面而言的，是通过物质层面的积累而实现国家的发展，从而满足人民群众生存发展的需要，这是必要的也是最基本的。国家治理现代化则是从生产关系及上层建筑的层面来讲，是从政治建设的高度来谈国家的发展程度。以现代化来标识是为了更好地将国家治理提升到新高度，为国家治理的理念与目标设定相应的标准。其二，国家治理现代化与"四个现代化"是"道"与"术"的区分。术就是具体表现与路径，工业、农业、国防、科技只是实现"术"的一个具体层面，是一个组成部分，其实通过划分还可以拓展出诸如服务业、制造业、航天业等方面的现代化。而"道"的层面则是说通过某种方式的实现以整体推进到某一程度，这是一个更加宏观的层面。中国国家治理现代化的"道"就是立足于中国梦的前提下而提出的具体措施，是比"四个现代化"层面更高的论述。

3. 国家治理能力现代化为中国参与全球治理增加助力

  中国是世界的重要组成部分，中国的发展离不开世界，世界的发展需要中国。中国以何种方式参与全球治理，不但决定了中国在世界舞台上的位置，也决定了全球治理生态的走向。"世界怎么了，我们

---

① 许耀桐、李景鹏、虞崇胜、唐皇凤等人持此观点。见许耀桐：《法治 德治 共治 自治 "第五个现代化"独特内涵与历史轨迹》，《人民论坛》2014 年第 10 期；李景鹏：《关于推进国家治理体系和治理能力现代化——"四个现代化"之后的第五个"现代化"》，《天津社会科学》2014 年第 2 期；虞崇胜、唐皇凤：《第五个现代化》，湖北人民出版社 2015 年版。

怎么办，国家应如何"，这不但是中国在全球治理中以何种能力体现，也是世界各国通过不断实践回答的问题。时至今日，中国的成功实践已经给世界提供了一种回答。

国家治理能力现代化的提出不仅是中国在国家治理上的理念创新，更是实践发展到一定程度的结果。结果导向的引入并不总能反映问题的结论，但却可以从侧面说明中国正在向这一目标前行。面临世界各国发展的颓势，中国却以强健的步伐向世界表明"中国方案"是可取的、可行的，那就是以共同发展、共同进步，而不是以牺牲他国利益来谋求自身发展的模式。基于此，可以说国家治理现代化的主要体现就是国家治理能力的具体运用。治理能力是一种力量的表现，这种表现使被治理者感受不到欺凌压迫感，而是享受获得感、积极参与其中的回应感。同样，中国哲学所讲的"内圣外王""由内而外"的内核真切地映射在国家治理之中，那就是通过自身的发展强大来影响世界各国，从而实现全球治理现代化。

（二）国家治理能力现代化的标准

21世纪中叶，我国将实现国家治理能力现代化。从2018年到2050年30多年的时间里，国家治理能力现代化的实现将处于一个不断发展与进步的过程，其实现的标准同样具有较大的变动性与灵活性。因而，可以从四个方面来考察国家治理能力现代化的标准。

1. *治理主体现代化*

治理主体素养和本领水平的高低，决定着治理能力水平的高低。国家治理能力的现代化，应该从治理主体现代化的视角去推进。

第一，组织化主体现代化。从本书的论述可知，组织化主体的现代化主要体现为政党治理现代化、政府治理现代化两个方面。政党和政府在国家治理过程中发挥着主体作用，其中政党起到核心与领导作用，对国家治理进行着顶层设计与制定构建；政府起到主导作用，在具体治理过程中将政党的意志贯彻到国家治理的方方面面。其他组织则是对政党与政府治理的有效补充，起到参与和监督作用。只有当政党和政府这两大主体完全实现现代化之时，国家治理能力现代化也才随之实现。新时代，在我国各项事业不断推进过程中，我国国家治理也面临着越来越多的复杂与不可预测因素和挑战。提升政党治理能力和政府治理能力也是当下国家治理面临的重大课题与艰巨任务。

第二，个体化主体现代化。具体而言，个体化主体现代化就是治理者现代化。通俗地讲就是要提升领导干部的素质素养，增强领导干部的国家治理能力与水平。"政治路线确定之后，干部就是决定的因素。"[1] 习近平总书记更加重视领导干部的作用，他认为做新时代中国特色社会主义事业的领导干部，必须做到五个方面：灵魂上，坚定马克思主义信仰；作风上，做到"三严三实"；品质上，做到"忠诚干净担当"；做人上，要"心中有党、心中有民、心中有责、心中有戒，做政治的明白人、发展的开路人、群众的贴心人、班子的带头人"[2]；做事上，要"信念坚定、为民服务、勤政务实、敢于担当、清正廉洁"[3]。领导干部具备现代化治理水平，还必须加强自身学习，注重道德修养提升，与时代治理要求同步，不断开创中国特色社会主义国家治理新格局。

2. 治理客体现代化

国家治理的过程，就是治理主体领导和组织社会成员贯彻实施国家治理要求的过程。人是社会实践活动的主体，聚焦到国家治理活动领域，社会成员既是绝对的治理客体，又是治理主体。但总体上看，大多数社会成员在国家治理中处于客体地位。

从宏观上看，治理主体与治理客体没有明确的界限区别。但在具

---

[1] 《毛泽东选集》（第2卷），人民出版社1991年版，第526页。
[2] 中共中央宣传部编：《习近平总书记系列重要讲话读本（2016年版）》，学习出版社2016年版，第111页。
[3] 《十八大以来重要文献选编》（上），中央文献出版社2014年版，第468页。

体的治理领域与治理活动中，治理主体与治理客体则较为明确。国家治理的客体有诸多形态，最终体现在治理的最小单元"人"上。作为个体的人因成长环境、受教育程度、个人素养、组织化程度、社会化程度的不同而体现出不同特征。治理客体的现代化是指作为治理客体的人在具体的国家治理过程中，达到国家治理现代化的要求，且能够以积极主动的姿态参与到国家治理之中，充分体现个人作为治理客体的作用，为推动社会主义现代化建设而贡献力量的过程。在具体的治理过程中，也就是要在政党治理、政府治理中，拓宽公民参与治理的渠道，开创公民参与治理的空间，充分调动公民参与的积极性。在其他组织治理中，要求以社会组织为主体的其他组织治理成为政党治理与政府治理的有益补充，使政党治理、政府治理更好地朝着"善治"的方向迈进。

3. 治理工具现代化

"国家治理体系是在党领导下管理国家的制度体系，包括经济、政治、文化、社会、生态文明和党的建设等各领域体制机制、法律法规安排，也就是一整套紧密相连、相互协调的国家制度。"[①] 由此可见，治理体系是治理主体在国家治理中所使用的工具，是作为治理主体的治理工具而发挥作用的。人类实践活动中，通常也会使用工具以提升工作效率。所以，推进国家治理体系现代化，也就是要实现国家治理工具的现代化。

第一，治理工具的完善。治理体系是否科学、合理，对能否实现有效治理起着主导作用。如果在现代化进程不断推进的社会中，治理主体仍然用传统的治理工具处理当今面临的复杂治理问题，不仅是不合时宜、与现实脱节的，而且在解决问题的过程中还有可能起到反作用。因而，治理工具的现代化，不仅是社会政治经济现代化的必然要求，是实现国家治理现代化的重要抓手和根本要求，也是中国特色社

[①]《十八大以来重要文献选编》（上），中央文献出版社2014年版，第548页。

会主义现代化事业发展的重要保障。为此,必须"从制度上保证党和国家政治生活的民主化、经济管理的民主化、整个社会生活的民主化,促进现代化建设事业的顺利发展"①。同时,实现治理工具的现代化,需要治理主体与治理客体共同致力于治理工具的创新、完善和发展,以使其更加适应现代社会的发展,保障全体社会成员的权益。

第二,治理工具的实践创新。为有效治理国家,不断创新治理工具,解决不同时期社会治理问题,就要"推动中国特色社会主义制度更加成熟更加定型"②,在国家治理能力得以实施的制度保障中,也要继续根据时代发展的要求不断进行完善。我们党在全国执政并建立社会主义基本制度,探索适合中国国情的国家治理之路,创建人民民主专政制度、人民代表大会制度、中国共产党领导的多党合作和政治协商制度、民族区域自治制度、基层群众自治制度等具有中国特色的国家治理体系;"四个全面"战略布局等是在已有治理工具的基础上,结合时代发展的新需要,不断完善提出的。因而,国家治理工具只有在具体的历史实践中不断提升,才能更好地满足建设中国特色社会主义现代化强国的需要。

4. 治理过程现代化

治理过程即治理主体通过治理工具作用于治理客体的过程。治理过程的现代化是在治理主体作用于治理客体过程中不但要保证治理活动在制度框架内进行,还要保证治理活动的人文关怀与治理客体的获得感。

第一,国家治理能力实施是趋"善"的过程。能力是主观见之于客观的条件。国家治理能力是国家为实现治理目标而具备的能力集合。在此过程中,国家治理能力基于国家治理的侧重点而体现出不同

---

① 《邓小平文选》(第2卷),人民出版社1994年版,第336页。
② 习近平:《习近平谈治国理政》,外文出版社2014年版,第105页。

的特征,在巩固政权之初,比较重视国家暴力机关职能的发挥;在发展经济时,侧重于国家经济机关职能的发挥。而在国家事务的治理中,国家治理能力又总是按照从探索到形成再到完善这样一个逻辑进行的。建设小康社会,是改革开放之后我国关于人民生活水平的表述,但是小康标准是随着时代的发展与经济水平的提升而不断提高的。对小康的描述也是依据发展的现状而提出,基本建成小康社会——全面建成小康社会,党的十九大又提出"全体人民共同富裕基本实现"① 的论断。与之相适应的,是国家治理能力也在不断进行完善,从国家治理能力的提出,到国家治理能力内容、架构、体系、机制的探讨,再到国家治理能力现代化的实现,都是一个趋"善"的过程。从时间上看,它需要几十年的时间来完成,是一个不断探索与完善的过程。从空间上看,就是要使国家治理能力在中国国家治理的客体上实现。这样一种表达仍然是一个趋"善"的过程,即治理主体、治理客体、治理工具在此过程中都实现自身的完善,实现现代化。

第二,治理过程现代化使人民感受国家治理的温度。治理过程现代化,不但是指治理活动依据各项制度安排实现机械式的执行,而且是指在治理过程中治理客体能够感受到国家治理所带来的温度。这种温度不但是人民群众的获得感,更应有人民群众的受尊重度与回应性的表达。"我国人民将享有更加幸福安康的生活"②,不但是在物质上的满足,而且体现在精神的满足。在每个具体的治理过程中,人民群众不但是治理的相对客体,更应成为积极参与治理的主体,共同推动国家治理朝着更加完善的方向发展,促成全面深化改革总目标的实现。

---

① 习近平:《决胜全面建成小康社会 夺取新时代中国特色社会主义伟大胜利——在中国共产党第十九次全国代表大会上的报告》,人民出版社2017年版,第29页。

② 同上。

第二节　中国国家治理能力现代化的实现条件

从政党治理到国家治理再到全球治理是一个过程，更是一个发展的集合体，在这个发展过程中，不但要注重事物间的联系，更要注重事物内部的联系。这种联系的构建正是治理得以推进与发展的基础与平台。因而，本书的落脚点就在于对治理主体能力、治理机制、治理生态的考察。

一、治理主体能力的提升

人是最宝贵的资源，也是第一资源。国家治理能力最终是通过具体的个体来实现的。也就是说，人的主观能动性的发挥，以及人对人的具体治理过程中所体现出的相关行为决定了相对人对治理水平的感受，也能动地反映出治理主体的具体操作能力。

（一）治理个体的自我提升

随着社会的进步与认识的拓展，人类也在不断地发展和完善自身。在国家治理过程中，一方面，对处于治理方的个体而言，治理者不但要对治理为何、治理如何、治理怎样有一个清醒的认识，更应该对自身处于治理者的位置所应具有的能力与应该如何将这些能力付诸治理实践有着总体的把握。以执政为民、以人民为中心的理念，以大公无私、公而忘私的心态去推进各项治理事业，就一定能够实现治理现代化。而如果有私心杂念，总想着为一己之私，树山头、搞团伙，则会走向反面。另一方面，对处于被治理者的个体而言，应该明白，治理相对方享受到国家治理所带来的福利，不但体现在满足其基本的低层次的需要上，更应该体现在满足其发展与尊重的需要上，每个个体都充分地感受到国家治理之泽。总的来讲，治理与被治理是相对而言的，只有通过这种变化才能更好地将治理推向更高水平。

（二）治理环境的改善

环境对人与群体的影响不言而喻。良好的社会环境不但有利于人与人、人与群体、群体与群体间的良性互动，更有利于为国家治理创造有利的治理氛围。治理环境是一个复杂的系统。要想实现治理"善"的必然目标、"良"的应然目标就必须营造一个优良的治理环境。治理环境的营造并不是一朝一夕能够完成的，是需要不断地对社会生态进行修复，通过治理的手段，针对具体的事务来影响民众，使民众不断对治理主体产生信心。但是治理环境的恶化却可能是简单的过程，恶政的实施或腐败、滥用职权的公务人员的行为都可能会影响到系统、治理单位的环境，从而带来恶劣的影响。

第一，治理能力的好坏直接影响到社会环境的构建。治理能力由治理者所掌握，治理者在具体治理事务中的能力状态直接影响到社会群体的心理。治理者能力的运用不但要依照治理规则，很多情况下还会根据治理者自身的内在法则。特别是在自由裁量权的空间下，治理者能力的状态就更能决定其治理给社会环境所带来的影响。从当前国家治理中存在的诸多问题看，治理者在治理过程中采用的治理工具、语言表达方式方法、对被治理者的态度，都有可能成为社会群体所关注的焦点，也有可能影响到国家治理主体在社会群体中的形象，进而造成公信力的下降。故而，治理者治理能力的好坏、水平的高低直接影响到社会环境的构建。

第二，社会环境的状态对治理能力起到一定的反作用。社会环境的状态在一定程度上决定了治理能力所存在的状态。众所周知，社会环境是社会运行过程中的动态状态。其状态是由社会群体的行为规范、价值标准、交换准则等各个方面所构成的集合体。社会环境越公正清明，治理能力就越能体现出公平正义和秩序性；社会环境越恶化，治理能力就越会朝着僵化呆板机械的方向发展。也就是说，在社会环境的发展过程中，如果环境朝着"恶"的方向发展，治理者想通过自身治理能力的发挥使社会治理环境朝着一个"良"的方向发展，就必然要付出更多的成本。这种成本不但包括治理能力与水平，甚至是治理者群体的自我牺牲。

（三）提升民众参与度

个体是群体中的一员，个体行为总是要表现在群体之中。因而，国家治理能力现代化的实现不但要实现个体自身的提升，更要注重由民众个体组成的社会环境的培育，以形成全民共建共治共享的良好社会环境。提升民众参与度就是要实现人与人、人与社会、人与自然间的和谐，使人自身实现生理、心理、社会适应上的和谐状态，使人与人之间实现相互尊重、信任和帮助，使人与自然能够和平相处，有机统一，共同发展。

民众参与度的提升需要形成有效的社会运行机制，就是要建立在政府之外且由政府指导的，使社会群体中的成员能够处于自我有序的发展之中的体制机制。一方面，要不断提升人的素质与受教育程度，使每一个人都成为社会人，成为脱离了自然状态的，适应于人类社会发展的自由个体，使人具备接受新事物、新技术发展所需要的能力。另一方面，探索民众参与度提升的运行机制与政府机制间的互动模式，使民众参与成为政府的有益的重要补充。这是因为，民众参与不是独立于政府之外或是与政府对立的社会形态。民众参与度的提升应当是政府将其部分服务职能转移与让渡给社会，从而使社会更有活力，更有朝气。

二、治理机制的动态平衡

马克思曾提出"社会发展动态平衡"，治理机制动态发展的落脚点在"动态"与"平衡"上。因而,任何"良"的制度都不是一成不变的,而是随着经济社会的发展而不断进行调整,以缩小与社会发展之间的不平衡度,力争实现动态中的平衡发展。

(一)治理机制与经济社会发展的平衡

社会系统的良性发展是动态平衡的演进过程,这是社会系统内外要素间交互作用、协调发展的结果。只有当治理机制与经济政治社会的发展相平衡时,才能发挥其有效性,更好地推动经济社会发展。

一方面,从治理机制的角度看,治理机制是国家治理过程中所形成的有关国家如何运转的一系列制度安排。治理机制是在具体治理实践过程中形成的,是对治理实践活动失败的反思、经验的总结。每个具体的治理活动都需要有与之相匹配或是能够使之达到治理预期效果的治理机制,每个特定治理活动下的治理机制也都会随着治理过程的实施而得到丰富与完善。

另一方面,社会发展过程中,由于生产力与生产关系、经济基础与上层建筑之间的辩证关系,治理机制并不是固定不变,而是随着社会的发展不断调整的。马克思明确指出:"现在的社会不是坚实的结晶体,而是一个能够变化并且经常处于变化过程中的机体。"[①] 在这种变化下,任何一项固定的治理机制都不可能解决变化发展着的治理实践的现实问题。因而,治理机制也必然要随着经济社会的变化而不断调整,以使治理机制与经济社会相平衡、相配套,从而更好地推动国家治理朝着现代化的方向发展。

治理机制与经济社会发展之间的平衡也可以称为"动态平衡"。这首先指的是它的动态性。社会发展如果不是变迁的状态,发展就无从谈起。其次指的是它的平衡性。社会系统的动态平衡发展最终体现为一种协调的和谐发展状态。协调作用的发挥体现为社会发展的有序

---

① 《马克思恩格斯选集》(第 2 卷),人民出版社 2012 年版,第 84 页。

性增强,然而并不是把组成整体的要素结合到一起就能实现社会的和谐发展。最后,还表示对发展机遇的把握。作为有自觉能动性的主体人,对代表未来演化方向的机遇的认真识别,以及对机遇发展条件的自觉调控,促成社会系统朝更高层次进化。

(二) 及时改进治理机制

治理机制的实施在一定的时空内会起到积极有效的作用。随着社会发展,人民群众物质生活与精神生活的丰富,人民的需求呈现出多元化趋向,治理机制也应随之调整。因而,要保持治理机制的时效性,就必须不断根据发展的需要适时地调整治理机制,以保持治理机制运转与社会发展同步。

在改进过程中,必须注重两个问题。一是治理机制的考察机制。如何认定治理机制与社会发展的适应性,如何判定治理机制需要改进的部分,如何实现治理机制的有效改进,这些都必须立足于对治理机制的有效考察。二是如何使治理机制的改变化于无形之中。此处要说的是对于治理机制的改进并不需要通过大型的社会变革或是大的社会心理动荡,而使民众处于一定的恐慌之中。治理机制的改进是一种自然的改进,一种顺势而为的方式。

对于这两个问题的处理,必须立足于现实的治理过程之中,且要"适时"地对各治理机制进行调整。这种调整,一要"及时",这种及时是一种适时性,一种对治理机制的准确把握与改进。这不但需要治理者具有哲学思维,更要具有治理能力,从而才能保证"及时"的确立。二要"有效"。如果对治理机制的调整是及时的,但是对其效用的把握是无效的,那么,这种调整仍然是对机制的误用或是使机制产生"恶"的效果。

三、治理生态的营造

治理生态是由治理能力实施的环境形成的治理状态。要实现治理

"善"的必然目标、"良"的应然目标就必须营造优良的治理生态氛围。良好的治理生态并非朝夕之事，需要通过对社会生态的持续修复，通过治理的手段，针对具体的事务，来影响民众，使民众不断对治理主体产生信心而形成。但是治理环境的恶化却是一个简单的过程，一个恶政的实施、一个腐败的官员、一个滥用职权的公务人员，其行为都可能会影响到一个系统、一个治理单位的生态，从而带来恶劣的影响。

（一）政治生态

政治生态与国家治理息息相关，是国家治理能力的直观体现。国家治理能力是公平正义的、以人民为中心的，就能营造出积极向上的、以"法治"为主的政治生态；反之，治理区域则会出现"人治"的政治生态。政治生态不但受到治理体系的影响，还直接受到治理能力实施者的影响。这突出地表现在党和政府中的领导干部与公务人员身上，而营造风清气正的政治生态环境需要从两个方面着手。

一方面，要提高治理机制的执行力。国家治理体系是国家治理机制的集中体现，每个存在的治理机制都必然有其存在的空间。但是如果治理机制不能在具体的治理活动中得到落实，则会使治理机制成为束之高阁的文件，不但起不到应有的作用，还可能影响或降低公权力的执行及政府公信力。因而，要营造良好的政治生态，就必须强调各项治理机制的落实，做到有法必依，执法必严。

另一方面，注重提升治理者的素质。治理者，具体而言主要是领导干部与公务人员。一个地方政治生态的好坏，受其主要的执政者影响，"上梁不正下梁歪"，为上者如果不能以身作则，不能处处按党章党规及法律法规行事，以权谋私，就会使这个地方的政治生态受到破坏。久而久之，人们的行为规范与价值标准就会受到破坏，政治生态就会朝着"恶"的方向发展。而如果治理者注重提升自身素质，提升治理水平，始终坚持以人民为中心的立场，不忘初心，就一定会使其治理区域的政治生态得到改善，营造出风清气正的政治生态。

（二）社会生态

社会生态是指社会运行中所呈现的状态，社会生态的状态与社会环境、社会机制、社会发展密切相关。当然，社会生态的发展也取决于社会治理群体的整体能力。而要实现国家治理的良性状态发展，就要使社会生态实现平衡，使社会朝着积极健康的方向发展。

一方面，必须深刻把握新时代我国的社会环境。毋庸置疑，我国现在仍处于社会主义初级阶段，但是社会主义初级阶段的主要矛盾有了新变化。在制定社会政策进行社会治理的过程中，必须从这个实际出发，认真总结社会治理中的经验和教训，绝不能脱离新时代的具体实际。另一方面，必须使社会治理体系的目标与国家治理现代化的目标相一致。大力发展社会事业，构建社会治理新格局，其目标就是要实现社会公平正义，实现对人民的庄严承诺，让人民群众享受更多的社会福利，有尊严与获得感。这就需要将社会生态建设与政治生态建设结合起来，将社会生态看作政治生态的重要补充与依托。只有社会生态朝着积极健康的方向发展，才能在一定程度上避免或自觉抵制政治生态某些程度的污染所带来的负面效应。

同时，要制定良性社会规则，构建良性社会秩序。社会要靠规则来运行，社会治理的目标就是人人遵守规则、信奉规则，按规则行事。社会治理的状态需要规则的维护，在社会治理过程中必须使良性的规则上升为全体社会成员所遵循的行为规范。要自觉抵制，坚决同所谓的"潜规则"作斗争，营造风清气正的社会环境。

（三）民众环境

民众是国家治理的土壤，民众生态是国家治理的生态之源。这种特点一方面体现在区域范围内人口的共性上，中华人民共和国的公民必然要遵守中华人民共和国的法律法规、规则制度，也必然受到中国几千年文化的影响与现代社会的影响。另一方面体现为区域范围内的人口也有其自身的特点，不同区域、不同城市的民众在生活习惯、生活方式、价值认同等方面的不同使治理能力有不同的要求。这些既决定了治理者在具体事项中的普遍性，又决定了在具体事项中的特殊性。因而，对于民众环境的认识需要从三个层面把握。

第一层面，要认识民众环境的主要群体。主群体决定社会的主流价值取向，也决定国家治理的主要政策举措。对主群体的认识不但可以使治理者采取积极有效的治理措施，还可以预测到政策效果。

第二层面，要认识民众环境中的亚群体。主群体决定了群体的主要价值方向与价值原则，但是在民众中还存在着诸多主群体之外的亚群体，这类群体在很多时候也会对治理产生较大影响，甚至会起到决定性的影响。因而，必须时刻关注这一类群体，特别是有可能成为主群体的亚群体。

第三层面，要认识民众环境中的特殊个体。特殊个体是国家治理过程中必然要面对的对象，会对国家治理水平起到促进作用，也会对国家治理提出挑战，如知名人士、舆论风口的弱势个体、挑战公共秩序的事件等。

对于这三个层面的民众环境，需要治理者从不同的层面进行构建并加以引导，也就是要从这三个层面上进行细致且准确地把握。

第三节　中国国家治理能力的发展逻辑

国家治理能力实现现代化的逻辑是：先由政党治理能力现代化推动实现政党治理现代化，再由国家治理能力现代化推动实现国家治理现代化，最后到参与全球治理。在这个过程中，中国国家治理能力不断由内向外进行拓展，继而实现中华民族伟大复兴的总目标。

一、政党治理

政党存在的价值、时间、意义并不取决于其所处的国度与所处的时代,而是取决于政党自身的特性与品质。截至 2021 年 6 月 5 日,中国共产党已经成长为一个拥有 9514.8 万名党员、486.4 万个基层组织[①]、在人口众多的国家长期执政的超级大党。在中国社会制度下,中国国家治理能力的体现必然首先体现在政党治理上。

(一)自我内化

中国共产党自诞生之日起就与世界各国共产党组织联成一个统一的整体,坚持以马克思主义为指导,为人类和平与发展的崇高事业而共同奋斗,以实现共产主义。中国共产党善于将马克思主义的基本原理与中国的具体实际相结合,是发展了的中国马克思主义,走出了中国共产党的特色。一方面,不断完善党的制度条例,特别是针对党在发展过程中存在的政党规模、党内腐败不断改善制度条例。另一方面,在发展的世界形势面前,党不但要针对外部形势与国家形势的变化而不断提升自己,还必须不断提高适应力。同时,从革命党到执政党的转变,党的提升不但体现在执政理念上,还体现在以下方面:执政阶段,即由革命党到执政党的转变;执政任务,即由维护新生政权到实现人民对美好生活的向往;执政环境,即由处于国际包围之中到走向世界;执政群体,即处于不断扩大与稳固的过程中。

(二)外部提升

我国政党制度的特点是由历史环境、现实基础及发展需要决定的。在我国,实行中国共产党领导的多党合作和政治协商的政治制

---

① 《2021 年中国共产党党内统计公报》,中共中央组织部官网,https://www.12371.cn/2021/06/30/ARTI1625021390886720.shtml。

度，中国共产党是执政党，各民主党派是参政党。这种政党制度一方面可以集中力量办大事，另一方面在遇到问题时有利于集中统一。正是在中国共产党的领导下，中国在革命、建设和改革的过程中取得了一个又一个的胜利、克服了一个又一个的困难。特别是在全球强国间的较量中，一次次打破以美国为首的西方国家对中国的围剿与破坏，赢得了国际声誉、捍卫了国家利益、维护了国民尊严，受到了国际社会的好评、赢得了人民群众的拥戴。

（三）时空拓展

政党的时空拓展，是指中国共产党的时空观。从时空的角度不但能够看出中国共产党发展的时间轨迹，也可以看到其发展的空间区域。

从时间上看，中国共产党在成立之初是全国诸多政党中的普通一员，逐步发展为国民党的主要对手及抗日战争的中流砥柱、中国执政党并带领中国人民进行社会主义建设、改革的领导核心。在这一系列的历史活动中，中国共产党不断发展自己。新时代新发展阶段，依据中国共产党对中国未来30多年的发展规划与蓝图设想，必然将逐步实现这些目标：带领中国人民迈入发达国家行列，成为世界人民走向幸福生活的学习典范，成为维护世界和平的主要力量。

从空间上看，主要体现在中国共产党的空间占有与影响上。从人员数量上看，中国共产党从成立之初的几十名党员发展到现有9500多万名党员的政党，在人员空间占有上取得了巨大成就。从治理区域上看，中国共产党由当时的苏区到延安再到全中国，实现了空间的扩大。从影响上看，中国共产党的思想、模式及中国共产党对未来的设想，这些不但在中国人民心灵空间上有着深远的影响，也对世界各国人民产生了巨大的震撼。特别是党的十九大报告中提出的在21世纪中叶所要达到的目标，更体现出中国共产党在空间上的拓展。

二、国家治理

中国是大国，中国共产党是大党，大党存在于大国之中，大国又有大党的存在。中国正是这样一个在世界具有独特文化的大国,在这片土地上生活的人们一直在探索着中华民族兴盛的秘密。大国治理,千头万绪,如何实现中国的发展,真正实现中国的强大,是治理者必须思考的问题。

(一)站起来:工业强军事以求独立

国家尊严要通过强大力量的展示才能得以维护,中国近代社会的发展足以说明这一真理。中华人民共和国成立后,面对内外交困的局面,党中央领导集体审时度势,针对帝国主义的封锁,选择"一边倒"战略,与社会主义阵营走到一起。针对以美国为首的西方国家对朝鲜的侵略,及时而迅速地作出抗美援朝的决定,打出了国威,赢得了国际社会的尊重,为中国的发展赢得了时间。在国内,完成社会主义改造,开始有计划地实施"五年计划",并通过优先发展工业特别是国防科技,掌握尖端技术,步入核大国俱乐部,成为军事大国,为中国的发展提供了军事保障。

(二)富起来:改革开放发展经济,实现富裕

在实现军事上的自强之后,中国急需解决的是国内民生问题。在当时的历史环境下,中国唯有走出去,通过改革开放,才能实现"解放生产力、发展生产力"的目的。党的十一届三中全会作出了改革开放的伟大决策,使中国的经济实力与综合国力不断增强,各项基础设施不断完善、医疗卫生条件不断完善、人民的受教育程度不断提高,人民生活水平不断提高,在经济建设上取得了巨大的成就,一跃成为世界第二大经济体,并全面建成小康社会。

(三)强起来:满足人民对美好生活的向往

在军事强盛、经济富足的过程中,中国的发展也伴随着各个方面的问题。特别是在改革开放40多年以经济建设为中心的思想指导下,党在带领人民群众走向致富道路的前进路途中也面临严重的执政危

机。为此,党的十八届三中全会作出全面深化改革的决定,对人民群众的关切不仅仅体现在生存生活上,更体现在人民群众的发展上。

党的十九大报告指出:"把人民对美好生活的向往作为奋斗目标,依靠人民创造历史伟业。"①"美丽中国"的价值意蕴,主要体现在三个方面:一是物质层面的需求得到极大满足。"美丽中国"要满足人民群众对美好生活向往的需要,就必须首先满足人民群众对生活的物质层面的需要。一方面,从解决人民群众最需要最迫切的问题入手,为人民群众的生活提供保障和方便,真正做到为民、惠民、便民。另一方面,需要在尊重区域客观情况的前提下,充分发挥提升人民群众物质生活水平的主观能动性,以实现物质需求得以满足的最大边际效应。二是精神层面的服务不断提升。"美丽中国"的价值内涵不但体现在人民群众的外在物质需求上,更反映在人民群众的内在建设上。三是人与自然和谐状态充分体现。恩格斯说:"我们不要过分陶醉于我们人类对自然界的胜利。对于每一次这样的胜利,自然界都对我们进行报复。"②"美丽中国"的建设是不会也绝不能再以牺牲自然为代价,而是在物质与精神建设的基础上,更加注重人与自然界的充分协调发展,形成人与自然相得益彰、共生共存的自然生态体系。

总之,"美丽中国"建设只有在实现物质极大满足的前提下,不断提高人的精神层面的素养,提升人的人文美,才能在人与自然的和谐相处中找到最佳平衡点。以此,也必将使中国成为全球生态文明建设的重要参与者、贡献者、引领者。③

三、参与全球治理

中国的治理离不开世界,世界的治理更需要中国。随着中国现代

---

① 习近平:《决胜全面建成小康社会 夺取新时代中国特色社会主义伟大胜利——在中国共产党第十九次全国代表大会上的报告》,人民出版社2017年版,第21页。
② 《马克思恩格斯选集》(第3卷),人民出版社2012年版,第998页。
③ 马彦涛:《新时代:美丽中国的三重价值意蕴》,理论网,2017年12月22日。

化强国目标的不断推进,中国在世界舞台上的作用将越来越大,承担的国际责任也将越来越多。党的十九大报告不但指出"中国共产党是为中国人民谋幸福的政党,也是为人类进步事业而奋斗的政党。中国共产党始终把为人类作出新的更大的贡献作为自己的使命"[1],还指出"中国将继续发挥负责任大国作用,积极参与全球治理体系改革和建设,不断贡献中国智慧和力量","中国人民愿同各国人民一道,推动人类命运共同体建设,共同创造人类的美好未来"[2]。

(一)全球治理的发展

近代以来,西方国家基本上对世界达到了绝对的控制和奴役。"二战"之后,全球化浪潮蓬勃兴起,并日益成为全球变革和发展的推动力。但是,21世纪,许多国家仍然处于不稳定、不和谐的局面:西方国家利益分化及各自为政,中东国家忙于内部事务自顾不暇,日韩陷入经济发展的低迷期……只有中国,已经由站起来、富起来发展到了强起来的新阶段。无论是发展潜力,还是科技文化水平、政治制度安排,都使其成为国际政治经济舞台上的重要力量。特别是中国在世界舞台上主张的外交政策、推行的全球治理理念,使之成为唯一有能力可以平衡和抗衡西方霸权的国家。

确切地讲,全球化始于工业革命,但真正形成是在"二战"之后,共经历了三个阶段:第一阶段是以美苏为首的两大阵营之间的争夺;第二阶段是苏联解体后,美国一家独大,在全球范围内大肆兜售其规则;第三阶段是世界多极化中的冲突与竞争。全球治理范畴远超越于国家治理,是国家参与构建联系世界各国的相关规则制度体系的

---

[1] 习近平:《决胜全面建成小康社会 夺取新时代中国特色社会主义伟大胜利——在中国共产党第十九次全国代表大会上的报告》,人民出版社2017年版,第57—58页。

[2] 同上书,第60页。

一系列活动。从范围上讲,全球治理之中又存在局部的治理即区域治理。① 区域治理是全球治理体系中的构成部分和中间阶段,是全球治理在区域层面的反映。②

故而,全球治理是未来国家治理的发展趋势。全球治理是我们所处时代的特征,也是国际关系理论与实践中的核心主题。全球治理的兴起离不开全球化尤其是经济全球化的推动。一方面,全球化带来了个人、组织、国家间的资源、权利、信息的沟通与交换,使全球治理成为全球化的内在需求。另一方面,全球化又带来了诸多负面的效应,各国为了维护各自利益及实现利益的平衡,不得不在全球范围内寻求新的治理平台。

(二)全球治理的中国担当

随着人类信息沟通的加速及交通工具的拓展,地球村概念深入人心。在世界各国参与全球活动中从开始的少部国际规则的制定到涉及经济、政治、外交、领土等各方面的规则的制定,不断形成规范有效的国际规则体系,成为共同遵守的价值规范。人类只有一个地球,每一个国家和地区的公民都是地球上的一分子,如何保护地球,营造一个良好的国际环境,使人类在地球上能够实现可持续发展是共同的诉求。这就需要世界各国能够从人类长久生存的最高利益出发,平等互利,合作共赢,共同推动全球治理的新发展,共创人类美好未来。

正因人类只有一个地球,人类是一个整体,在全球治理的过程中更需要各个国家主动地参与到国际交流与合作中来。中国更是如此,作为世界上的一个大国,在发展的过程中走出了中国自己的模式,打造了中国品牌,树立了中国形象,维护了区域安全。中国的实力与能力不止一次地向世界宣示,中国作为一个有担当的大国,在区域合作

---

① 此处区域治理与前文区域治理是两个层面的区域治理,此处的区域是指全球范围内的区域,前文的区域是指中国国内的区域。
② 王明国:《全球治理机制与东亚一体化进程》,世界知识出版社2015年版,第49页。

与发展、在国际秩序的构建上更应该发挥其应有的作用,而不是臣服于在 20 世纪确立的早已落伍且不符合实际的旧的不公平、不平等的国际规则与秩序。"一带一路"倡议的提出、亚投行的设立、国际组织的几次峰会等标志着中国逐渐走上了国际担当的舞台,并在区域经济发展与谋划中主动担当起大国应有的责任与义务。世界为之振奋、各国为之振奋,中国的发展不但没有对他国造成危害,"修昔底德陷阱"不攻自破,反而给区域各国带来了经济上的复兴与繁荣,给世界各国带来了更多的发展与交流、合作与共赢的机会。

(三)全球治理的中国倡议:人类命运共同体

当今世界,有 224 个国家与地区,从国家到区域再到全球,每一个主权主体都会面临着其所注重的最为关切的事情,但是从长久来看,人类的命运才是我们最为关心的事情。

世界各国是一个命运共同体。"当今世界,各国相互依存、休戚与共。我们要继承和弘扬联合国宪章的宗旨和原则,构建以合作共赢为核心的新型国际关系,打造人类命运共同体。"① 人类命运共同体理念的提出,集中展现了中国是一个负责任的大国形象。中国在国际事务中的作为,除了给中国争取合适的位置,还为了让全人类都能过上更加幸福美好的生活。这需要中国在全球事务中承担更多的责任,不但要致力于全球气候变化机制、全球互联网治理体系、全球经济贸易体系的建立,更应当积极参与全球政治、文化、生态治理,与世界各国人民一道,共同构建人类命运共同体。

---

① 《习近平谈治国理政》(第 2 卷),外文出版社 2017 年版,第 522 页。

结 语

国家治理能力是国家治理的主要体现与落脚点，也是国家治理现代化实现的重要前提。没有国家治理能力的提升与现代化，就不会有国家治理的提升与现代化。本书对国家治理能力进行基础性研究，旨在为国家治理体系与治理能力现代化的研究提供基础性的理论支撑，也希望为深刻理解国家治理能力的内涵提供一定的有益参考。但是由于研究资料、研究视野、研究时间及本人研究能力的限制，在对中国国家治理能力进行基础性研究的过程中感到，一些问题还有待于从学理上进行更为深入的研究与探讨。这也是我今后继续努力的方向。

党的十九大报告是新时代奋进的宣言书，指出，从2020年到本世纪中叶可以分两个阶段来安排。在第一阶段，即2020年到2035年，国家治理体系和治理能力现代化基本实现；在第二阶段，即2035年至本世纪中叶，实现国家治理体系和治理能力现代化。这两个目标的设定为我们下一步推进国家治理现代化，提升国家治理能力制定了时间表，也为我们如何推进做好了顶层设计与蓝图规划。

随着中国经济、政治、文化、军事力量的不断提升，中国话语体系、中国方案、中国模式、中国速度、中国思维在不断成为世界各国人民所关注的对象，中国这个屹立于东方的大国也在不断地适时调整自身并以全新的面貌呈现在世人面前。中国国家治理能力的体现必将从政党内部治理到政党治理，延伸到对国家治理乃至参与全球治理的过程之中，中国国家治理能力必将在更新更高的平台上得以有效发挥。相信，在不久的将来，在中国梦实现之时，中国国家治理能力的魄力必将影响全球，也必将更好地为人类的发展服务，"同各国人民一道，推动人类命运共同体建设，共同创造人类的美好未来"的愿望一定会实现。

参考文献

1. 专著类

[1] 马克思恩格斯选集（第1—4卷）[M]. 北京：人民出版社，2012.

[2] 马克思恩格斯文集[M]. 北京：人民出版社，2009.

[3] 毛泽东文集（第1—8卷）[M]. 北京：人民出版社，1993，1996，1999.

[4] 毛泽东选集（第1—4卷）[M]. 北京：人民出版社，1991.

[5] 邓小平文选（第1—3卷）[M]. 北京：人民出版社，1993，1994.

[6] 江泽民文选（第1—3卷）[M]. 北京：人民出版社，2006.

[7] 胡锦涛文选[M]. 北京：人民出版社，2016.

[8] 习近平谈治国理政[M]. 北京：外文出版社，2014.

[9] 习近平谈治国理政（第2卷）[M]. 北京：外文出版社，2017.

[10] 中华人民共和国宪法[M]. 北京：人民出版社，2018.

[11] 十八大以来重要文献选编（上）[M]. 北京：中央文献出版社，2014.

[12] 十八大以来重要文献选编（下）[M]. 北京：中央文献出版社，2018.

[13] 中国共产党第十九次全国代表大会文件汇编[M]. 北京：

人民出版社，2017.

[14] 中华人民共和国国民经济和社会发展第十三个五年规划纲要［M］. 北京：人民出版社，2016.

[15] 中共中央宣传部编. 习近平总书记系列重要讲话读本［M］. 北京：学习出版社、人民出版社，2016.

[16] 中共中央宣传部理论局编. 世界社会主义五百年［M］. 北京：学习出版社、党建读物出版社，2014.

[17] 中共中央党史研究室. 中国共产党的九十年［M］. 北京：中共党史出版社、党建读物出版社，2016.

[18] 中共中央党史研究室编. 中国共产党历史大事记（1921年7月—2011年6月）［M］. 北京：人民出版社，2011.

[19] 中共中央党史研究室. 中国共产党历史（第1—2卷）［M］. 北京：中共党史出版社，2011.

[20] 中共中央文献出版社编. 习近平关于全面依法治国论述摘编［M］. 北京：中央文献出版社，2015.

[21] 中共中央文献研究室编. 习近平关于协调推进"四个全面"战略布局论述摘编［M］. 北京：中央文献出版社，2015.

[22] 中共中央文献研究室编. 习近平关于社会主义社会建设论述摘编［M］. 北京：中央文献出版社，2017.

[23] 中共中央文献研究室编. 习近平关于全面从严治党论述摘编［M］. 北京：中央文献出版社，2016.

[24] 中共中央纪委检查委员会，中共中央文献研究室编. 习近平关于党风廉政建设和反腐败斗争论述摘编［M］. 北京：中央文献出版社、中国方正出版社，2015.

[25] 中央党校中国特色社会主义理论体系研究中心. 需要理论且能够产生理论的时代——学习习近平在哲学社会科学工作座谈会上的讲话［M］. 北京：中共中央党校出版社，2016.

[26] 人民日报评论部编. 习近平用典［M］. 北京：人民日报出

版社，2015.

[27] 书报简讯编辑部. 中国影响世界 [M]. 北京：时事出版社，2017.

[28] 习近平. 决胜全面建成小康社会夺取新时代中国特色社会主义伟大胜利——在中国共产党第十九次全国代表大会上的报告 [M]. 北京：人民出版社，2017.

[29] 何毅亭. 以习近平同志为核心的党中央治国理政新理念新思想新战略 [M]. 北京：人民出版社，2017.

[30] 杨雪冬. 国家治理的逻辑 [M]. 北京：社会科学文献出版社，2018.

[31] 燕继荣等. 中国治理：东方大国的复兴之道 [M]. 北京：中国人民大学出版社，2017.

[32] 叶立煊，郝宇青主编. 西方政治思想史 [M]. 上海：华东师范大学出版社，2017.

[33] 柳建辉等. 百炼成钢：中国共产党应对重大困难与风险的历史经验 [M]. 北京：人民出版社，2017.

[34] 戴木才. 中国共产党治国理政之道：坚持依法治国与以德治国相结合 [M]. 南昌：江西教育出版社，2017.

[35] 王炳林，赵军. 中国共产党治国理政历史经验研究：咨询报告集萃 [M]. 北京：人民出版社，2017.

[36] 刘靖北等. 新时期治国理政战略思想研究 [M]. 上海：上海人民出版社，2017.

[37] 王帆，凌胜利. 人类命运共同体：全球治理的中国方案 [M]. 长沙：湖南人民出版社，2017.

[38] 王国棉. 古代中国治国理政思想 [M]. 太原：山西教育出版社，2017.

[39] 靳诺. 全球治理的中国担当 [M]. 北京：中国人民大学出版社，2017.

[40] 王伟光. 马克思主义中国化的最新成果：习近平治国理政思想研究 [M]. 北京：中国社会科学出版社，2016.

[41] 杜艳华，徐建刚. 政道：中国共产党治国理政史鉴（第1辑）[M]. 北京：党建读物出版社，2016.

[42] 林钊编著. 治国理政新方略 [M]. 北京：国家行政学院出版社，2016.

[43] 权丽华. 国家治理能力现代化背景下的乡村治理研究 [M]. 北京：光明日报出版社，2016.

[44] 陈明明，任勇主编. 国家治理现代化：理念、制度与实践 [M]. 北京：中央编译出版社，2016.

[45] 臧雷振. 国家治理：研究方法与理论建构 [M]. 北京：社会科学文献出版社，2016.

[46] 李路曲. 政党政治与政治发展 [M]. 北京：中央编译出版社，2016.

[47] 张艳娥. 中国特色社会主义制度创新研究 [M]. 北京：中国社会科学出版社，2016.

[48] 王兆雷. 国家治理的文化根基 [M]. 北京：人民日报出版社，2016.

[49] 周红云主编. 社会治理 [M]. 北京：中央编译出版社，2015.

[50] 张明澎，田改伟，陈海莹编. 国家治理问题研究 [M]. 北京：中国社会科学出版社，2015.

[51] 俞可平. 论国家治理现代化（修订版）[M]. 北京：社会科学文献出版社，2015.

[52] 杜飞进. 中国的治理：国家治理现代化研究 [M]. 北京：商务印书馆，2015.

[53] 杨雪冬，张萌萌. 大国治理 [M]. 北京：中央编译出版社，2015.

[54] 于憬之. 传统文化中的治国理政智慧 [M]. 北京：人民日报出版社，2015.

[55] 刘少华，刘宏斌，余凯. 国家治理体系现代化与政治治理 [M]. 长沙：湖南人民出版社，2015.

[56] 程冠军. 走向善治的中国：十八大以来治国理政观察 [M]. 北京：中共中央党校出版社，2015.

[57] 燕继荣. 国家治理及其改革 [M]. 北京：北京大学出版社，2015.

[58] 辛向阳. 中国特色社会主义与国家治理现代化 [M]. 杭州：浙江人民出版社，2015.

[59] 虞崇胜，唐皇凤. 第五个现代化：国家治理体系和治理能力现代化 [M]. 武汉：湖北人民出版社，2015.

[60] 余科杰. 政党学概论 [M]. 北京：世界知识出版社，2015.

[61] 藏雷振. 国家治理：研究方法与理论构建 [M]. 北京：社会科学文献出版社，2014.

[62] 俞可平主编. 国家底线：公平正义与依法治国 [M]. 北京：中央编译出版社，2014.

[63] 胡鞍钢. 中国国家治理现代化 [M]. 北京：中国人民大学出版社，2014.

[64] 刘智峰. 国家治理论：国家治理转型的十大趋势与中国国家治理问题 [M]. 北京：中国社会科学出版社，2014.

[65] 王海明. 国家学原理 [M]. 北京：生活·读书·新知三联书店，2014.

[66] 李强主编. 民主与现代社会 [M]. 北京：北京大学出版社，2014.

[67] 胡光宇. 中国治理：中国经验 [M]. 北京：人民出版社，2014.

［68］刘世军．大国的复兴：国家治理体系与治理能力现代化［M］．上海：上海出版社，2014．

［69］张小劲，于晓虹编著．推进国家治理体系和治理能力现代化六讲［M］．北京：人民出版社，2014．

［70］刘智峰．国家治理论［M］．北京：中国社会科学出版社，2014．

［71］阮青．党员干部学哲学用哲学十二讲［M］．北京：红旗出版社，2014．

［72］梁琴，钟德涛．中外政党制度比较［M］．北京：商务印书馆，2013．

［73］阎学通．历史的惯性：未来十年的中国与世界［M］．北京：中信出版社，2013．

［74］许海青．国家治理体系和治理能力现代化［M］．北京：中共中央党校出版社，2013．

［75］阮青．中国个性解放之路［M］．上海：华东师范大学出版社，2004．

［76］美国国家情报委员会编．全球趋势：2030变换的世界，中国现代国际关系研究院美国研究所译［M］．北京：时事出版社，2017．

［77］［美］詹姆斯·C.斯科特．国家的视角：那些试图改善人类状况的项目是如何失败的［M］．北京：社会科学文献出版社，2017．

［78］［美］弗朗西斯·福山．国家构建：21世纪的国家治理与世界秩序［M］．上海：学林出版社，2017．

［79］［美］罗斯·特里尔主编．大国领袖习近平：国际视野中的杰出政治家与战略家［M］．纽约：美国时代出版公司，2016．

［80］［美］罗斯·特里尔．习近平复兴中国：历史使命与大国战略［M］．纽约：美国时代出版公司，2016．

［81］［美］保罗·C.纳特，罗伯特·W.巴可夫．公共部门战略

管理[M].北京：中国人民大学出版社，2016.

[82][美]熊玠.习近平时代[M].纽约：美国时代出版公司，2015.

[83][英]洛克.政府论（上、下篇）[M].北京：商务印书馆，2014.

[84][英]布莱恩·巴里.正义诸理论[M].长春：吉林人民出版社，2004.

[85][英]艾伦·韦尔.政党与政党制度[M].北京：北京大学出版社，2011.

[86][英]米切尔·黑尧.现代国家的政策过程[M].北京：中国青年出版社，2004.

[87][英]约翰·密尔.论自由[M].北京：商务印书馆，1998.

[88][德]托马斯·海贝勒.中共的治理与适应：比较的视野[M].北京：中央编译出版社，2015.

[89][德]黑格尔.逻辑学（上卷）[M].北京：商务印书馆，2014.

[90][德]维尔纳·马克思.黑格尔的《精神现象学》[M].北京：人民出版社，2014.

[91][德]黑格尔.精神现象学（上、下卷）[M].上海：上海人民出版社，2013.

[92][德]马克斯·韦伯.新教伦理与资本主义精神[M].上海：上海人民出版社，2010.

[93][法]吉斯塔夫·勒庞.乌合之众：大众心理研究[M].北京：群言出版社，2015.

[94][法]卢梭.社会契约论[M].北京：商务印书馆，2013.

[95][法]让-皮埃尔·戈丹.何谓治理[M].北京：社会科学文献出版社，2010.

[96][法]托克维尔.论美国的民主（上、下卷）[M].北京：

商务印书馆，2008.

2. 期刊类

[1] 滕明政. 习近平的国家治理现代化思想研究——推进国家治理体系和治理能力现代化 [J]. 大连理工大学学报（哲学社会科学版），2018 (1).

[2] 肖贵清，田桥. 政党治理引领国家治理：中国共产党治国理政的逻辑理路 [J]. 山东社会科学，2017 (7).

[3] 刘振江. 论习近平国家治理思想的内在逻辑 [J]. 马克思主义研究，2017 (3).

[4] 孙寅生. 论习近平治国理政思想的十大特征 [J]. 探索，2017 (2).

[5] 靳诺. 习近平治国理政思想的鲜明特点 [J]. 党建，2017 (2).

[6] 景枫. 国家治理能力现代化的伦理内涵 [J]. 领导之友（理论版），2016 (3).

[7] 秦国民，秦舒展. 推进国家治理能力现代化重在提高制度执行力 [J]. 中国行政管理，2016 (9).

[8] 蓝志勇. 论社会治理体系创新的战略路径 [J]. 国家行政学院学报，2016 (1).

[9] 刘志昌. 习近平国家治理现代化思想研究 [J]. 社会主义研究，2016 (5).

[10] 包心鉴. 优化治国理政的大逻辑大主题大视野——习近平治国理政思想的鲜明特质和时代价值 [J]. 中国浦东干部学院学报，2016 (3).

[11] 马俊峰. 马克思主义价值理论与当代中国价值观念转变 [J]. 高校马克思主义理论研究，2019 (9).

[12] 宋林译. 马克思主义国家理论与国家治理现代化 [J]. 理论月刊，2016 (5).

[13] 李海青. "国家治理现代化"的理论创新与理论地位 [J]. 马克思主义与现实, 2015 (3).

[14] 孙乐强. 马克思主义国家学说的当代发展——基于国家治理体系和治理能力现代化的分析 [J]. 思想理论教育, 2015 (7).

[15] 雷巧玲. 自媒体时代干部治理能力的危机与对策 [J]. 理论月刊, 2015 (8).

[16] 李江静. 大数据对国家治理能力现代化的作用及其提升路径 [J]. 中共中央党校学报, 2015 (4).

[17] 陈霞, 王彩波. 有效治理与协同共治：国家治理能力现代化的目标及路径 [J]. 探索, 2015 (5).

[18] 刘涛, 范明英. 协同治理视阈下国家治理能力现代化变革之道 [J]. 广西社会科学, 2015 (6).

[19] 徐湘林. 社会转型与国家治理——中国政治体制改革取向及其政策选择 [J]. 政治学研究, 2015 (1).

[20] 唐皇凤. 大国治理：中国国家治理的现实基础与主要困境 [J]. 中共浙江省委党校学报, 2015 (12).

[21] 吴汉东. 国家治理能力现代化与法治化问题研究 [J]. 法学论坛, 2015 (5).

[22] 泮伟江. 司法改革、法治转型与国家治理能力的现代化 [J]. 中共浙江省委党校学报, 2015 (5).

[23] 刘学军. 依法治国与国家治理能力现代化 [J]. 中共福建省委党校学报, 2015 (1).

[24] 刘明. 中国共产党群众路线与国家治理能力现代化 [J]. 东南学术, 2015 (4).

[25] 孙秀民. 中国共产党推进国家治理现代化研究综述 [J]. 学习论坛, 2015 (5).

[26] 韩庆祥. 从哲学视域理解"国家治理现代化" [J]. 马克思主义与现实, 2015 (3).

[27] 张光平, 张思萌. 国家治理现代化: 国际经验与教训 [J]. 当代世界与社会主义, 2015 (2).

[28] 张伟伟. 推进国家治理现代化的三条主线: 治理主体、工具、客体研究 [J]. 中共云南省委党校学报, 2015 (4).

[29] 景云祥. 治理现代化: 治理价值、治理体系、治理能力的三维构建 [J]. 行政与法, 2015 (3).

[30] 郑言, 李猛. 推进国家治理体系与国家治理能力现代化 [J]. 吉林大学社会科学学报, 2014 (2).

[31] 辛向阳. 习近平国家治理思想的理论渊源 [J]. 当代世界与社会主义, 2014 (6).

[32] 许耀桐. 习近平的国家治理现代化思想论析 [J]. 上海行政学院学报, 2014 (7).

[33] 魏治勋. "善治"视野中的国家治理能力及其现代化 [J]. 法学论坛, 2014 (2).

[34] 何增科. 政府治理现代化与政府治理改革 [J]. 行政科学论坛, 2014 (2).

[35] 徐湘林. "国家治理"的理论内涵 [J]. 人民论坛, 2014 (10).

[36] 欧阳康. 国家治理研究的问题域、价值取向和支撑体系 [J]. 华中科技大学学报 (社会科学版), 2014 (3).

[37] 范逢春. 国家治理现代化: 逻辑意蕴、价值维度与实践向度 [J]. 四川大学学报 (哲学社会科学版), 2014 (4).

[38] 陈金钊. 缘何以法治方式提升国家治理能力？[J]. 山东社会科学, 2014 (7).

[39] 王子蕲. "国家治理能力现代化与党的执政能力现代化"理论研讨会综述 [J]. 上海党史与党建, 2014 (10).

[40] 刘彦昌. 国家治理能力现代化背景下党建模式的转型 [J]. 领导科学, 2014 (8).

[41] 应松年. 加快法治建设,促进国家治理体系和治理能力现代化 [J]. 中国法学, 2014 (6).

[42] 魏治勋. "善治"视野中的国家治理能力及其现代化 [J]. 法学论坛, 2014 (2).

[43] 朴勤. 法治、国家与治理能力 [J]. 科学社会主义, 2014 (6).

[44] 时和兴. 国家治理变迁的困境及其反思:一种比较观点 [J]. 当代世界与社会主义, 2014 (1).

[45] 叶小文,张峰. 从现代国家治理的高度认识协商民主 [J]. 中央社会主义学院学报, 2014 (1).

[46] 竹立家. 社会转型与国家治理现代化 [J]. 科学社会主义, 2014 (1).

[47] 岳金柱. 加快推进社会治理创新若干问题的思考 [J]. 行政管理改革, 2014 (3).

[48] 王新. 国家治理能力视野的制度建构、改革创新与科学发展 [J]. 重庆社会科学, 2014 (3).

[49] 杜飞进. 中国现代化的一个全新维度——论国家治理体系和治理能力现代化 [J]. 社会科学研究, 2014 (5).

[50] 叶志坚. 国家治理体系和治理能力现代化的历史考察——以中国近代以来社会变革过程为视角 [J]. 福建行政学院学报, 2014 (5).

[51] 燕继荣. 现代国家治理与制度建设 [J]. 中国行政管理, 2014 (5).

[52] 唐皇凤,陈建武. 大数据时代的中国国家治理能力建设 [J]. 探索与争鸣, 2014 (10).

[53] 刘建伟. 国家治理能力现代化研究述评 [J]. 探索, 2014 (5).

3. 报纸类

[1] 汪洋. 在全国政协十三届一次会议闭幕会上的讲话 [N]. 人

民日报，2010-6-12.

[2] 中央民族工作会议暨国务院第六次全国民族团结进步表彰大会在北京举行[N]. 人民日报，2014-9-30.

4. 论文类

[1] 邱实. 中国政治治理现代化研究[D]. 南京：南京师范大学，博士学位论文，2017.

[2] 仲伟通. 中国共产党党内治理问题研究[D]. 济南：山东大学，博士学位论文，2017.

[3] 季卫兵. 国家治理的价值取向及其培育研究[D]. 南京：南京理工大学，博士学位论文，2016.

[4] 吴庆鹏. 中国国家治理现代化路径探析[D]. 乌鲁木齐：新疆大学，博士学位论文，2016.

[5] 李晓乐. 马克思主义国家治理理论的历史逻辑[D]. 南京：东南大学，博士学位论文，2016.

[6] 潘晓珍. 理论、制度与现实：全球治理时代中国国家能力建设的三维审视[D]. 兰州：兰州大学，博士学位论文，2015.

[7] 钟林. 国家治理能力现代化：背景、内涵与生成[D]. 武汉：华中科技大学，博士学位论文，2015.

[8] 吕虹. 国家治理现代化背景下的中国共产党适应性变革[D]. 济南：山东大学，博士学位论文，2015.

[9] 刘洪彬. 国家治理体系现代化研究——以法治、善治与共治为视角[D]. 武汉：武汉大学，博士学位论文，2014.

[10] 张兴华. 当代中国国家治理——现实困境与治理取向[D]. 上海：华东师范大学，博士学位论文，2014.

[11] 杨博. 分配改革视域下的国家治理能力建设研究——基于改革开放以来的中国实践[D]. 长春：吉林大学，博士学位论文，2014.

5. 外文文献

[1] RATHS, DAVID. Which state governments are best at fostering data innovation? [J]. KM World, 2017, Vol. 26, No. 9.

[2] Raths, David. State, local governments struggle to keep up with e-discovery requirements [J]. KM World, 2014, Vol. 23, No. 4.

[3] LiLiu, WenQu, Janto Haman. Product market competition, state-ownership, corporate governance and firm performance [J]. Asian Review of Accounting, 2018, Vol. 26, No. 1.

[4] Deschenaux, Joanne. Supreme Court to Consider Age Bias Claim For State and Local Government Workers [J]. HR Magazine, 2013, Vol. 58, No. 5.

[5] ANDERSON-GOLD, SHARON1. Cosmopolitanism and Democracy: Global Governance without a Global State [J]. Social Philosophy Today, 2009, Vol. 25.

[6] Dadson, Scott. In Pursuit of Performance: Management Systems in State and Local Government [J]. Public Integrity, 2007, Vol. 10, No. 1.

[7] Raths, David. State & local Governments Make Progress on Enterprise GIS Strategies [J]. KM World, 2010, Vol. 19, No. 5.

[8] Leonard, Bill. Employers Must Report New Hires to State Governments [J]. HR Magazine, 1997, Vol. 42, No. 10.

[9] Overman, Stephenie. Federal, State Governments Fishing For Business Process Outsourcing Bounties [J]. HR Magazine, 2003, Vol. 48, No. 9.

[10] Susan Ariel Aaronson. Minding Our Business: What the United States Government has Done and can do to Ensure that U.S. Multinationals Act Responsibly in Foreign Markets [J]. Journal of Business Ethics, 2005, Vol. 59, No. 1.

后 记

　　《中国国家治理能力的哲学研究》是在我博士论文的基础上修改而成的。

　　从哲学视角对国家治理能力展开研究是基于我的专业所学而形成的。2004年，我步入贵州大学行政管理专业开始了自己的大学生涯，其间，我对行政管理专业的理解是肤浅的，也是单纯的。2008年，我继续在贵州大学行政管理专业攻读硕士学位时，对行政管理专业有了更进一步的认识。我那时就在想，思想有效表达的前提必须是理论的完善，以此才能在行政执行过程中实现治理之"善"。可以说，通过行政的方式能否实现国家治理之"善"，是这一阶段我较为困惑的问题。2015年，我在中共中央党校马克思主义哲学专业博士面试时，时任中共中央党校副校长的徐伟新教授问道："你之前所学的是行政管理专业，现在报考的是马克思主义哲学，为什么要转专业呢？"我的回答是："国家治理是一个系统的工程，仅仅学好、用好专业所学，也只能从术的层面实现某个区域的治理状态，而要实现国家治理的良性状态，必须从哲学的理论高度来思考问题。"2021年我在参加北京市社会科学院面试时，回答依然如上。

　　近代以来，中华民族和中国人民都在为争取民族独立、人民解放和国家富强、人民富裕的两大历史任务而奋斗。为了实现这两大历史任务，中国人民奋起反抗，仁人志士奔走呐喊，太平天国运动、戊戌变法、义和团运动、辛亥革命……各种救国方案轮番出台，但最终都以失败而落幕。中国向何处去，谁来担负起拯救民族与人民的重任，成为当时亟待解决的问题。在此背景下，以马克思主义为指导的中国共产党应运而生，并把为中国人民谋幸福、为中华民族谋复兴确立为自己的初心与使命。一百多年来，中国共产党团结带领中国人民进行的一切奋斗、一切牺牲、一切创造，归结起来就一个主题：实现中华民族伟大复兴。可以说，在国家治理中我们取得了举世瞩目的成就，但是也还存在一些不足与问题，距离现代化的目标还比较远。

党的十八大以来，中国特色社会主义进入了新时代。党的十八届三中全会通过的《中共中央关于全面深化改革若干重大问题的决定》提出："全面深化改革的总目标是完善和发展中国特色社会主义制度，推进国家治理体系和治理能力现代化。"党的十九大报告提出，"从全面建成小康社会到基本实现现代化，再到全面建成社会主义现代化强国，是新时代中国特色社会主义发展的战略安排"，实现"建成富强民主文明和谐美丽的社会主义现代化强国"的发展目标。党的十九届四中全会通过的《中共中央关于坚持和完善中国特色社会主义制度 推进国家治理体系和治理能力现代化若干重大问题的决定》提出：坚持和完善中国特色社会主义制度、推进国家治理体系和治理能力现代化的总体目标是，到我们党成立一百年时，在各方面制度更加成熟更加定型上取得明显成效；到2035年，各方面制度更加完善，基本实现国家治理体系和治理能力现代化；到新中国成立一百年时，全面实现国家治理体系和治理能力现代化，使中国特色社会主义制度更加巩固、优越性充分展现。时至今日，我国在制度建设上已近于成熟与定型，这也为实现2035年目标奠定了重要基础。

国家治理体系和治理能力现代化是一个复杂的系统的工程，简单来说，国家治理现代化是由国家治理体系现代化和国家治理能力现代化所组成。而要从理论上对国家治理现代化给出回答，是不容易的，是需要进行反复地探讨的。哲学是一切学科之母，哲学是对问题的追问。对于国家治理体系和治理能力现代化这样一个全新的理论，不但要从公共管理学、法学、党史、政治学等学科的视角进行追问并给出答案，更要从哲学的角度进行思索。

相对而言，本书仅从哲学视角对国家治理能力作了研究。在国家治理能力语境下，本书从西方、中国及马克思主义视角对国家治理能力的发展进行了历史性的梳理，对不同历史时期、不同发展阶段的国家治理能力的表现进行了分析，并尝试从哲学的视角对国家治理能力为何是这样进行回答。同时，也对马克思主义关于国家治理能力的一些理论表达及观点主张进行分析，并尝试在这些理论的指导下对中国国家治理能力进行某种程度上的建构。在此基础上，提出中国国家治理能力由政党治理能力、政府治理能力及其他组织治理能力所构成，中国国家治理能力现代化的实现必须遵循政党治理能力现代化—国家治理现代化—参与全球治理的过程，以此，才能使中国更好地为中国人民和世界人民的幸福生活提供有力保障。

回顾博士论文的写作过程，总能让我在繁忙的工作中静下心来，慢慢回味。对于我这样一个跨专业研究的人来说，难度是可想而知的，做好博士论文需要付出比别人更多的努力与汗水。博士论文的写作是一个自我锻炼的过程，也是一个自我成长、实现飞跃的过程。感谢恩师阮青先生对我的悉心教导与帮助，每每想起，总会被先生渊博的学识、深邃的洞见、高尚的情操所折服，那是一种春风拂面、润物无声的感化。感谢论文答辩主席马俊峰教授，答辩委员许全兴教授、侯才教授、毛卫平教授、徐斌教授，感谢论文开题及预答辩过程中何建华教授、鉴传今教授、王善超教授、陈培永教授给论文所提出的宝贵建议。感谢中央党校哲学部、中央党校研究生院的诸位老师给予授课、帮助、指导及博士同学们的支持与帮助。感谢家人在我学习过程中给予的无私帮助，父母、弟弟在我求学的道路上，特别是在我艰难的时刻给予了无私的精神与经济上的支持。

时至今日，本书已经成稿4年了，我在原有的基础上，又吸收了党的十九大以来的历次全会精神，对本书进行了丰富与完善。本书在写作过程中，吸收和借鉴了国内外学者的一些研究成果，未能一一标出，在此向学界同人表达谢意。国家行政学院出版社编辑们为本书的出版给予了及时高效的帮助，在此也一并致意。

我所进行的从哲学角度对国家治理能力开展研究的工作仅仅是一个开始，期待在今后的岁月里能够取得更多成果与更大进步。

路漫漫其修远兮，吾将上下而求索……

伯黔

2018 年 7 月 5 日于中央党校自得园 89 楼 134 室

2022 年 3 月 28 日于中国社科院哲学研究所 903 室